本书获海南师范大学文学院中国语言文学博士点一级学科经费资助。

琼台旧事

QIONG TAI
JIU SHI

陈道谆 ◎ 著

光明日报出版社

图书在版编目（CIP）数据

琼台旧事 / 陈道谆著 . -- 北京：光明日报出版社，

2024. 7. -- ISBN 978 - 7 - 5194 - 8125 - 4

Ⅰ. K296. 6

中国国家版本馆 CIP 数据核字第 2024PY1713 号

琼台旧事

QIONGTAI JIUSHI

著　　者：陈道谆

责任编辑：刘兴华　　　　　　　　责任校对：宋　悦　李海慧

封面设计：中联华文　　　　　　　责任印制：曹　净

出版发行：光明日报出版社

地　　址：北京市西城区永安路 106 号，100050

电　　话：010-63169890（咨询），010-63131930（邮购）

传　　真：010-63131930

网　　址：http://book. gmw. cn

E - mail：gmrbcbs@ gmw. cn

法律顾问：北京市兰台律师事务所龚柳方律师

印　　刷：三河市华东印刷有限公司

装　　订：三河市华东印刷有限公司

本书如有破损、缺页、装订错误，请与本社联系调换，电话：010-63131930

开　　本：170mm×240mm

字　　数：236 千字　　　　　　　印　　张：14

版　　次：2025 年 1 月第 1 版　　　印　　次：2025 年 1 月第 1 次印刷

书　　号：ISBN 978 - 7 - 5194 - 8125 - 4

定　　价：68. 00 元

序

两年前，道谆在海师大校园里遇到我，说想弄弄"琼台旧事"。这实在是很好的课题，琼台，也许很多人知道它的今生，但未必知道它的前世，至少我这个新海南人就很不清楚。

我来海南经历了太多，不是特别的遭遇，而是岁月无情，光阴一天天流逝，不觉就流过了20多年，一些人、一些事随着流逝的光阴自然走进了历史，成为永远的记忆，其中有我亲爱的母亲、我尊敬的导师、我友善的朋友，而她（他）们与我原本清晰的过往，又慢慢变得模糊起来。琼台旧事即海南旧事，有的已历百年、千年或更久远，又怎么能够不模糊而说得明白呢？这是生活的常态，不足为奇。

道谆想把琼台的一些旧事说明白，他曾热情地邀我去海南一些地方做田野调查，共同走一走历史的场景，尽管这历史的场景并非当初的真实场景。遗憾的是，我总是有事拖累，不能成行，他则一声不响地做着这些事，直到今年9月中旬，他忽地告诉我，说《琼台旧事》的书稿已完成，并发来书稿的电子版，希望我能够写几句话。这首先让我惊讶，他竟如此迅捷，有什么能耐一下就完成了？后来才知道他十年前就在思考、准备。其次我还是应该写几句话，我毕竟在海师文学院工作了这么多年，道谆是老同事、老朋友，写几句话是我应尽的义务。

《琼台旧事》分为上、中、下三篇，上篇为琼台文化拾遗，中篇为琼台史海钩沉，下篇为琼台红色故事。在各篇遵循的时序上，三者在不同的空间叙说着一些今天读来仍感亲切的陈年往事。道谆娓娓道来，他重述这些故事，却有一个研究者自择的视角——考辨，书中的"拾遗""钩沉"以及"考趣""源考"之类都是适应考辨的表达，在行文中形成从城市、人物和事件从过去到现在的演化、真与假的辨识以及他依据史料做的判断，让他提及的城与人、人与事在这部书中有一个清晰而明确的呈现。同时他又从历史走进现实，构成古与今的逻辑关联，让人们对琼台旧事有相对完整而系统的认知。

我说自己不了解海南也是真的不了解。道谆谈的琼台诸"城"，我就只知道海口的府城，哪知文昌曾是文城、定安曾是定城，还有临高为临城、万宁为万城、三亚为崖城？一个人可以独处一隅、孤陋寡闻，但琼台好像不可以不被众人所知。生活在海南这块热土，要想与芸芸众生一道融入海南，不了解海南之城又怎么能了解人？诚如道谆说的："生活在海南不同'城'的文化氛围里的人，因'一方水土养一方人'，其性格特征、精神气质等都各自有所不同，因而其人文精神也有异于他'城'。"一方水土养一方人，自古以来就是如此，知人论世，这"世"其实还包括了人生存的地理环境。

不同地域的城如同不同地域的人一样有着不同的性格，道谆在考辨这些城的时候，城的历史不仅是地域、地名的变易，而且是城性格的养成，这与居住在城中的人密切关联。如府城的海瑞、丘濬，他们的故里就在我现在居住的琼山金花村。府城的"忠介路"得名于海瑞的字"忠介"，"文庄路"得名于丘濬的谥号"文庄公"，于是府城就有了自己的海瑞文化和丘濬文化。还有，文昌有一句"无文昌人不成墟（集市）"的老话，类似我家乡湖北说的"无陂不成街"，没有黄陂人就没有街道。固然是说文昌人、黄陂人多，但文昌人也好，黄陂人也好，他们普遍走出家乡谋生在外。黄陂地少人多故如此，文昌也是吗？我不知道，我所知道的是文昌人从文昌走出来，走向了世界，使文昌成了著名的侨乡，现代史上著名的"宋氏三姐妹"也是文昌人。定安则有解元坊、文庙、关圣庙、尚友书院、冼夫人庙等遗址存在，它们讲述定安的故事，使定安不同于府城、文城，也不同于临城、万城、崖城。

城的历史不同，由它们培育的习俗自然不同，春节也好，元宵节也好，各是各的过法。像喝茶，府城的老爸茶有早茶、午茶、晚茶之分，各有自己的讲究，并非所有城都如此，成都茶馆的茶道就不是喝老爸茶能享有的；而语言的差异，从北京落户海师的语言学家张惠英老师就跟我说过，海南是方言的宝库，一地一种方言，她耽于此，年已八旬还乐研不疲，这些让琼台诸城的故事永远说不完。相应地，道谆还考证了琼台的一些地名，海口因地理形势而得名，得胜沙因历史故事而得名，等等。他把海口的一些老地名如钟楼、水巷口等都收入书中，钩稽它们形成的历史，从古至今，颇有趣味。

道谆在琼台史海钩沉中讲述了一些历史人物的往事，由于东坡流贬海南三年鼓励学子赴科举考试的关系，他写了东坡的科举考试。这与东坡在海南似有点隔，好在从东坡切入谈谈科举也算是普及文化。他在这里谈了琼台大名人丘濬、唐胄，不过，我最在意的还是一些被提及的不太为人知晓的人物，如谢宝、吴典。那打开的果真是尘封的历史。

谢宝是清代琼山人，执掌过琼州最高学府琼台书院，在海南的教育史上，应该有一席之地。我参与组织编撰"海南历史文化名人丛书"，就曾很想将谢宝纳入其中，结果被告知谢宝的材料太少，难以成书。道谆追寻谢宝，他拨开民间传说的迷雾，通过田野调查，告诉人们谢宝当年在琼台书院的遭遇，离开琼台书院后去了哪儿，有没有后人，死后魂归何处。他找到谢宝故居——琼海市大路乡马寨村昌赖园，可惜当年谢宝建造的住宅已荡然无存，留下的只有杂草丛中的一些旧居石墩；以前有过的谢宝墓碑，如今只剩下难以辨识的荒坟孤冢。长久的无人过问，清楚的遗迹留存就这样变得不再清楚。再过若干年，不知这荒坟孤冢是否还有踪影，让人感慨。其后介绍的吴典几乎一样，他作为清代翰林院的《四库全书》编修，曾任教于琼台书院，好在我们委托海南大学的海滨教授做了抢救性发掘，书成后，收集在"海南历史文化名人丛书"的第九辑中。

道谆还梳理了琼台的红色故事，其中的"红色娘子军"是妇孺皆知的老故事，他并非为了重述这个故事，而是着力于揭开这个故事背后的故事：《红色娘子军》电影剧本怎样形成的、芭蕾舞红色娘子军的诉讼案、红色娘子军诞生地的争议、《红色娘子军》影片主角吴琼花的原型是谁、《红色娘子军》另一主要人物洪常青的原型是谁等，当初谁曾料到这些不是问题的问题会有历史争议。他还讲了琼崖华侨回乡服务团、南洋华侨机工回国服务团的故事，这些更少有人知，有讲出来让人知道的必要。

道谆在后记里说："'琼台旧事'说的都是与琼台有关的陈芝麻烂谷子的故人往事。既是故人往事，肯定有不少人见过路过也说过，但说的人多了，难免就会有一些民间传说被当成了史实，也会有一些道听途说的随手记录加上率性发挥，还有一些人云亦云的了无新意之谈，久而久之，往事就会出现不同版本，让人东张西望无所适从。故本着正本清源和去伪存真的求实态度，对琼台旧事加以甄别考证，就成了我写作此书的原动力。"这一"正本清源和去伪存真"的原动力挺好，但我看可能还应加上他这个琼台人对本土的热爱和抱定的记录海南、宣传海南的责任。因此，琼台旧事的拾掇、考辨都是有意义的。

我很希望这些琼台旧事为人所知。走近历史，方能使我们更好地认识现在，在城市、人物、事件的过往中，总会有些道理在启发、推动我们思考，有利于营建今天的生活。道谞也有这样的情怀！

愿《琼台旧事》为读者喜爱。

是为序。

阮忠

2022 年 10 月 7 日

于海口府城金花村板桥居

目　录
CONTENTS

上篇

01

琼台文化拾遗

琼台诸"城"人文精神考趣

"琼台"自宋朝起，先是海南岛琼州府的代称，明朝的一代文宗、海南名贤丘濬自号"琼台先生"，因丘濬位极人臣，官至户部尚书、太子太保、武英殿大学士，琼台的名号也因了名人效应逐渐成为海南的别称。

易中天教授在他的《读城记》中说："城市是一本打开的书，不同的人有不同的读法。"① 和易中天教授一样，我也喜欢读"城"，但我读"城"，关注的是"城"的文化特征里透露出来的人文精神。海南这个省份，与内地兄弟省份相比，地方确实很小，但其地名被冠为"城"的，倒也不算太少，诸如"府城""崖城""文城""定城""万城""临城"等。一直生长在海南或在其他地方出生但在海南待过一段时间的人，一般都会知道，生活在海南不同"城"的文化氛围里的人，因"一方水土养一方人"，其性格特征、精神气质等都各自有所不同，因而其人文精神也有异于他"城"。

一、府城

先来看看府城。

在中国，大凡地名被冠以"府城"的，无一例外都是在某个历史阶段里作为国家统治机构在地方行使行政权力的州府所在地，这里说的府城即海南封建朝代的地方行政中心——琼州府（今琼山区）所在地。② 因而，府城人是很骄

---

① 易中天. 读城记［M］. 上海：上海文艺出版社，2006：1。

② 府城地属海南琼山，古名珠崖、玳瑁、舍城、崖州、琼州、琼台。在汉朝时属珠崖郡玳瑁县地，因当地盛产玳瑁而得名。隋朝时在玳瑁县东境设颜卢县。唐武德五年（622）改颜卢为颜城，属崖州，唐贞观元年（627）又改颜城为舍城，从舍城分出一部分设置琼山县。唐贞观五年（631）设琼州，州治位于今琼山旧州镇。宋开宝四年（971）移治今府城，明洪武三年（1370）设立琼州府，至清代，琼山县都是琼州府的所在地，故府城以此得名。

傲的。这种骄傲，主要来源于漫长的岁月里一直不变的海南统治中心以及文化中心所带来的地域优越感。确实，府城有许多值得府城人骄傲的东西。那些隐藏在闹市中心的古城墙、琼台福地和钟楼，那些弯弯曲曲的小街小巷，其街名巷名如绣衣坊、跑马街、万寿亭、城楼尾、县衙前，等等，无一不在述说着那些在悠久的朝代更替过程中沉淀下来的历史文化。还有那座被红墙绿瓦所环绕着的海南第一楼——五公祠以及相依为邻的苏公祠，承载了多少朝代里达官贵人仕途失意被贬海南的痛苦惆怅，以及他们身处逆境仍胸怀天下，为海南的文化教育发展所做出的卓越贡献。

府城人也是有文化的，在城的中心地带，有着海南历史最为长久、影响最大的琼台书院，这里曾发生过一个凄美动人的爱情故事。这个真实动人的爱情故事，因为被艺人改编成传统戏曲《搜书院》而在海内外长久传唱着。现在，这里已是琼台师范学院的所在地。过去的爱情悲剧已成为历史陈迹，但振兴海南教育的努力，仍在一代代学子的承传接递当中。城的周边，还散落着十来所大中专院校以及众多中小学堂，无论走在城的哪个角落，都会听到随风传来的琅琅书声。还有那个因具有傲视岛内群雄的教学实力而被以省名命名的海南中学，多少年来，海南的优秀青年学子，就是从这里出发，踏上了求学深造、报效家国的人生路程。成年累月地被这种浓浓的书卷气息所熏陶，就连府城的商贾也少了一些铜臭而多出一些谦和，到农贸市场买东西，因手头一时不便缺少个三五角钱，商贩都会莞尔一笑：东西先拿回去吧，下次来买东西记得就拿来还。

因年代久远，已记不清是从什么朝代开始的府城元宵"换香节"（现在已改成换花），因其文化形式的独一无二，在岛内早已声名远扬。① 每年一到这时候，外地人都会蜂拥而来，和府城人一起分享喜庆佳节，因而元宵节的夜晚，府城的中心地带总是人潮涌动，老的少的脸上荡漾的都是笑容，人们交换的是花，收获的是爱的祝福和希望，并因了这一分收获，连睡觉做的梦都是甜蜜的。

真正让府城人从内心深处生发出自豪的，是在封建朝代里，在被称为"南蛮荒地"的这里，曾走出去两个震撼中华大地的名人：一个是以不怕死出名的海瑞，一个是以经济思想著称一时的丘濬。如果要比较两人中谁对社会的经济

---

①　陈道谆．府城"换花节"与"换香节"文化研究［C］//"当代海南论坛"2013年冬季峰会论文集，2013.

文化发展所做的贡献最大，显然"以死抗争"的海瑞比不过著有《大学衍义补》（共 160 卷）的丘濬，但在封建君主制的社会里，由于缺乏民主而没有话语权利的民众更希望能有仗义执言的清官为民"鼓"与"呼"，因此，随着历史的逐渐远去，海瑞的社会声誉日渐高隆而丘濬的社会声誉日趋低微，这应该就是社会存在的一种必然。不过，府城人是不会把遗憾留给家乡人的，很早以来，府城就有了以丘濬的"文庄公"谥号命名的文庄路和以海瑞字"忠介"命名的忠介路，在漫长的历史演变过程中，随着朝代的更替、社会的发展，府城的一些街名早已面目全非，但文庄路、忠介路的名号一直保留至今。

因为有了这些让府城人骄傲的本钱，加之"先有府城后有海口"的历史文化心理，所以府城人总是喜欢称自己是"府城兄"，而把海口人称为"海口仔"。奇怪的是，"海口仔"的称谓已被众人认可并传遍了岛内，而"府城兄"的称谓却始终走不出府城的区域，这不免让府城人多少有点泄气。现如今，因为海南省会城市区域扩大，府城已经正式并入海口，成为海口市琼山区政府所在地，但府城人在意识深处仍扭不过这个弯来，两个府城人街上见面打招呼："老李，去哪啊？""我去海口办点事。"在府城人的潜意识里，星星还是那颗星星，府城它仍是府城。

二、文城

接着要看的是文城。

文城是海南省文昌市政府的所在地，因而文城以及周边的人被统称为"文昌人"。①

文昌人的骄傲并不亚于府城人，但这种骄傲与府城人有所不同，府城人的骄傲来自身处海南政治中心和经济文化中心的自豪，文昌人的骄傲则来自"走四方，做大事"的自豪。过去海南有一句社会俗语："无文昌人不成墟（集市）。"指的就是文昌人的足迹遍布了海南各个角落。文昌也是国内最早具有世界意识的地区之一，文昌人很早就走出了海岛走向世界，活跃在世界各地的社会各个阶层。文昌人中的佼佼者如"宋氏三姐妹"，早已是名传海内外的人物。

---

① 文昌的前身是西汉元封元年（前110）设置的紫贝县，属珠崖郡。初元三年（前46），汉元帝接受贾捐之建议撤销珠崖郡后，紫贝即成废县。直到隋朝大业三年（607），才在紫贝县故墟上设置武德县，后改名平昌县，唐贞观元年（627）才改名"文昌县"，是"以县南文昌江设名"。

文昌人出国旅游考察，很容易就可以在华侨群居的地方，找到操着一口地道文昌话的"他乡人"。根据资料统计，现在的文昌籍华侨总人口数比文昌市居民的总人口数还要多出一倍，由此可见文昌人的心胸开阔，随遇而安。

自改革开放以来，尤其是海南建省以后，随着海南经济建设发展的需要，海南的华侨（尤其是文昌的华侨）也纷纷回到家乡参与海南的开发建设。他们有的捐钱捐物，帮助家乡修桥修路，盖学校建医院，大力支持家乡的公益事业；有的投资开公司办工厂，积极推动文昌的经济发展；有的带头改善农村生态环境，以此造福子孙后代。如今的文城街头，到处都可以见到文昌华侨忙碌的身影。可以说，华侨已经成为文昌市再创经济辉煌的一支有生力量。

文昌是华侨之乡，也是将军之乡。国民党时期的陈策、郑介民上将，共产党军队里的张云逸上将，都曾是叱咤一时的风云人物。仅是文昌的白延乡，过去就有"一百条将军皮带"的说法（指的是国共军队里，出身文昌白延的将军有上百人），但据文昌市政府近年组织人手调查统计，国共两军中的文昌籍将领共有 204 名，其中中共将领 3 人，国军将领 201 人，堪称"将军之乡"。①

热爱家乡的文昌人，一般都不会计较家乡人的政见差异，只要你做出了一番大事业，你的名字就会经常挂在家乡人的嘴上。

文昌男人生来是要做大事的。文昌的男人自打一生下来，就被强化灌输进"做大事"的文化意识，因此文昌男人不仅对家乡事、国事、天下事事事关心，就连日常饮食也十分用心去做，因此才能把百姓餐桌常见的普通家禽经过精心打造，创造出"文昌鸡"这个享誉海内外的海南饮食文化精品。

正如人们常说的一句话："每一个成功的男人背后，都站着一个伟大的女性。"文昌女人为了全力支持文昌男人做大事，义无反顾地把家庭的杂活全部包揽下来。于是，屋里屋外，地头田间，到处都可看到文昌女人忙碌的身影。文昌女人为了文昌男人做大事而无怨无悔付出的同时，也打造出了文昌女人贤惠能干的口碑，谁家的小哥带回个文昌女孩，就连固执挑剔的婆婆，也会一脸得意地告诉左邻右舍：我们家娶回的是文昌媳妇。

甜柔清丽的文昌方言，也和文昌女人一样受到社会欢迎，被海南省官方指定为海南话的"官方用语"，因而海南的广播电台和电视台的"海南话节目"，

---

① 参见：郭仁勇. 文昌文史：民国人物专辑（二）[M]. 文昌：文昌县政协文史资料研究委员会，1992. 另据《文昌——将军之乡》（文昌博物馆编）统计，文昌籍将领为 212 人。

一天到晚总是飘散着甜腻的"文昌味"，这不免让海南其他方言区域的文人墨客多多少少有点郁闷。于是，老一辈文昌人普通话发音"一""四""七"不分、"他"变"哈"（t、h混淆）等语言特点也被极度放大，成了海南人酒足饭饱之后的经典笑料，似乎这样就可以让其他方言区域的文人墨客找到心理的平衡点。

三、定城

再下来就该到定城了。

定城是现今的定安县城所在地①，也是一个人杰地灵、风光秀丽的地方。定城可是海南诸"城"中，文物古迹保存相对较好的地方。漫步在定城老街，时不时就可以看到从民居的屋角或是围墙的后面，豁然冒出一座年代久远的古代建筑来。认真者掰着手指头数一数，解元坊、文庙、清潭亭、关圣庙、见龙塔、尚友书院、冼夫人庙、明照阁、莲井、古城北门等，历史遗址实在不少。走在定城老街古老的青石板路上，脚底下传来的一连串清脆声音，似乎都在向人们述说着定城的一个个古老故事。

定城人也和府城人一样，喜欢在元宵"闹春"，但与府城的"元宵闹春"以"换香"为主有所不同，定城人"元宵闹春"，唱主角的是"游灯"。在定城人的记忆中，定城的"游灯"是很有地方特色的，走在"游灯"队伍前面的人叫"头牌"，一般由德高望重者担任，"游灯"队伍中还有乐队（主要由海南特有的音乐形式"八音"构成）、舞蹈（所扮演的主要以古代神话人物为主）和挑灯人（由童男童女组成）。"游灯"的过程主要包括迎灯、送灯和观灯三方面。"游灯"队伍沿途经过的店铺都要事先摆好香案、鞭炮、红包等必备物品，恭迎"游灯"队伍的到来，借此"添丁接福"。现如今，定城的"游灯"已和从前有所不同，"八音"乐队没有了，舞蹈者所扮演的也不再是神话人物而是戏曲人物，就连"挑灯人"也不再是纯一色的童男童女，而是由各色人等组合而成，因而"迎灯"和"送灯"的仪式，也没了往日的庄严肃穆，反倒多出了一些欢快轻松，"游灯"的形式也因此少了许多地方特色。

自古定安多文人，在定城的茶坊与老人闲聊，"父子进士"②"公孙举人"

---

① 定安县在西汉时期属珠崖郡，唐时为琼山县地域，明洪武二年（1369）析琼山县南境置定安县，以示安定本地区，定安县以此得名，沿用至今。

② 清朝时，王映斗、王器成和张岳崧、张钟彦两对父子进士皆为定安籍人。

等传说不绝于耳。《定安县志》记载，定安古代有93人高中举人，10人进入进士榜，1人荣登一甲前三名（定安人张岳崧清代嘉庆年间科举考试高中探花，为海南科考历史之最）。在古代，海南地处南海一隅，交通往来不便，文化教育较之内地落后许多，被视为穷乡僻壤。在定安一县之境，能有如此多人科举考试成名，可见古代定安文风之盛。定城的老人都说，文庙是定安出文人的风水所在，文庙香火旺盛则文才辈出，文庙败落则文星暗淡无光。顺着老人指引的方向找去，在定安中学校园一隅，早些年地面上还残存着一些文庙的石柱、石鼓，现在已经荡然无存，只有晚风在夕阳的陪伴下沉默不语。校园里的老人告诉我们，以前的定城文庙规模很大，有殿宇、廊坊、石碑、水池、曲桥等，1954年的一场飓风，把定城文庙的正殿——大成殿一角吹倒了，由于得不到及时修缮，文庙从此日趋败落。到了"文革"期间，一切属于"封资修"的东西都在扫除之列，文庙的所有建筑在劫难逃，悉数被毁。从此，人们只能在残阳和落叶的陪伴下，默默地站在文庙的遗址上凭吊文庙曾经有过的辉煌。不知是否应验了定城老人的话语，与定城文庙的陨落相对应，定城的文风似已大不如从前。国家恢复高考后，文风余韵尚存的定城，在20世纪的七八十年代，仍时不时有学子考上北大、清华的佳音传来。进入21世纪以后，就只能聆听邻近的琼山、文昌、琼海等地学子考上北大、清华的消息了。今天的定城，偶尔有个别学子能考上中国人民大学或复旦大学，就已经能给定安的父老乡亲带来莫大的喜悦了。定城老人的话不足为信，但独占鳌头的科考佳话，似乎已被定城人封存在历史的记忆里了。

　　被誉为海南"母亲河"的南渡江，就在定城旁边日夜不停地流淌着，从定城往南边不远，就是风光旖旎的南丽湖，还有平地突起的文笔峰下古香古色的道观，生活在这样一个山清水秀的地方，定城人也是要骄傲的。不过，定城人的骄傲相比于府城人、文昌人的骄傲，于自豪中显现出一点无奈。定城人骄傲的是往昔曾有的丰采，比如，和人谈到海瑞，定城人会一脸认真地告诉你，海瑞故乡本在定安，后来才搬去府城定居的；又如，提起定安古时有过"父子进士"的佳话，或提起海南的文庙很多，唯独定城的文庙有资格打开过正门"祭孔"（旧时庙规：参加科举考试的生员，只有高中状元、榜眼和探花，即一甲进士前三名者，才有资格从文庙正门进去"祭孔"）。清代嘉庆年间，定安人张岳崧科举考试高中探花，打破了海南之前科考无人进入前三名的历史记录，定城的文庙为此打开过正门"祭孔"一次。"讲古"时，定城人可是滔滔不绝的，可一联系到现实，定城人就会不自然地显现出窘态。毕竟，定城这几年的经济、旅游等方面的建设虽说有了较大发展，但文化教育还相对滞后于岛内条件相似的地区，定城文化教育曾经有过的辉煌岁月，已经逐渐成为遥远的记忆，如此境况，确实让人有点底气不足。

四、临城

然后要去的该是临城了。

相比于海南诸"城"，临高县所在地临城，其历史文化形成相对要复杂许多，并且曾多次遭遇设县撤县的迁移之累。临高县，隶属于海南省。唐武德五年（622），从富罗县划出东部地区成立临机（鸡）县，唐玄宗开元元年（713）改临机县为临高县。……1939 年 9 月 25 日，日军占领临高，国民党县政府迁到白沙黎地冲末（音）村，后又搬迁到坡春村，1945 年国民党临高县政府迁回临城镇。新中国成立后，1958 年 11 月，临高县与澄迈县合并，称金江县，后改为澄迈县，县城设于金江镇。1961 年 5 月复置临高县，属海南行政区公署。临城虽地处海南一隅，但其文化精神的特殊性，则基本游离于海南的主流文化传统，以至有一些偏执的海南人认为：临高人不讲海南话，有其独立自成体系的临高方言，其文化习俗也有异于他乡，实在让人很难找出临高文化与海南主流文化相似的地方。因此，临高人不应该算是海南人（主要指海南的汉族人），最起码不是正宗的海南人。当然，谁要是当着临高人的面说他不是海南人，临高人是很生气的，但要认真追究起来，恐怕连临高人自己也说不清自己的文化归属。歧义的本身，源于临高人自认是汉族人，但其文化习俗却与海南的汉族主流文化传统迥然不同。[①]

文化传统归属不清，并不妨碍临高人对自己独特文化的坚定执着。中央政府以行政手段推广普通话已历经几十年，但在临高县下面的许多乡镇小学，老师讲课所用的语言，总是要在普通话中夹杂着临高方言（笔者曾到过海南黎苗族同胞相对集中的地区如白沙、昌江等县，那里的小学教学早已普及普通话教学）。或许，正是因为对自己独特文化的坚定信念，临高人才能将 1000 多年前民间流行的人偶戏、渔歌"哩哩美"等艺术形式完美地保存下来。

与喜欢向外人喋喋不休"讲古"的定城人有所不同，临高人更看重的是实

---

① 刘剑三. 临高语话语材料集［M］. 北京：中央民族大学出版社，2009.

实在在做事而不是坐在那里清谈高论。比如，当定城人极力想证明海瑞、白玉蟾等历史名人的家乡荣誉应归属定安时，临高人并不想告知定城人，按你们的算法，张岳崧也应该算是临高人了（张家原来就世居在临高，到了父辈时，为了做生意方便才迁居到定安）。临高人对自家珍藏的东西，从不喜欢向外人炫耀，而是留给自己私下赏玩。

曾经有学者认为，临高的方言和文化习俗都十分接近广西的壮族，但从临高人的传统生产方式主要是渔业（临高的渔业生产至今仍占临高农业生产的半壁江山，是海南的第一渔业大县），以及渔歌在临高渔民中的普及程度看，临高人似乎更像是以渔为生的"疍民"的一个分支。当然，临高人的文化归属，最终还得由专家学者在充分考证的基础上做出裁决。

临高人的文化独特不仅体现在语言和民间艺术上，临高人的饮食文化也是非常独特的。作为海南的一个渔业大县，临高的水产是非常丰富的，不过临高人对海鲜的烹调是比较随意的，随便用白水煮煮或者配点姜蒜炒熟就行，反倒对肉食十分讲究，尤其是对乳猪肉的偏爱，简直到了疯狂迷恋的地步。海南人一般都知道，海南的名菜里头有一道菜是"临高烤乳猪"，但在临城街头的早餐摊点上，最受人们欢迎的并不是"烤乳猪"而是"蒸乳猪"（蒸熟的乳猪肉）。"烤乳猪"在南方很普遍，在各种宴席中时常能看见它的身影，但"蒸乳猪"的早餐食风之盛，恐怕除了临高一地，别无他处。还有在洗干净的猪肠里塞进猪血、猪杂后蒸熟了佐食的"血肠"。来一份血肠再叫上二两地瓜酒、一碗干饭，临高人的早餐可以吃得红光满面。至于海南其他地方早餐流行的粥、汤粉、米线等，在临高人看来，那简直就跟没吃过早餐一样。从对肉食的偏爱上看，临高人倒更像是北方的游牧民族而不是南方的水上人家。

临高人对自己独特文化的坚定执着态度，在一定范围内有效地保护了自己的地方文化特色，但也在一定程度上阻碍了临高与外界的沟通交往。海南自建省以来，临高周边的地区，招商引资动作一个接着一个，显得非常红火，只有临高的经济开发一直处于不温不火的平静状态。所幸，新一届临高领导班子已对临高今后的发展达成了共识：临高的出路在经济开发。借着临高金牌港于2006年年初被国家发改委审定为省级经济开发区的东风，临高人正在加大对外招商引资的力度。也许，在不远的将来，随着金牌港经济开发区的腾飞，临高的经济发展会发生翻天覆地的变化。到那时，如何在借助外力推动临高经济发展的同时，有效地保护好临高的独特地方文化特色，将是临高人必须认真思考的问题。

五、万城

还要去看的是万城。

万城是万宁市政府的所在地，也是海南有限的几座著名古城之一，至今已有1300多年的悠久历史。自古以来，万城见证了万宁地区历经封建朝代更替带来的行政区域改制的多次变化，万宁先由"县"到"州"改"郡"，又由"郡"改"县"，再由"县"改"军"又改回"县"，如今又改成了"市"，[①] 如此繁杂的名称更换，昭示出万城地理位置的重要性。

万宁的地理位置确实是得天独厚，有山（东山岭）有水（兴隆的温泉），还有热带植物园和原始森林。在东山岭上，游客们一路沿着羊肠古道向上攀缘，可以观赏到沿途形态各异的奇石，以及海南历代文人在石头上留下的墨宝真迹；还可以站在岩石上面，一边极目远眺，寻找传说中出没于岩石和鹧鸪茶树丛中东山羊的身影，一边呼吸从远方吹来的甜腥海风，放松自己在嘈杂的都市里饱受噪声折磨的心情。游客们也可以去热带植物园里漫步游玩，在这里，一年四季你都可以见到各种奇花异草在争奇斗艳。身体健壮的，则不妨呼朋唤友到六连岭等原始热带雨林里去探险，体验一下和大自然融为一体的人生乐趣。游客们逛累了走乏了，可以到兴隆温泉里洗去一身的疲惫，重新焕发出抖擞的精神。口渴了呢，这里还有著名的兴隆咖啡和海南的高山绿茶可以供游客们解渴提神，一杯饮下，可是真的口齿留香。吃的方面，海南传统饮食的四大名菜"文昌鸡、嘉积鸭、东山羊、和乐螃蟹"里的东山羊、和乐螃蟹就出产于万宁，还有海湾里盛产的各种生猛海鲜，足以让那些慕名而来的游客大快朵颐。有了这些自然赋予的优良条件，再加上归国华侨带回来的异国风情歌舞表演，万宁的东山岭和兴隆很早以来就是海南著名的旅游景点。海南省政府决定把海南的旅游品牌做大做强后，万宁的各个旅游景点如吸铁石一般吸引住慕名而来的国内外游客，因而在众多游客南腔北调的各种方言里，时不时地也会冒出一些洋腔洋调来，越发显出这个旅游城市的诱人魅力。每逢"黄金周"，这里更是人满为患，热闹

---

① 唐贞观五年（631），以琼州的平昌县拆置"万安县"，隶属琼州；龙朔二年（662）增设为万安州；至德二年（757）改万安州为"万全郡"。迨至南宋绍兴七年（1137），始设"万宁县"；绍兴十三年（1143）复置万安军。明洪武三年（1370）改称万州。直到1914年复改为万宁县。1996年，经国务院批准，万宁撤县建市。

非常。

有了这么多南来北往的过客，就不难理解万宁这个古城为什么已经不太像个古城，反倒是多出了那么多的现代文明气息。漫步在万城街头，虽然历史遗迹很多，但与古城定城相比，似乎少了一些古城应有的古朴清幽，而多出一些现代社会的繁华喧闹。从社会的文明进步角度看，历史固然给人悠远的回味，但生活总是要向前走的，万宁人在打开大门迎接南来北往游客的同时，也慢慢培养出了自己的经商意识，这种经商意识的不断强化，自然就使一个拥有悠久历史的古城，慢慢地演变成了一个具有浓厚商业气息的现代城市。

旅游业的繁荣，不仅给万宁的经济带来了持续发展的活力，也培养出了万宁人的经商意识，他们也主动走出大门，去他乡寻找自己的人生梦想和创造自己的人生辉煌。过去的海南有"无文昌人不成墟"的说法，今天的海南也有了一种新的说法："有农贸市场的地方，就有万宁人的身影。"似乎也是为了适应农贸市场经商的嘈杂环境，万宁人自然就形成了大声吆喝的习惯，他们讲话喜欢粗声硬气，从不扭捏装腔。为此，万宁的男人就多出一份豪爽，而万宁的女人则少了一些脂粉味。因为豪爽，万宁的男人不畏艰难行走四方，勇于实践自己的人生追求；因为豪爽，万宁的男人从不掩饰自己的好恶情感，敢于为朋友打抱不平；因为豪爽，万宁男人经常把朋友义气放在与家庭利益同样重要的位置上。因此，很多人都喜欢结交万宁男人，并把他们当作知心朋友。万宁的女人在勤劳能干方面绝不输于万宁男人，当城市里的女人还赖在床上睡懒觉，或是坐在梳妆台前精心打扮自己的时候，许多万宁女人已经奔波在路上，蓬头素面地帮助男人打理自家的生意了，夫妻俩齐心协力把自家的生意经营得红红火火。所以，万宁的女人与都市里的女人相比，虽然少了一些脂粉味但却多出一份事业心，她们不一定知道什么"女权主义"，但她们用自己的勤劳，证实女人凭着一双能干的手，不靠男人也可以活得很精彩。

六、崖城

最后要去的当然是崖城了。

崖城在海南的地位非常特殊，崖城曾经是中国历代中央政权在祖国南边最边远地区设立的行政管理机构崖州所在地，早在秦始皇时期设置的南方三郡，崖州就是其中之一的象郡（另有一说，海南岛自西汉开疆，置珠崖、儋耳二郡16个县）。史书中最早记载海南建置行政机构，设儋耳、珠崖二郡16县的是

《汉书·贾捐之传》："初，武帝征南越，元封元年立儋耳、珠崖郡，皆在南方海中洲居，广袤可千里，合十六县，户二万三千余。"从历史记载看，汉朝时海南的儋耳郡在今儋州市境内，珠崖郡在今海口市琼山区境内。隋代，海南境内有珠崖郡、儋耳郡、临振郡三郡，《舆地纪胜》云："隋炀帝（大业六年）开置珠崖郡，立十县。又置儋耳、临振二郡。"①　自隋代始在现在的三亚市崖城镇设临振郡，临振郡领延德、宁远②二县。唐代龙朔年间（661—663），在海南岛设琼州、崖州、儋州、振州、万安州共5州。振州，领宁远、延德、吉阳、临川、落屯5县。北宋开宝年间（968—976），海南行政建置为琼州、儋州、万安州、崖州4州和13县。自宋代以降，海南岛最南端的统治中心的州（或郡、县）均设在崖城。

于是，孤悬海外偏踞岛南一隅的崖城，便成了岛南的政治、文化、经济中心。只是今日的崖城，远没有昔日的地位和辉煌。其原因在于，1954年10月，中共崖县县委、县政府及直属机关从崖城搬到三亚，1984年5月19日经国务院批准，撤销崖县设立三亚市，崖城成为三亚市管辖下的一个乡镇。从此，崖城旧时风光不再，曾有的四座城门，因屡遭风雨摧残及时代变迁，如今只剩下一座南门；曾经数以千计的古城民居，也只剩下100余幢，几乎已经不能称之为城了。

在崖城辖区内，大多生活着海南的黎族、苗族和回族同胞，其中黎族同胞占其人口的大多数。在交通不便、人烟荒芜的封建时代，这里曾是被贬官员横遭流放、文人墨客睹物悲情的伤心见证之地，著名的"天涯海角"即在此处。

从汉代到明朝，被贬谪、流放到崖州的贤相、名臣、学士有20多人，仅是"副宰相"以上的大臣，就有14人之多。例如，因反对武则天失败而遭贬的初唐宰相韩瑗，晚唐时期力排内忧外患、反对朋党遭打击的功德高厚的政治家、两朝辅佐宰相李德裕，曾监修国史的北宋吏部尚书、宋仁宗朝宰相丁谓，《旧五代史》编者、翰林学士、北宋太祖朝宰相卢多逊，荐举岳飞为抗金统帅、反对

---

① 《舆地纪胜》，是南宋中期的一部地理总志，王象之编纂，成书于南宋嘉定、宝庆间，共二百卷。《舆地纪胜》主要是节录当时数以百计的各地的方志、图经编纂而成，对各种方志、图经中的山川、景物、碑刻、诗咏，一概收录，而略于沿革，以符合"纪胜"的要求。

② 宁远，崖州之境，隋置旧县，以宁远水而名。"宁远"二字，其作为珠崖郡十县之一最早见于《隋书·地理志》"珠崖郡"条，属珠崖郡辖县。

投降而与秦桧做不屈斗争的南宋"首推宰相"赵鼎①，在民族危难关头冒死向宋高宗皇帝上书请斩奸党秦桧示众的爱国名臣、枢密院编修官胡铨，元代著名诗人、晋王朝位及相权的中书参知政事王仕熙，等等，都曾遭贬来到这里，其中有 10 人长年居住在崖城附近的水南村。由此，崖城又有"幽人处士家"之称。②

当年，元人马致远的那曲著名的《天净沙》，一句"断肠人在天涯"，可是悲情万分地道出了多少人生不得意者流落南疆崖城的肝肠俱断愁思。不过，随着时过境迁，"天涯海角"在今天已经成了海南旅游主打的一个著名品牌，每年都有许多中外游客慕名而来，在此留下自己的欢声笑语，昔日苦海无边的荒凉海滩，如今已是秀色可餐的热带风情旅游胜地。

由于崖城所处地区的特殊性，这里也是中华汉民族文化与少数民族文化从摩擦走向整合然后归于和谐的一个历史见证地。历代被流放官员在崖城办学堂、招学员，传授学问，使崖城一带读书之习蔚然成风。浓郁的文化氛围，使古崖城历史上名人辈出。例如，宋朝的名贤陈中孚、裴闻义、陈国华；明代的三亚破天荒出了一对父子进士，被赞为"海外衣冠盛事"。这父子进士就是世居水南村的钟芳和钟允谦。钟芳自幼有"崖州神童"之誉，于明正德二年（1501）中进士二甲第二名，宦迹遍布江浙诸省，官累迁至兵部左侍郎、户部右侍郎等职，文集获载入《四库全书》，被尊为"岭海巨儒""南滇奇才"，与海南丘濬、海瑞并称明代"琼州三星"。其子钟允谦于明嘉靖八年（1529）中进士，次子钟允直也中举人，满门鼎盛。特别是清朝的举人林赞统，与康有为、梁启超发起公车上书，参与戊戌变法，成为崖州人的骄傲。

史书记载，南宋谪臣胡诠被贬崖州后，寄居在崖城水南村裴闻义家中。他缘结乡里，兴建学堂，亲自执教，日以经训传经书为事，为当地黎、汉村民培养了大批学子。元代的黄道婆，当年可是在崖城的水南村一住就是将近 40 年，她虚心向黎族同胞学习织锦技术，最终学成将之带回江南传播开来，有力地促进了我国古代纺织工艺的发展进步。③ 同时，这里的黎、苗族同胞也通过积极学

①《宋史》评价："论中兴贤相，以鼎为称首云。"

② 幽人：幽隐之人；隐士。指幽居之士。出自《易·履》："履道坦坦，幽人贞吉。"孔颖达疏："幽人贞吉者，既无险难，故在幽隐之人守正得吉。"

③ 刘正刚，付伟. 黄道婆问题再研究［J］. 海南大学学报（人文社会科学版），2007（5）：481-485.

习汉族的科学文化和农耕技术，帮助自己摆脱了"刀耕火种"的原始生产方式。作为不同民族文化和睦共存的一个有力见证物，在这个原本荒凉偏僻的地方，竟然有着一座颇具规模的红砖绿瓦建筑——学宫（也叫孔庙）。根据史书记载，崖城的学宫，在北宋庆历年间（1041—1048）就已经存在，以后虽屡经风雨摧残，几度坍塌又几次重修，今天人们所看到的学宫早已不是当年的模样，但在崖城人的心目中，学宫民族和睦团结的文化内涵是永远不会改变的。

这里还曾经见证了中日文化友好交流的一段历史。唐代高僧鉴真和尚于唐代天宝七年（748）第五次东渡日本时，遭遇强台风袭击，所乘坐的帆船飘流到崖州城，他在这里停留期间，帮助修建了大云寺，并留下了一批准备带去日本的佛教经典，这是崖城文化史上带有传奇色彩的宗教宝物。可惜的是，由于社会动荡、朝代更替，这批珍贵的佛教经典文献没有被保存下来，今天的人们只能从史书记载里想象它们的文化价值。① 不过，或许是因为曾经与佛家有缘，三亚南山佛教文化苑在前些年选此安身弘扬佛教文化，每年都吸引众多中外游客到此观光游览，现已成为海南旅游市场主打的一个著名文化品牌。

如今的三亚崖城，正乘着海南自贸港建设的东风，依托科技进步强势崛起。

2018 年，海南省三亚崖州湾科技城建设开始启动。2019 年 5 月，《三亚崖州湾科技城总体规划（2018—2035）》获得海南省政府批准，三亚崖州湾科技城总体规划范围，即崖州湾开发边界以内，面积约 69.3 平方千米，按照这一规划理念，三亚崖州湾科技城计划到 2035 年将打造成"一港三城一基地"（即三亚崖州湾科技城深海科技城、南繁科技城、科教城，以及南山港和全球动植物种质资源引进中转基地）。

2020 年 6 月 1 日，中共中央、国务院印发《海南自由贸易港建设总体方案》。方案指出，依托三亚深海科技城，布局建设重大科技基础设施和平台，培育深海深空产业。发挥国家南繁科研育种基地优势，建设全球热带农业中心和全球动植物种质资源引进中转基地。三亚崖州湾科技城围绕海南自由贸易港总体方案要求，重点面向南繁科技、深海科技和科教领域规划产业布局。

2020 年 6 月 12 日，海南省人民政府发布批复函，同意认定三亚崖州湾科技城高新技术产业开发区为省级高新技术产业开发区。批复函（琼府函〔2020〕

---

① 杨曾文. 唐鉴真大和尚东渡和日本律宗［J］. 扬州大学学报（人文社会科学版），2011，15（2）：81-91.

80号）内容显示，省政府同意认定三亚崖州湾科技城高新技术产业开发区（采取一区多园模式建设，包括三亚崖州湾科技城片区、三亚市高新技术产业园片区、三亚遥感产业园片区）为省级高新技术产业开发区。批复函要求三亚崖州湾科技城高新技术产业开发区要紧紧围绕海南自由贸易港建设大局，按照绿色发展、产业集聚、集约高效、开放融合的要求，根据开发区整体布局，制定具体实施方案。不断加强体制机制创新，注重协调发展，突出产业特色，着力打造成为科技创新与产业发展深度融合、影响力强的一流高新技术产业开发区。省科技厅会同三亚市政府要严格按照《海南省省级高新技术产业开发区认定及管理办法》等有关规定，加强对该开发区建设工作的指导和服务，提升开发区运营管理水平，加快推进开发区高新技术产业高质量发展。

2019年8月15日，上海交通大学三亚崖州湾深海科技研究院成立。该研究院将围绕深海科技领域，对接三亚深海科技产业发展需求，推进开展深层海水综合利用、深海网箱养殖技术、海上实测技术、海上试验场建设等高新技术项目与科学研究，打造深海科技公共平台。

三亚崖州湾科技城成立一年多以来，成功引进了中国农科院、中国热科院、中国水科院、中科院种子创新研究院、中科院深海所、中科院南海所、中国地质调查局等8家国字号科研机构，中国船舶集团、招商工业、中信农业等央企和上海交通大学、浙江大学等一流高校，发展产学研一体化教育科研、公共科研服务和创新创业孵化转化平台。商汤科技、一飞智控、鲲信基金、广陵高科等一批高科技企业纷纷入驻，实现百余家企业及科研机构落地。

随着人才源源不断会聚，重大科研机构相继落地，三亚崖州这座未来科技之城正乘着海南自贸港建设东风，强势崛起。

海口地名源考

海口的地名大致可以分为两类：一类以地理位置取名，一类以文化内涵取名。但不管是以地理位置取的地名，还是以文化内涵取的地名，基本上都在漫长的历史岁月中，因社会生活的改变而被屡次更改。因此，海口的地名就是海口这个城市形成发展的记事本，也是海口作为一个城市的历史档案，并因一些地名被屡次更改而影响到海口的历史档案记录，有相当的部分被无情的岁月湮没在遥远的过去，但这也给后人留下了许多追寻历史的想象空间。对海口地名进行考察，其实就是在追寻海口的历史。

一、海口

海口地名源于它的地理位置，因其地处南渡江的出海之口，故取名为海口。据考古证明，远古时代，海南岛与中原大陆原连一体，有如瓜架下的一个葫芦。由于地壳断裂陷落，狭长地带下沉消失，形成琼州海峡，海南岛便与大陆分离，孤悬海外，与雷州半岛隔海相望。其时，海口只是一片浅滩，据民间传说市中心的广场、东西湖是个无底潭洞，有五条小龙在潭中练身修道。千年之后，五小龙身健道成，自觉潭小容身不下，于夏秋交接之日，掀潭水飞天，聚成五朵彩云。五龙腾云出潭，随彩云升空，俯瞰寻觅容身之所。见神州大地日出处水面广阔无边之东、西、南、北海，加之长江、黄河流水滔滔，便知此乃天赐永久容身之理想水境。五龙一斟酌，便降云入水，四龙分赴东西南北四海，一龙游向长江、黄河。自此神州水境便有五龙镇据。古人美称海口为"五龙入穴之地"大概由此传说所起。①

民间传说中当然包含有许多艺术想象的成分，不足以凭信，不过，从民间

---

① 参见海南省旅游公司导游词。

传说的内容来看，远古时期的海口，当是以水域为主。源于五指山区之滔滔南渡江，一路向东并入诸多溪流，年年将泥沙填入潭中，千年万代，从不停歇，直到填成现今海口市这片滩涂地面。

在古文献中，自汉至唐代，海南岛南渡江入海地方未有"海口"地名记载。在汉代，现海口地面属珠崖郡玳瑁县（现琼山区前身）地，隋代以后划为琼山县地。到唐代，这里设白沙津（津，其本义是渡口，又指渡河。找到渡口，有了船，就可以顺利渡向彼岸，所以"津"又指门路），为琼州城（今府城）的外滩，是当时琼州与雷州海渡和贸易的港口。南宋时，这里设海口浦（浦，本义为水边或河流入海之地，用"浦"字表示其地境，说明海口是历代河海潮水冲击而形成于南渡江入海口的一块浦滩之地），范围包括今天的海甸岛与海口市区，海口自此得名。

在历朝海南的建制几经废立和更改的过程中，海口地区分别隶属崖州、颜卢县、颜城县、琼山县、舍城县等。直到南宋时设置海口浦，作为商船聚泊之港口，海口作为地名才首次出现。而到元朝时，海口浦便逐渐代替白沙津，成为海南渡海和物资进出口的主要港口之一。明朝时按兵制先后将海口浦改建成"海口所""海口卫"，海口驻兵卫、所的建立，为后来的海口市打下了坚实的基础。此时，由于港口贸易的兴起，香料、槟榔、吉贝等岛内特产源源不断地外运及岛外运入货物，海口成为岛内与大陆各地往来的水运中心。

从历史角度看，陆权时代的海南虽然有政治意义，但是并不会被统治者特别关照。而明朝时中国虽未进入海洋时代，但不幸的是，在朱元璋立国初期，明帝国就遭受了严重的海防危机。而日渐繁华的海口也成为海盗的目标，来自日本的倭寇、东南亚的蕃寇、中国东南沿海的海盗等不断偷袭明朝海岸，烧杀抢掠伤害百姓，成了朱元璋治国方略的心腹大患。海防被提上日程，海南岛的战略地位自然直线上升。

为防海盗袭扰，明洪武二十七年（1395）安陆侯吴杰委托千户崇实兴筑海口城，海口建起了方圆仅 0.48 千米，只有东西、南北两条交叉形成的十字形所路，连接东、西、南、北门的"所城"。

明朝中央政府在海南建立了卫所制度。洪武二年（1369）设海南分司，后改为海南卫。海南卫所辖制的旗军包括前后左右中五所，海口就是治所之一。洪武七年（1374），设海口千户所，之后建制不断扩大。

严格来讲，从归入中原政权到开始拥有姓名，海口用了 1000 多年。自明之后，海口迎来了自己的发展时期。海口真正的城市雏形即形成于洪武二十八年（1395），叫作"海口所城"。"海口所城"虽然方圆仅0.48千米，只有东西、南北十字形路，但对海口来说意义重大。

"所城"是近代海口的城市雏形。明万历《琼州府志》对海口所城规模的记述较为详细："海口城，郡城北十里海口都，海港之南……周五百五十五丈，高一丈七尺，阔一丈五尺，雉堞六百五十三，窝铺十九座，启门四，各建敌楼，东北临海，共砌石岸九十丈。复自东南延西北浚豪，长四百六十五丈，阔一丈五尺，深五尺。"海口所城大体呈正方形状，共有四门，分别为东、西、南、北门，各成街市，正是这纵横的十字形街区开启了海口有城有市的历史。1926年，海口进行城市改造，原来的所城城墙被拆，但东门街、西门街、南门街、北门街这些地名依旧被保留至今。这些老街的格局和建筑依然保持着100年前的基本原貌，尽管已显狭窄而破旧，却古韵犹存。

关于海口所城的建造由来和施工，《明史·花茂传》记述，洪武二十年（1387），又有倭寇登上海口浦，广东都指挥同知花茂上奏皇帝，请求设城防守敌寇来犯。7年后，即洪武二十七年（1394），花茂再次上奏皇帝，曰："广东南边大海，奸宄出没，东莞、笋冈诸县逋逃蜑户，附居海岛，遇官军则诡称捕鱼，遇番贼则同为寇盗，飘忽不常，难於讯诘。不若籍以为兵，庶便约束。"之后不久，花茂又上奏建言，"请设沿海依山广海、碣石、神电等二十四卫所，筑城竣池，收集海岛隐料无籍等军，仍於山海要害地立堡屯军，以备不虞"。这些奏请皆得朱元璋"报可"。花茂也很快升任广东都指挥使，为二品大帅。

从此，为了防倭防贼，建海口所被正式提上议事日程。

关于海口所城的建造由来和施工方，海口市博爱街联桂坊103号民宅内保存的"奉宪给照"古碑碑刻中有准确记述：明洪武二十七年（1394），都指挥花茂奏准防倭，二十八年（1395），安陆侯吴杰鸠工创造。这在明万历《琼州府志》中也有确切记载："安陆侯吴杰始委千户崇实兴工。"

所城最初仅有东门街、西门街、南门街、北门街四条街。清弘治元年（1488），在十字街中心

图1　"奉宪给照"石碑

建四牌楼。后来又陆续新辟了城东的仙桥路、振东街、闸门街（合并今振东路），胭脂园后街、城角路（合并今大东路）；城西的谷街、福兴街、关上街、关尾街（合并今义兴街），新兴街（今新华北路），城角滂路、青竹街（合并今新华南路）；城南的双塘尾路、被直街、南所外路（合并今博爱路）；城北的得胜沙街、大街（今中山路）、港口街（今水巷口街）、大庙前街（今中山横街）；等等。由此，海口作为一所现代城市的雏形渐渐显现。值得一提的是，西门街是海口市历代的重要街道，明代的千户府，清代的同知署、参将署都设立在此，因而这里也是海口最早铺筑石板路面的一条街。

如今，虽然海口所城的城门、城墙等已荡然无存，"东门""西门""南门"的名字也已经由具体的城门合并到街道的地名里了，但这些称谓至今仍为海口人所熟知——东门外、西门外。①

1858年，清朝政府与帝国列强签订的《天津条约》，将海口开辟为通商口岸，海口成为南洋群岛和大陆对外交通的道口。清光绪元年（1875），由于侨民日增，商贾云集，海口日见繁盛。随后设立海口海关，英、法、德等国逐渐在海口修建了西洋风格的领事馆等建筑，并在白沙门建港，对外贸易进一步发展。海口渐渐成为面向南洋（即东南亚）的一个商贸中心，形成繁华的商业城市风格。1926年，海口正式脱离琼山县管辖，开始独立建市。1950年4月23日，海口解放，同年6月正式设市。1988年，海南建省，定海口为省会市。

二、白沙街

据《明洪武海口所城位置图》等有关历史资料，海口最早的街道应是白沙街，但建设年代不详，有关历史材料只提到南宋时期形成的白沙津港口贸易繁荣，因此这里建起了海口最早的街道——白沙街。

从现在能找到的海口历史资料分析，白沙街应是在南宋末期的时候，为了白沙津港口贸易的方便，紧挨着白沙津港口修建的，但在《明洪武海口所城位置图》这份地图上，也仅简单地标注着20个地名，并没有标明白沙街确切的位置，只在右上角的地方标着"白沙津"，这个地名"白沙津"与"海田村""白沙门"一起，成为海口现存最古老的地名。而这份地图上标注的其他地名，诸如通津村、龙舟墩、饲马堆等地名，则早已湮没在历史的长河中，在海口现有

---

① 李然．"奉宪给照"碑揭示的海口所城历史［N］．海南日报，2012-03-12（17）．

地名里已找不到它们的踪迹。

据海口上了年纪的老人们回忆，白沙街"是一条东西走向、长仅 200 多米的石板路，1985 年修新埠桥时才全部改成了水泥路"。古街道的大概位置在海口的新埠桥一带，从海口的滨海大道一直向西走，进入长堤路到了尽头便是海口的新埠桥。顺着海口新埠桥中央的一侧阶梯，沿阶而下就是白沙坊。新埠桥没建时，这里有很大一片白色沙滩，桥下一棵枝繁叶茂的百年枇杷树遮出了一片阴凉的空间，就在那棵大枇杷树东边的不远处，有一些丢弃在路边的石凳，还有供奉着香火的关圣庙、被修嵌入墙中的几块古碑，于不声不响中显示着这里的古老。"坐白沙而镇虎威，骑青龙而升天上"，关圣庙前的一副对联，究竟是指的白沙街还是白沙津港口，今天的人已不得而知。或许，白沙街和白沙津港口，两者本来就是连成一体的，如果真是这样，"白沙"一词所指的是哪个？也许在关帝老爷看来，其实都一回事。

当年的白沙街，两边经常有一些停船于此的渔民、过往的船客上岸休憩，九层糕、油糕、海南粉等各种海口小吃也因此云集这里。今天，白沙坊的许多人家还都祖传有制作海口地道小吃的手艺，直到现在许多人还以此为生，他们手工制作的这些小吃卖到了海口的许多茶楼。

三、得胜沙

得胜沙原是海口北边的一片海滩，古称"外沙"，本意为"海口外滩一片平沙"。现在的地名称"得胜沙"，则是为了纪念在这里曾经有过的一场抗击海寇的胜利。史书记载，清道光二十九年（1849）海盗张十五（一说是倭寇）窜犯海口所城，掳掠财物，清兵把总黄开广率领军民予以反击，经过激烈战斗，最后得胜海贼于外沙，由此"外沙"又得名"得胜沙"。关于"得胜沙"地名的由来，海口坊间则流传有这样的一个故事。

得胜沙由于其濒海位置，又因为这里商贾云集，自然也就成了海盗光顾的首选地。受到海盗滋扰的商民们苦于无力应付，有人就提议在这里设一个冼夫人牌位，希望借助冼夫人"护国庇民"的神威，告别担惊受怕的日子。

清朝中叶，得胜沙冼夫人牌位建好后不久，海盗头子张十五又带着一众贼兵从得胜沙上岸，目标直指在这里生活的商民。早有准备的商民同仇敌忾，想趁着海盗立足未稳的时候，在他们登陆的沙滩上将其一举歼灭。于是，一场激烈的战斗在外沙开始了。激战持续了好几个时辰，真可谓杀得天昏地暗，难解难分。商民们尽管人数众多，但由于缺乏训练，眼看着渐渐不支，海盗们也在步步紧逼。有后退的商民跑到冼夫人牌位前跪下，发出了"神啊，救救我吧"的呼喊。说来也怪，这时海盗们突然像着了魔似的，丢下兵器抱头狂奔。商民们抬头一看，只见海盗的后路那方，狂风大作、飞沙走石，天空中，一位身披全副铠甲的女将军正指挥着天兵天将追杀四处逃窜的海盗。冼夫人的显灵让商民们士气大振，纷纷回过头来掩杀过去，终于将这伙作恶多端的海盗一网打尽。此后很长的一段时间，海口商民再也没有受到海盗的滋扰。外沙的商民们为了纪念冼夫人助威而取得的这次胜利，将外沙的名字改成了"得胜沙"，同时在冼夫人牌位的地方新建了一座冼夫人庙（也称"外沙太婆庙"），以志铭记！

以前的得胜沙是一块海边沙滩荒地，清朝咸丰八年（1858），"清廷与英、法分别缔结《天津条约》，中国被迫开辟海口等地为通商口岸，允许英、法等国设领事馆"。咸丰八年五月十七日（1858 年 6 月 27 日）签订的《中法天津条约》中有关于海口的内容：

　　今大清国大皇帝、大法国大皇帝切愿将所有两国不协之处调处和平，与前立和好、贸易、船只事宜复为申明，谐逾往日，妥为处置，保护懋生，以敦永久。因此议定重立和约章程，俾两国均获裨益，用是两国特派全权大臣，以便办理：大清国大皇帝钦差便宜行事全权大臣东阁大学士总理刑部事务桂良，吏部尚书镶蓝旗汉军都统花沙纳；大法国大皇帝钦差头等全权大臣御赐勋劳大星俄罗斯大救带大西洋降生大星世袭男爵若翰保弟斯大陆义葛罗前来，彼此既将所奉便宜行事之上谕及钦奉全权之诏敕公同校阅查核，俱属善当，即将议立条款开列于左：

　　……

　　第六款　中国多添数港、准令通商，屡试屡验，实为近时切要，因此议定，将广东之琼州、潮州，福建之台湾、淡水，山东之登州，江南之江宁六口，与通商之广东、福州、厦门、宁波、上海五口准令通市无异。其江宁俟官兵将匪徒剿灭后，大法国官员方准本国人领执照前往通商。

　　第七款　自今以后，凡大法国人家眷，可带往第六款所开中国沿海通商及江之各口市埠地方居住、贸易、工作，平安无碍，常川不辍。若有盖印执照，任凭在议定通商各口周游往来；惟明禁不得在沿海、沿江各埠私买、私卖；如有犯此例者，船只货物听凭入官。但中国地方官查拿此等船只、货物，于未定入官之先，宜速知会附近驻口之大法国领事。

　　第八款　凡大法国人欲至内地及船只不准进之埠头游行，皆准前往，然务必与本国钦差大臣或领事等官预领中、法合写盖印执照，其执照上仍应有中华地方官钤印以为凭。如遇执照有遗失者，大法国人无以缴送，而地方官员无凭查验，不肯存留，以便再与领事等官复领一件，听凭中国官员护送近口领事官收管，均不得殴打、伤害、虐待所获。大法国人凡照旧约在通商各口地方，大法国人或长住，或往来，听其在附近处所散步动作，毋庸领照，一如内地民人无异；惟不得越领事官与地方官议定界址。其驻扎中国大法国官员，如给执照之时，惟不准前往暂有匪徒各省分。其执照惟准给与体面有身家之人为凭。

　　第九款　凡中国与各有立章程之国会整顿或现、或后议定税则、关口税、吨税、过关税、出入口货税，一经施行办理，大法国商人均沾，用昭平允。

　　第十款　凡大法国人按照第六款至通商各口地方居住，无论人数多寡，听其租赁房屋及行栈存货，或租地自行建屋建行。大法国人亦一体可以建造礼拜堂、医人院、周济院、学房、坟地各项。地方官会同领事官酌议定大法国人宜居住、宜建造之地。凡地租、房租多寡之处，彼此在事务须按照地方价值定议。中国官阻止内地民人高抬租值，大法国领事官亦谨防本国人强压迫受租值。在各口地方，凡大法国人房屋间数、地段宽广，不必议立限制，俾大法国人相宜获益。倘有中国人将大法国礼拜堂、坟地触犯毁坏，地方官照例严拘重惩。

　　清光绪二十七年（1901），大清政府广东地方官员和法国驻华领事签约，出租海口得胜沙一块约 6 亩的临海甸河口的滩涂沙地给法国开发建设学校与邮政局，土地租金每年只有 10 块大元（海南省档案馆珍藏有这份协议，这应该是海南现存最早的得胜沙租地合约）。这份协议自签订至今已 100 多年，纸张因年代久远而褐黄，有个别地方字迹不清。

　　协议内容大致是中国大清政府和法国商议，"因两国邦交契睦情愿将该官地一段租与大法国建造学堂暨邮政官局"一事立约，让法国在"指定海口得胜沙东头官地一段，并无坟墓、禾苗在内……"在此建立法文学堂和邮政局，用地面积"计东南至西北纵肆拾肆弓，东北至西南横叁拾肆弓。每弓合工部官尺肆尺贰寸"①。该地段自竖立租地界石起，任由法国在议定租界之地起造楼房及大小建筑。协议中还规定"租界以外应准华民耕种、游牧及修造房屋等，不得有禁"。显见当时的海口得胜沙应该是荒草遍地，是比较荒凉的海滩荒地。

在此之后，欧美各国争相来琼兴建洋行商号，以及学堂医院，海口得胜沙一带便成了帝国主义者掠夺海南岛资源和推销本国商品的立足点和角逐场所。

光绪二十七年（1901），法国天主教会在此路上建立了一座"中法医院"。光绪三十一年（1905）设邮政局。1914年，国民党中国人民银行海口办事处在此成立，成

图2　大清政府广东地方官员和法国驻华领事关于海口市"得胜沙土地出租契约"

为全岛第一个新式金融机构；1931年，这里兴建起全海口最高的建筑——俗称"五层楼"的海口大厦；这里还有海口第一个电话业务中心——琼崖电话总局；曾有海南岛1949年以前最大的医院——海南医院；曾设立法国领事馆；1935年在路北侧建海关，又建成海关大楼，逐渐形成街道。来自海外的商贾为了倾销商品，也纷纷在得胜沙兴建洋行，各式各样的外国商业公司在海口设有他们的办事机构，这些都曾是得胜沙著名的历史"西洋风景"。

20世纪三四十年代，一股南洋风潮在海南刮开，一些在异国他乡打出一片天地的南洋华侨把足迹也停留在商贾云集的海口，给得胜沙带来了浓郁的南洋民俗文化之风。1937年，"海关"从中山路迁址到得胜沙，使得原本繁荣的街道更加鼎盛。60多年前的得胜沙是一个中西方文化交融的地方，一长溜融合了西洋与东方建筑风格的楼房，雕花门帘，百叶窗以及骑楼，仿佛凝固住了一段历史文化。

新中国成立后，在较长的一段时间里，海口的得胜沙以及中山路、博爱路仍是海口的商业中心，但在后来的城市建设中，解放路、海秀路和海府路逐渐

---

① "弓"是旧时丈量田亩的器具，用木头制成，形状略像弓，故有此称谓。"弓"是丈量田亩的计量长度单位（不是面积单位）。

成为海口的中心地带，得胜沙由于自身的局限性，其商业中心的地位无法为继。随着海口城市的不断扩展，如今的得胜沙也被辟为商业步行街，路旁的南洋风情骑楼建筑已被修缮粉刷一新，各式店铺林立，在延续了100多年的热闹和繁华后，至今依然游人如织。尽管经营品位还有待提高，但这条百年老街已逐步展现了它新的精神风貌。

2002年，海口市政府投资600多万元改建得胜沙步行街，使这条全长500米的街道基本保留了历史余韵。很多危楼得到改造，马路两边的建筑大多是两三层的骑楼，骑楼外墙以粉红色为主基调，街口的门柱上都醒目地镶上了金色的舵轮。步行街建成后仍以经营服装批发兼零售为主，是海南省内各市县和海口市部分个体服装店批零服装的集散地。2010年，以得胜沙为主体的海口"骑楼文化"获国家有关部门批准成为国家级"历史文化遗产"。

四、三亚街

三亚街位于海口市东北部，古名迈本，原系海口市海甸溪入海口的一片沙洲。宋代白沙津（今为白沙门）当时为海南岛最大的贸易港口，三亚街附近有河道环绕，从三亚街的河道码头乘船可以直接通达白沙津港口，因交通比较通达，三亚街以前又称"通津坊"。后来发展成上、下两坊，亦称上街和下街，与振东街和塘边路形成三岔路口，清代时取名为三亚街。三亚街原先从东穿过和平北路至现在的美舍河，与仙桥路隔河相望，西至"三角庭"。三亚街道是从东向西发展延伸，成为一条幽深狭长的居民街。以关圣庙为分界，关圣庙以东为三亚上街，关圣庙以西为三亚下街。"文革"时，曾更名为"东升路"。1981年恢复原名三亚街。

三亚上街居委会的文化室里保存有一块乾隆四十二年（1777）的"芳流奕祀"，简略交代了该地地名的历史变更："今夫乡祀，境主所以保障梓菜（注："菜"古同桑）福垂庶类者也。所城东通津坊前名迈本，近称三亚，为海口一图与海门唇齿相辅北户而处，系半村半郭之区也。山峙其屏，水环其带，田畴绣错，画艇

图3　"芳流奕祀"石碑

渔灯，互相掩映。埏处也，饶有水居之雉鸟，尔乃四面庐居，各抱地势而业……"

海口为何会有与海南岛最南端的三亚市同名的地名？

这是一个令不少外地游客困惑，也令不少海口人困惑的问题。因为在海口方言里，三亚市的"三亚"的读音与作为海口地名的"三亚"街读音完全不同。作为海口地名的"三亚"，海口方言读音为"呢亚"的和音，但奇怪的是在海口方言里，没有这个读音为"呢亚"和音对应的字和本义。（笔者特地请教了几位研究语言的海南学者，大家也讲不清这个读音的本义，比较一致的看法是，这个地名的读音应该不是海南汉族的读音，有可能是黎语或者是海南临高方言的读音，因为在海南临高方言支系的海口长流土话里有这个读音和本义）

民间相传最早定居在海口这片沙洲上的居民，应该为宋代的迁琼先民，最初只有郑、黎、石三家居住，亦名"三家村"，后来陆陆续续又有许多从福建等地迁移到海南的先民先后定居于此。当时，这些迁移到海口的居民沿海甸河边建房定居，以捕鱼抓虾为生，原先的"三家村"称呼已不符合当时的居民现状，加上搬迁来的居民乡音繁杂，有个别学者据此推断"三家"或许因为乡音误读成了"三亚"，慢慢地习惯成了自然，大家也就接受了"三亚街"的称谓。

明代以后，海口浦成商埠，商业逐步繁荣，沿港口附近建房定居者日益增多，房屋连片成街，三亚街因此成为海口城市最早的街道之一。今天，当周边的街道已出现繁华的都市景象，这里仍是一条简陋而略显寂寥的古旧老街。在狭长幽深的三亚街中行走，你丝毫没有在都市街头行走的感觉，倒好像走在一个偏远而古老的小镇，不免对这条街道所经历的历史沧桑充满感动和敬意。

三亚上街主要是居民街，几乎没有临街的店铺，只有三亚下街靠近"三角庭"地段有几家香烛店、美发店和茶店，有点商业街的味道，西路口的茶店坐满了茶客，这里是三亚街唯一的喧闹处，使这条街道因此贴上了海口老式街道的招牌式标签。从西向东走过三亚街，从现实追寻历史，从现代寻访古老，感受城市雏形的演变，体验一种从繁华喧闹到静谧闲适的感觉，会让人有种无法忘怀、回味悠长的滋味。

五、长堤路

从民国初期的 1912 年起，海口所改称海口镇，归属琼山县管辖。1924 年，当年粤军第一军独立旅旅长兼任琼崖善后处处长的邓本殷决定拆除海口所城，划路扩街，扩大城市，并为此拆去具有629年历史的海口护城古城。拆下的所城的方块大石头被用来筑成一条从水巷口到外沙河、路宽12米的大路，这就是长堤路的雏形，由于这里当时是海口港堤岸，因此被称为长堤路。早期的海甸溪比现在要宽阔许多，长堤路一带则是码头，海路四通，商船云集，帆樯林立，给早期海口带来了发达的商贸业，同时又促进了金融业的发展，老街一带开始兴盛，老城区中一大批如今仍在沿用的城市道路及地名也由此出现。

长堤路上最有代表性的建筑是钟楼。史料记载，到民国十二年（1923），海口海运相当活跃，港口繁荣，商务活动鼎盛，国内外航线四通八达。海口已发展成为繁荣的商业城镇，海口总商会入会商号已达400多家。

1928年，海口市适应城市发展的需要，拆掉了古老、狭窄的石板马路，扩建成了10~12米能行驶汽车的街道。海运发达，港口繁荣，国内外航线四通八达。由于港口海关还没有一个统一的标准计时设备，给交通、商务和报关带来不便，爱国商人周成梅先生倡议集资在海口建一座钟楼。这个倡议立即得到海口总商会张徽五会长、何立川副会长的赞同，他们便以海口总商会的名义发动海口商界、香港琼籍商人、海外琼籍侨胞等踊跃捐款。建造钟楼的款项当年就已筹足，由白沙乡桥板村郑道吉承建，于1929年春在长堤码头建成混合结构的大钟楼，高五层，墙体用红砖砌筑，白石灰塞缝。大钟设置在五楼，四面安装7块厚2厘米的大理石构成直径2米的钟面，钟时刻在钟面的大理石上，并嵌上铅牌涂以黑色，钟面针长0.96米，分钟长1.6米，报时的音响由2个一大一小的生铁铸成的鸣钟组成，每隔30分钟报时一次。大钟是向德国订购定制的，由香港琼籍商人周文治先生捐资购买。[①]

当时的钟楼高27.3米，占地16平方米。由于钟楼底面积小而楼层高，为了加固墙体，平衡对外墙的推力，一至三层的外墙四角采用砖砌扶壁结构，分别以50墙、37墙、24墙递减外"八"字斜向扶壁柱造型，既体现欧洲哥特建筑艺术，又突出层层向上的视觉感。钟楼底层四面开门，二至四层四面开立体拱形窗，五层外墙镶嵌大钟表盘位置，为正三角形造型，与呈皇冠状的楼顶8支箭镞形装饰构件（每面3支）相吻合。

在钟楼内顶部的中心部位装置一辘轳，上悬挂有两根10多米长的细钢丝绳索：上一端连着报时钟，分管着时针和分针的转动；下一端分别有重锤牵制，

---

① 欧良柱，黄赞文．海口钟楼［J］．岭南文史，1991（3）：34-35.

利用地心引力对重锤产生的重力作用带着钢丝绳索匀速缓慢下降，每下降一段距离后会启动音响控制机关鸣钟报时。因为悬吊的重锤从顶楼垂落底层需历时 2 天，所以钟楼管理人员每隔 2 天必须转动辘轳将重锤重新卷上顶楼，周而复始。

　　建造钟楼时，由于海口所城拆除，公路开辟，海口的港口码头从白沙门迁移至海甸溪长堤路一带，因此钟楼选址在海口大街天后庙广场（今中山横路北端），与海关总口和长堤路紧邻，进而方便了当时的港口贸易。

　　选址在这里原因在于 20 世纪 20 年代初期，海口所城拆除，开辟公路，船舶停泊的地点从白沙门逐渐移至海口市区的长堤路一带，这里成了重要的商业中心和港口。

图 4　钟楼新旧图片（档案馆拍摄）

　　改革开放后，随着城市的发展，原本位于水边的钟楼却耸立在长堤路中央，且已破败不堪，而老钟楼落后的辘轳式机械计时操作十分麻烦，计时略有误差，所以海口市人民政府在 1987 年 12 月借拓宽长堤路的机会，决定将旧钟楼进行改建。当年旧钟楼被拆除，同时市政府专门拨款 23.45 万元，并采纳林志民的新钟楼"依照原貌落地重建"方案，从原先的位置向西北移 30 米到海甸溪畔，最后在旧钟楼附近的海口儿童公园内重修新钟楼。新钟楼由海口市建筑设计室林志民先生主持设计，海口市建筑工程公司承建。

　　然而 1929 年的原始钟楼既没有图纸，又严重缺乏数据资料，市政府所提供民国时期的两张钟楼老照片也模糊不清，无法反映钟楼的原貌。林先生几经周折，在北京亲戚家里寻到一张民国时期钟楼照片，如获至宝，作为他设计新钟楼的重要依据，也作为重要的历史资料收藏起来。终于，海南建省前夕的 1987 年 12 月 15 日，钟楼又矗立在海甸溪边上。

　　新钟楼占地面积 25 平方米，高 6 层，为钢筋混凝土结构建筑，高 27 米，平面为 5.37 米×5.37 米的正四边形，立面造型采用在四角设随楼层升高而逐层收缩的附角柱，从而表现钟楼的立体感，并在底层设拱形大门，上层采用拱形小窗，衬托出钟楼挺拔俊美的形象。在钟楼顶层四面的报时大钟设在正中，选用国产的上海 555 牌电子钟，四边钟面由直径 2 米塑料块构成，时针长 0.53 米，分针长 1 米，30 分报时一次，由扩音器从 4 个大喇叭播出电子音乐，音乐清晰、洪亮、悠扬。并在楼顶竖起 8 支高低不一的箭状尖顶，使整个钟楼更和谐和完整。钟楼外墙采用红砖砌清水墙。整幢砖红色的钟楼，在绿树、碧海、蓝天的映托下，秀丽出众，清雅夺目。

20 世纪 50 年代前这座钟楼旁边就是码头，不少离岛进岛的海南人都是听着钟声从这里经过的，因此对钟楼的印象非常深刻。不少华侨回国后，看到钟楼就似看到了家乡，钟楼也成为海口人故乡的象征。

六、水巷口街

这条位于海口市老城区东部的老街，不是老海口人，恐怕很多人并不知道它究竟在何处。它原来有个美丽的名字——毓秀坊，清朝时旁边建有港口路。1926 年填建水巷口与港口街并连，命名水巷口街。它东起振东路口，西止博爱北路，全长 205 米。水巷口街原来附近有海甸河的数条支流，两侧是海口最早的码头，现位于该街上的海口市教育局老宿舍区，原为福建会馆创办的闽海小学的旧址。

图 5　"水巷口"街道口

清末民初时期，河道在巷子里蜿蜒曲折，流到每幢房子门口，那情形，颇似意大利的水城威尼斯，水巷口也因而得名。附近的中山路、博爱路都是繁华的商业中心，店铺林立。而水巷口主要是货运仓库。大商船进港后，就停靠在现在的人民桥一带，货主用小舢板把一包包货品顺着河道运到仓库里，贮藏起来。据当时的海口市民回忆，水巷口异常热闹，不宽的水道上挤满了来来往往卸货的舢板，各色时鲜商品也从仓库中运进运出。不少闯荡南洋的海南人发财后，就纷纷在此盖楼经商。

水巷口最早的居民来自福建，他们沿着河道两岸临水建骑楼，以两三层楼居多，多集中在水巷口一里和二里。清道光年间，福建商人在水巷口建起了福建会馆，作为福建籍来琼人士的聚会场所。如今的福建会馆，已经消失在街道中，"福建会馆"牌匾不复存在，这里已成为博爱社区门诊。但其独特的建筑风格，通风、透光的木栅栏结构清晰可见，雕梁画栋，十分特别。

水巷口最早的骑楼大部分建于明清时期，为砖木式结构的海南民居，有些房子门口至今仍保存着完好的木栅栏暗门。在民国时期，这些房子多用于货物的集散和运输，货物寄存、寄卖的中转口。

20世纪20年代前后的水巷口街，城中有河，河在街中，河岸是房，船在街中行，不仅是海口市最早的码头和航行通道，更是骑楼老街最为特别的风景。当时，水巷口靠近海甸溪，小船可以自由出入，于是，小本生意的"九八行"就盛行起来。"九八行"也称寄卖行，是当时的一种土特产代理行业，即各县客商带货物上岸后，由代理商行提供销售场地和饮食起居等服务，商贩不用出租金，铺面老板也不用出货款，货物成交后，所得款项由货主和代理行按2%的比例进行分配。

"九八行"著名的商号当属"梁安记""云旭记""邱厚生"。

"梁安记"的创始人梁建绩祖居水巷口路，从小被过继给经营小商店的叔父。他用叔父遗留给他的少量资金，经营海口和香江（香港）之间的水产品与日用品，有所积蓄后便在海口市中山路开设梁安记商行。他采取"人舍我取，人取我与"的经营策略，经常派人到定安、屯昌、陵水、三亚、琼山、琼海等地收购槟榔、荔枝干、赤糖等土特产，还在琼山府城开设糖坊，收购赤砂糖。同时，他又与天津、广州、汕头等地商行进行长期合作，把货物销往外地。随着生意不断做大，梁建绩在海口博爱路与中山路购买了10余间大铺子，在中年时期便成为当时海口赫赫有名的富商。

"云旭记"创始人云旭如是琼山府城镇甘蔗园人，年轻时从事小买卖。凭着勤俭节约，他积累了大量资财，后来在水巷口开设了商行。他的长孙云昌漠，为人和气、聪明勤劳，承了祖业。云昌漠兢兢业业地经营槟榔、芝麻、赤糖、瓜子等土特产出口，后来扩大经营范围，大量经营进口"洋纱"，盈利丰厚。此后，云家的产业不断扩张，不仅在博爱北路创立"嘉华号"经营布匹，在水巷口开设"尚亦庄"专营汇兑，还设立"同懋号"专营代理，使资产扩大到百万银圆。

"邱厚生"创建于清光绪年间，创始人邱景祥。这是清末民初在海口经营粮业、糖业与土特产进出口业务中资金多、实力强、规模大的商号之一，地址位于繁华热闹的北门马路（今博爱北路）。后来，又在中山路开设"邱厚生米行"，由于经营得法，生意十分红火。"邱厚生"在商场上和"云旭记""梁安记"展开角逐，从而形成"三足鼎立"之势。

后来，商居海外的海南华侨看到海口冉冉升起的商机，纷纷回海南投资盖楼经商，华侨投资建设的海口骑楼主体建筑的造型主要是欧洲巴洛克风格：骑楼下段为南洋特色的骑楼柱廊，为行人免除日晒雨淋提供方便，中段为楼层，上段为檐口或山花；外立面檐口均为带孔洞的女儿墙，多为横向三段对称。墙面、檐口或窗楣等处施以装饰纹样或浅浮雕，所有的装饰与纹样自下而上逐渐丰富，与周边建筑融为一体。海口骑楼建筑艺术性和实用性的完美融合，令人感慨：廊道沿街，行人可以躲避风雨、防止日晒；邻里和睦相处，有了类似亲情的纽带；店家商铺，也可以借助廊柱的空间，将商品陈列展开。

彼时的海口老街，门庭若市，热闹非凡：海口人及各地商旅住宿上泰昌隆、大亚旅店，吃饭喝茶上王昌行、琼南酒楼，看电影到海口大厦的胜利影剧院，看病抓药去天元药店、广惠药行，而爱美的女士们爱逛裕大公司、远东公司等老字号，买上一些时髦的布料……

1935年5月，当时的琼崖实业调查团对海口商业进行了调查，统计当时在海口共有涉及杂货、五金、九八行（代理业）、织造业、医药业、饮食业、制革业、酱料业等35个行业的572家店铺。其中有九八行24家，匹头杂货店40家，米谷店65家，洋纱面粉店39家，五金店25家，旅店24家，海味店39家，中西药店38家，侨批汇兑找换店24家，茶楼酒馆12家，等等。一时间，繁华的海口虽称不上"十里洋场"，却也是商贾云集。

这里有一个数据值得记取。自1930年海口市商会成立到20世纪30年代末期，商店会员从最初的 300 余户发展到了 1000 余户。以"通商情、保商利"为宗旨的商会，在维护和发展民族工商业的同时，还热心助力社会慈善、公益事业，设养子堂、办五行学堂、建惠（爱）中医院、创长春学校、设环海菜市场……

翻看《海南岛志》，可以看到海口 1926 年独立设市后，骑楼街区的商贸情况："面积约二十六方里，人口四万五千有奇，有商店六百余间，商务以第一、第二区为盛，而尤以中山路、北门路、四牌楼、新兴街、得胜沙等处最繁荣。"

民国时期，水巷口河道被填堵，码头西移到钟楼附近，热闹繁华的经济商圈迁移到了中山路和博爱路一带，水巷口逐渐成了居民区，旧日繁华不再。随着地形地貌的改变和海口城市建设的不断扩展演变，水巷口的河道早已消失，它也不再是繁忙的货运仓库，如今的水巷口街古老而沉静，就像一个退休的老人默默坐在那里，只有路旁的老建筑和同样古老的路名，还有以特色美味诱导各地游客聚集于此地的各种海口传统美食——清补凉、糖水甜品、辣汤饭、蒜香排骨、海南粉、烤乳猪、瓦片烤肉等——仍在互相印证，述说着一段老海口的商业兴衰史。

图 6 水巷口"瓦片烤肉"店

近几年，随着海口老街改造步伐的加快，水巷口街沿长堤路一带的街面，通过招商引资的方式建起了仿古建筑的茶楼，带动了周边的商铺建设，以此形成一定特色的商业圈文化。2008 年 12 月，《海口骑楼建筑历史文化街区保护和综合整治规划》获得通过，总投资 47 亿元，对骑楼进行保护和综合整治。2013 年 1 月，海南省海口市水巷口街骑楼首批 10 幢历史建筑修缮完毕，正式对外开放。经营海南黄花梨、黎锦等海南特色商品的商家已经入驻；海口南洋骑楼老街风貌展示馆、马来西亚峇峇娘惹文化馆等展馆也正式开门迎客。2018 年，央视《视界看中国》的拍摄团队与主持人撒贝宁及潘石屹等也亲自做客水巷口老街文化茶馆。

古老的水巷口又重新焕发出新的商机。

七、"八兴""五坊"

清初实行的"海禁"政策，在很长时间里，使得以港口贸易而兴起的海口沉寂了许多。清康熙年间解除"海禁"后，海口商人和岛内外商船的往来日渐增多，定居海口的浙、闽、桂、粤一带商人也逐渐增多，兴潮会馆、漳泉会馆、高州会馆、福建会馆等一大批会馆建立，而这些会馆在海口经营的商店也日渐增多，仅兴潮会馆及漳泉会馆就有商店 400 多间。此时的海口呈现一派繁荣景象。开埠之后的繁华，也使海口的街道由原来所城内的几条发展为城内城外的25 条，在清末民初的海口地图中，出现了兴、和、福、振等一批地名。

这个时期的海口，地名中最有代表性意义的是"八兴"和"五坊"，"八兴"分别是大兴街、义兴街、福兴街、彰兴街、同兴街、永兴街、新兴路、振兴街。如今除大兴街、义兴街等一些地名仍在使用之外，其他街都已改名，如新兴街就改名为新华北路。"五坊"即"龙文坊""振龙坊""振兴坊""人和坊""居仁坊"，这些坊就像如今的居民小社区，里面有民居、公庙、戏场、会馆等。

为何海口老路名中有如此多的"兴"字呢？这透露出了当时市民怎样的一种心态？

海口是一座较为年轻的移民城市，史料记载，移民多来自福建、广东以及旧时的军队后裔。这些移民抵达他乡后，总希望能够落地生根，在新的家园中安居乐业，开始新的生活，于是以安、仁、丰、兴、福、龙、和等词命名周围的地物。"兴"意味着兴旺发达，这是一种移民心理的反映，希望在新的家园里能够兴旺发达、家和人康，这样的地名命名习惯在广东、福建一带也十分常见。海口路名中的"八兴"和"五坊"，以及众多带有"龙"字的路名，如龙岐村、龙舌坡、牛龙台以及白龙路、龙昆上村等地名，也正好印证了这种说法。

八、龙岐村

龙岐村因寓意龙居住的地方而得名，始建于唐宋时期，已有 1000 多年的历史，是一个有着丰富人文遗迹的千年古村。龙岐村地处府城郡与海口之间的坡地，据传，古时海口市区为五龙入海之地，现在的海口人民公园原是一个大球，为众龙戏耍之物，当时龙岐村为神龙栖居之地，龙头在龙舌坡，龙尾靠近海口汽车东站，龙岐村因此而得名。龙岐村也因该村建有海南最早的伏波庙和琼台书院掌教谢宝出生此地而闻名岛内外。

明代海南进士，出生于府城东厢攀丹村的唐胄编撰的 40 卷史书《正德琼台志》第 26 卷有关庙宇章节记载：伏波庙在郡城北六里龙岐村，建于宋代。龙岐伏波庙是为纪念对开拓我国南疆有着卓越贡献的西汉路博德、东汉马援两位伏波将军而建。

西汉元鼎五年（前 112），路博德被汉武帝任命为伏波将军（人称前伏波将军），带兵讨平南越吕嘉之叛，当其"饮马儋耳，焚舟琼山，示弗用兵"时，"兵不血刃，遂开九郡"。接着，路博德与楼船将军杨仆等率师 10 万进击岭南，于元鼎六年（前 111）十月俘杀叛将，平定叛乱，结束了南越国地方政权家庭式统治。元封元年（前 110），汉武帝将岭南分置为南海（今广州）、合浦（今广西北海）、苍梧（今广西梧州）、郁林（今广西贵港）、交趾（今越南北部）、九真（今越南中部）、日南（今越南广冶）、儋耳（今海南西部）、珠崖（今海南东部）九郡。这是中央王朝首次在海南设立行政建置，从此海南正式列入中国版图。我国的南疆地区开发、各民族大融合自此开始。

90 多年后，交趾（今越南北部）出现战乱，伏波将军马援（人称后伏波将军）率兵 2 万余人南征，大获全胜。他在征战平乱的过程中"抚定珠崖，调立城郭，置井邑，立珠崖县"，并"穿渠灌溉，以利百姓"，做了许多促进社会安定、经济发展的实事。

为此海南不少地方都建有伏波庙，对两位伏波将军表示敬仰和纪念。"伏波开琼"，万世口碑。功载史籍，德在人心。伏波庙遍布海南岛，但唯一有史料记载，修建时间最早、规模最大的是龙岐村的伏波庙。

《正德琼台志》记载：伏波庙在郡城（府城）北六里龙岐村，宋建，祀汉两伏波将军。《正德琼台志》记载过于简略，只知道是宋代所建，具体时间不详。另据史载：北宋绍圣四年（1097）七月十九日，苏轼遭贬儋耳路经广东雷州时，雷州太守冯大钧曾引苏轼到雷州伏波庙祈神保佑平安渡海抵琼。三年后苏轼遇赦北归，他路过琼州府城时，特备祭品，到龙岐伏波庙还愿，同时再祈神灵保佑平安渡海北还。当他平安抵达雷州后，即到雷州伏波庙再答神恩，并写下《伏波庙记》。据此推算，龙岐伏波庙始建年代应早于北宋绍圣年间，距今应有千年的历史。

南宋建炎三年（1129）十一月二十四日，南宋宰相李纲被贬海南万宁军，三日后遇赦北归，渡海时，也曾到龙岐村两伏波庙祭拜祈祷，并为渡海北归求神问卜，抵雷州后书写苏轼《伏波庙记》，又撰写《伏波庙碑阴记》，并出资请人勒石树于庙中。清雍正八年（1730），龙岐伏波庙也将两碑刻石置于庙中，后毁坏，现重刻立于庙中。龙岐村伏波庙因与这些著名历史人物有关联而声名大噪。

龙岐村人杰地灵，清代进士、琼台书院掌教谢宝就是龙岐村人。谢宝在琼台书院掌教期间，发生了"搜书院"事件。说的是当时道台府一侍女名紫英，饱受道台夫妇凌辱，并将被卖给镇台为妾。紫英不甘受辱，逃到书院避难，得到学子张日旼收留。道台闻知暴跳如雷，派兵包围了书院，威逼谢宝交人。谢宝对紫英的不幸遭遇深表同情，对道台无视法规学道的行径进行针锋相对的斗争。他不辞艰险，勇斗镇台，巧救紫英，保护了书院的名誉。从此，谢宝"仇奸、爱徒、敬业"的崇高品德为世人所传颂，并被编成琼剧、粤剧《搜书院》，在海南、广东乃至东南亚一带广为传播。

不过，随着城市建设的不断扩展，海口原有的许多老地名已不复存在。据记载，1950年以后，海口共经历了3次较大规模道路更名。海口市区现有主要道路249条，其中，最值得我们回味的，就是1951年对全市19条道路的名字更改。

1951年，海南解放初期，百业待兴。海口市重新命名了全市19条主要道路。在这次道路更名工作中，保留了民国时已有的"博爱路""中山路""文明路"等路名，也摒弃了原有一些具有浓厚封建色彩以及不合时宜的路名，如"香泉桥""福音路""天主教堂路"等，代之以"新华路""大同路""滨海路"等具有鲜明时代特色的道路名称，奠定了今日海口大部分地名的基础。

在当时的海口市人民政府呈报海南行政公署更改海口市路名的史料性文件中，可以看到当时的路名更换工作遵循了这样的原则：街道原有名称无特殊妨碍的不得变更，以免引起群众麻烦；个别街道必须变更名称的，新街名应与当地历史习惯联系，其名称必须通俗，字音响亮，易于记忆；按照各城市所定街道名称一般是能通行汽车的名为路，不能行驶车的名为街巷。其中的一些原则，在今天地名更换时仍在遵循。

1992 年以前，海口已有名称的道路共 64 条。此后，海口市地名工作部门又重新命名了海口 185 条主要街道，其中属于开发区道路的，主要根据地理要素，按照系列化和序列化的要求进行命名，如海甸开发区以"海系列"命名了海达路、海景路、海虹路、海昌路、海甸一至五路等，金盘工业区以"金系列"命名了金盘路、金星路、金花路、金垦路、金岭路等，长秀开发区以"长系列"命名了长秀路、长怡路、长康路、长盛路、长泰路等。这体现了"尊重历史、体现规划、易查易记"的原则。

开发区以外的其他新建道路的命名，采取人文要素与地理要素相结合的原则进行命名，如玉沙村玉沙路、李硕勋墓所在地的勋亭路、教师村的敬贤路、明月楼的明月路等。

近年来，随着海口城市的发展，为了体现海口国际滨海城市特色，使海口路名更具有时代特色，在征求过广大群众和专家的意见后，更换了 14 条道路的名称，其中"工业大道"更名为"南海大道"，环岛路更名为"碧海大道"，"货运干道"更名为"椰海大道"，"疏港大道"更名为"丘海大道"。海口路名也随着时代的发展掀开了崭新的一页。

府城名胜古迹

在中国，大凡地名被冠以"府城"的，无一例外都是在某个历史阶段里成为国家统治机构在地方行使行政权力的州府所在地。海南的府城，即海南封建朝代的地方行政中心——琼州府所在地。《旧·唐书·地理志》记载：唐贞观五年（631）析崖州地置琼州，治所在琼山县。唐时的海南府城，只是县治所在，宋开宝四年（971），宋王朝对海南的行政区划进行较大调整，将原岛北部的崖州属县舍城、澄迈、文昌等划入琼州，迁琼州州治于府城。此后，不管封建朝代如何更替，琼州府一直都是各个封建朝代在海南的权力统治中心，海南的琼州府所在地——府城，即因此而得名。

历史上，府城由于是琼州府的所在地，是海南岛与大陆沟通的纽带和枢纽，也是海南岛政治、经济、军事、教育和文化的中心，以及历代文人墨客或官员被贬谪海南各地的必经之地，因此，府城的历史是非常悠久的，遗留下来的古迹也相当多，积淀了很多的历史文化精华。为此，在报刊网络上经常就会看到许多来府城观光旅游者留下的笔墨痕迹，其中，有不少是颇有心得的精彩之作，但也有一些纯属走马观花、浮光掠影式速写，还有一些则是明显违背历史常识的道听途说记录。为了正本溯源，有必要深入挖掘府城古迹背后的文化记忆，主要有以下几处。

一、琼台福地

"琼台福地"位于府城文庄路旁关帝巷。唐贞观元年（627）置琼山县。因县境内白石都（今新民乡）有一座山名琼山，又有琼山、白石两村，泥土石头皆白如玉且润泽，便以山名取县名，琼山县名自此始。[①] 贞观五年（631）设琼

---

① 《舆地纪胜》载："盖琼山县奉化乡有琼山、白石二村，土石皆白，似玉而润。"

州，州治立于今海口市旧州镇（一说为遵谭镇①）。宋开宝四年（971）移治府城，从此至清朝，琼山县都是琼州府的所在地，故府城以此得名。

从宋初开始，"琼台"就成为海南岛的别称。相传海南岛地形似一只缩头神龟，宋太祖怕它伸头威胁到王朝的统治，便将州城从旧州迁来府城神龟缩头处建城。宋神宗熙宁六年（1073），在府城设立琼管安抚司统管海南全岛政务，借此镇住龟头。因此，当时人们称此地为琼台。

明永乐元年（1403）海南卫指挥使杨义在山顶立"抱珥山"石碑一块，还在山南树立"琼台福地"石牌坊一座。明弘治初年（1488），抱珥山被村民挖掉，建关帝庙一座。清乾隆二十二年（1757），巡道张介祺顺民意修复琼台福地。乾隆四十三年（1778），时任琼山知县汪篆刻"琼台"二字勒石为记。1999年，原琼山市被评为中国历史文化名城后，有关部门对琼台福地进行了修缮，显现出"琼台福地"在海南人民内心一直不变的文化地位。②

图7 琼台福地"琼台"石碑

如今的"琼台福地"由"福地轩、琼台阁、关帝庙、东西长廊、福泉古井"等建筑组成，整个建筑群错落有致，雕梁画栋，金碧辉煌。福地轩为单层仿古性建筑，门前有二龙盘柱，殿前还有一方戏台。沿福地轩石阶而上，两边栏墙上所雕的琼山古代名贤尽入眼底，人物神态各异，栩栩如生。

福地轩上有副楹联：琼台胜境旖旎扬天下，福地丰碑峥嵘耀海南。福地轩

---

① 郭克辉. 珠崖郡治今何在［N］. 海南日报，1985-06-05（海南文史）.
② 清《琼山县志》记载："抱珥山，今道署右，即所谓琼台也。"

后面是琼台阁，琼台阁进门处也有副描金楹联：地灵人杰精英辈出流芳千古，神奇圣洁文化瑰宝永映中华。琼台阁为二层重檐歇山式建筑，也是三间，四周环栏，琉璃瓦顶，廊柱环绕，气派壮观，上层为观景台，人从楼内出环廊眺望，四周景物尽收眼底。琼台阁后面是关帝庙，关帝庙常年香火鼎盛，庙殿上由整块进口菠萝蜜木料雕成的关公及其两旁的关平、周仓塑像栩栩如生，山墙正中嵌着由一块青山石雕成的吐水神龙。

二、琼台书院

琼台书院作为曾经的海南文化教育中心，它的儒雅之风熏陶了海南历代学人，"一里出三贤，五里三进士"是对明清时期府城人才辈出最贴切的形容。而科举成名后的海南人士也热心于兴教兴学，当时的府城，不仅有府学、县学，还有义学、私塾供给一些平民百姓的子女读书。丘濬、唐胄、郑廷鹄、许子伟等琼籍著名文人贤士，都在不同的年代创办过书院。如今，随着岁月的流转，当年的书院大都已化为乌有，仅留下琼台书院余香恩泽后人。

图8 琼台书院正门

据史载，坐落在府城文庄路与中山路交界处的琼台书院始建于唐朝初年，至今已有1000多年历史，原是民间私人创办的文人聚会处所，清康熙四十四年（1705），由当时钦命广东分巡雷琼兵备道、陕西人焦映汉赴任后，自献薪酬600两白银在原私人会所上建造海南历史上第一所府立书院。书院取"琼台"为名，有两层意思：其一，琼台是琼州的别号，以此命名，体现此乃州府所立的书院；

其二，琼台也是明代阁臣大学士丘濬的别号，丘濬是明代著名的政治家、理学家、史学家、经济学家和文学家，也是海南历史上地位最为显赫的人士，官至内阁大学士（相当于宰相），与海瑞并称"海南双璧"，正如《明名臣录》中所言："丘文庄公颖悟绝伦，无书不读……律己之严，理学之博，著述之富，无有出其右者。"（《明史·丘濬传》）丘濬任礼部侍郎期间，利用丰富的宫廷藏书，纵览国典朝纲、档案秘录、史书方志，凭借对六经诸史百家之文的广学多识，"博采群书补之"，加按语抒发己见，补其所缺，续写下文。他"右目失明，犹披览不辍"，以十年之久，于成化二十三年（1487）十一月完成110万字的帝王之学——《大学衍义补》160卷，实现他经国济民的志向，在学术界具有广泛的影响，《大学衍义补》后被收入《四库全书》之中。书院以之为名，有景仰纪念丘文庄公之意。

焦映汉创建书院之初，建有课厅、讲堂、长廊、斋舍、奎星亭等建筑，后几经扩建逐渐形成斋舍齐全、藏书颇多的中等规模书院。现存的主体建筑奎星楼是在清乾隆十八年（1753），由当时分巡雷琼道的道台德明拨官款拆除原奎星亭修建的。该扩建工程完成之时，正值乡试发榜，琼台书院有四人中式举人，其中一人高居榜首荣当解元，一时民众欢腾，可谓双喜临门，德明特为此撰写《建琼台书院奎星楼碑》一文，命人刻字立碑于奎星楼前。

琼台书院生源原由琼州府13县派送，后改为招考。每年在春节后举行招生考试，封闭阅卷，择优录取，张榜公布。每年农历二月初五至十二月初为童生在院课读时间，学习期间，童生享受官府膏火补贴。

书院设掌教1人，负责全院教学和院务工作，号称山长，由道台聘请德高望重、学识渊博的名流学者担任，出身大多是进士、举人。自琼台书院始建至改制为中学堂，见有记载的书院掌教至少24人，其中有探花1名，进士7名，举人10多名。第一任掌教为琼山知县、进士出身的林储英，掌教5年。第二任为海南名贤进士出身的谢宝。清代海南唯一中探花的张岳崧也在此掌教3年。担任掌教最长时间的是文昌人进士云茂琦，他一共任掌教13年之久。府城名贤，曾参与编修清《四库全书》，时任翰林院编修的吴典也在回乡丁忧期间执掌琼台教鞭3年。

有了名师必出高徒。琼台书院自古以来被誉为琼崖最高学府，是海南人士登科的必经之门。琼台书院从创立到改制，经历了197年，先后教化生徒1万余人，是清代海南岛唯一的府立书院。清《琼州府志》记载：建在府城县儒学大成西门的景贤祠，就祭祀历代乡贤 53 人。宋至清，琼山县籍进士有 53 人（其中宋 4 人，明 43 人，清 6 人），举人 357 人（其中宋 5 人，元 1 人，明 299 人，清 53 人），在这些进士、举人中，属清代者多来自府城琼台书院。较著名者如清乾隆朝皇太后万寿恩科，书院 4 名学子同科中举。乾隆十八年（1753）书院奎星楼落成之际，又有 4 人中举，其中 1 人高居榜首，荣登解元。嘉庆十四年（1809）恩科殿试，琼台学子定安人张岳崧以一篇《殿试册》，高中一甲三元，为探花郎，名登金榜黄甲，一时震惊中原大陆。清光绪二十八年（1902），清廷诏令琼州知府，将琼台书院改为琼州府中学堂，设初等师范班，民国后在此基础上改为"国立师范学校"，现在是琼台师范学院所在地。

三、五公祠

五公祠位于海口市海府大道与南海大道连接处，是一组古建筑群的总称。它包括五公祠、苏公祠、观稼堂、学圃堂、五公精舍和琼园等。建筑面积 2800 余平方米，连同园林、井泉、池塘约占地 100 亩。始建于明万历年间（1573—1620），五公祠为该建筑群的主体。清光绪十五年（1889）由道台朱采督建，1915 年琼崖道尹朱为潮重修，后又历经多次修缮。这些建筑虽已年代久远，但经过多次修缮，现仍是熠熠生辉，庭院里奇花异木掩映楼阁，地近闹市，独有清幽，自古有"琼台胜景"之美称。

五公祠是清光绪十五年（1889），雷琼道道台朱采亲率琼军民修建而成。因该祠为纪念唐宋两代被贬谪来海南的李德裕、李纲、李光、赵鼎、胡铨五位历史名臣而建，故名五公祠，后来便以五公祠称呼海南第一楼及其周围一组古建筑。

五位贤臣都是忠义之士，精忠报国，遭奸臣谗害，被昏君贬在这里。五公祠内有五公石雕像，历代名士为五公题词和楹联甚多。祠内五公石雕栩栩如生，神情端庄肃穆，显现出忧国忧民的爱国情怀。

五公祠内的主楼为上下二层，为海南最早的楼房，它以五公祠为主体建筑，两层木结构，楼高 9 米，周围有檐廊，但无斗拱，四角攒尖式的屋顶，红椽绿瓦，楼上悬挂着"海南第一楼"金字横匾，赫然醒目。楼下大厅的环柱上有两副脍炙人口的楹联："唐嗟末造，宋恨偏安，天地几人才置诸海外；道契前贤，教兴后学，乾坤有正气在此楼中。"另一联："只知有国，不知有身，任凭千般折磨，益坚其志；先其所忧，后其所乐，但愿群才奋起，莫负斯楼。"前一联是清末海南才子文昌人氏潘存所撰，后一联为建祠人雷琼道道台朱采所撰。五公祠像一面历史的镜子，从中可以看到古城海口久远的历史和深厚的人文积淀。

图9 五公祠正门

右边有学圃堂和五公精舍。学圃堂是浙江名士郭晚香居琼时讲学的故址。五公精舍是晚清海南学子研习经史诗文之地。两厢房均为素瓦红木建筑，是典型的明清风格。庭园内花木繁茂，四季凝荫，景色绚丽，环境幽静。郭晚香来海南时带书8000多卷，置五公祠五公精舍供学生研习。后五公精舍成为五公祠图书馆，藏郭晚香遗书。后来，历经社会动荡的洗劫，郭公所带图书已所剩无几。新中国成立后，学圃堂和五公精舍被人民政府修缮一新，陈列海南部分文物，内有一口2300公斤重的明代大铜钟，用手叩动便嗡嗡有声。一汉代大鼓高1.5米，苏轼诗词石刻5方，宋徽宗的《神霄玉洁万寿宫诏》碑等都是国内稀有珍宝，对研究道家学说和瘦金体书法都有重要的参考价值。此外还有著名清官海瑞抄录的古唐诗书法，也深受人们喜爱。

清光绪三十一年（1905），科举制度废除后，五公祠名胜受到冷落，逐渐荒废。至民国初年，五公祠早已无人管理，祠中文物盗毁严重，墙倒垣颓，景况清冷。至民国四年（1915）初夏，琼崖道尹朱为潮发动海南官绅捐助银数千元，对五公祠进行了第一次维修。朱为潮在修路时，偶然发现一泉，水清甘甜，正好跟苏东坡开凿的浮粟泉相配，朱为潮于是凿以为井，命之曰"济泉"，并题字刻石立于井陂之上，成为五公祠胜境又一景点。新中国政府于1953年拨款对五公祠进行了抢救性维修。1955年，广东省人民政府公布五公祠为省级文物保护单位，后申报国务院批准成为全国重点文物保护单位。

四、浮粟泉

"浮粟泉"位于苏公祠内。苏公祠与五公祠相毗邻，原为金粟庵，有一明万历年间所建的高楼，是祭祀苏东坡的苏公祠。该祠同时也祭祀他的弟弟苏辙，故亦称"二苏祠"。北宋绍圣四年（1097），苏东坡被贬来琼，借寓金粟庵（今五公祠内）。在此地暂住期间，他得知当地群众饮水困难，便在此指导人民开挖双泉，一泉曰金粟，一泉曰浮粟，题泉上亭名"洞酌亭"。民国初金粟泉被毁，余下浮粟。浮粟泉水甘美清冽，常年由泉底向水面泛起小泡，状如粟粒，故此命名"浮粟泉"。清乾隆五十八年（1793）琼州太守叶汝兰品饮该泉后，感觉水质甚佳便为该泉题匾名，寓意水源旺盛，五谷丰登。清著名金石家汪垕为泉撰联"粟飞藻思，云散清襟"，镶刻其旁。后又有人在"浮粟泉"匾下增刻了"神龙"两字，该匾在"文革"期间被毁。① 浮粟泉历经近千年沧桑，从不枯竭，不论大旱或大涝水位都保持现状不变。泉水纯净，清澈透亮，味道甘爽。用水罐装下泉水，十几年不见水垢，用它泡茶，香醇无比，素有"海南第一泉"美称。

府城旧时民间传说，儿童取钱币掷于泉水中，如能被水托住长久不沉，他年读书必有成就（取"托浮"谐音"托福"之意，1977 年国家恢复高考后，常有学子来到当时尚未处设卡收费的此地，对天祷告后轻置硬币于水面，因而该井水底常见一层层白花花的硬币）。另一旧时传说，取水之人只要在井旁一脚跺，井底下

图 10　苏公祠浮粟泉

如源源不断地冒出水泡，那么来年一定会财源滚滚，生活蒸蒸日上。从前，海府地区的财主和商人到除夕这天都会到此踏上几脚，祈求来年生意兴隆、财源广进，并雇用人力或牛车把该水拉回家饮用。

苏东坡在此暂住期间，经常来此地读书，因而此处便留有"苏东坡读书处"遗迹，后改为"东坡书院"。3 年后苏东坡遇赦北归途中，也曾在这里暂住 20

---

① 　梁统兴. 琼台胜迹记：琼山卷［M］. 海口：南海出版公司，2000：61.

多天。东坡书院内修筑一祠，供东坡画像，名苏东祠。此祠是五公祠古建筑群中年代最早的建筑之一，祠内有一座石刻苏东坡像，陈列苏东坡诗词碑刻等30多块。祠前有一对联："此地能开眼界，何人可配眉山。"

东坡先生谪居海南昌化期间，当地人帮他修了一间草舍"桄榔庵"，后来，居贫好学的黎子云兄弟邀众人帮苏东坡修建了一间"载酒堂"，请苏东坡先生在"载酒堂"传播中国文化典籍，宣讲学术，海南学子纷纷慕名而来求学。晚清学者王国宪在《重修儋州志叙》中说："北宋苏文忠公来琼，居儋三年，以诗书礼乐之教，转移其风俗，变化其人心。"所以后人评价"苏文忠公之谪居儋耳，讲学明道，教化日兴。琼州人文之胜实自公启之"。琼州人文之盛，实自苏轼起。《正德琼台志》载："科目自隋莫胜于进士，琼在宋四榜连破天荒，自昔，郡学之制，则始于庆历，详于淳熙，有自来矣，人物之盛，在宋时，有扬誉于苏门者焉，有声驰甲者焉，亦有文擅乡邦者焉。"苏东坡对海南文化教育事业的发展做出了"标琼台之先声"的启迪性重大贡献，他在海南历史文化发展史上留下了个人光辉的一页。

五、朱橘里

府城的坊间，有"一里出三贤"的传说，指的是明朝中后期，在古琼州府城镇西厢，有一个十分著名的里坊名为朱橘里，因为有"海南双璧"之称的明代阁臣丘濬和大臣海瑞，以及另一名贤许子伟都是府城朱橘里人。

不过，关于"一里出三贤"，民间还有另外一种说法：明朝时候，府城地区在一里范围内，先后诞生出三名进士名贤，他们是来自府城西厢金花村的丘濬、来自府城朱橘里的海瑞和来自府城北胜街的许子伟。

两种说法的不同之处，主要在于"一里"所指的朱橘里，究竟是今天的府城朱橘里街道，还是包括有金花村和北胜街在内的一个里坊区域范围。要明辨其中是由，恐怕我们还是要从丘濬的一首诗作说起。朱橘里地名的由来，民间传说出自丘濬诗作《下田村》：

> 瀛海之中别有天，宁知我不是神仙。
>
> 请言六合空虚外，曾见三皇混沌前。
>
> 元圃麟州非远境，延康龙汉未多年。
>
> 有人问我家居处，朱桔金花满下田。

诗中所指的"下田村"今称金花村，在今琼山府城西北隅，丘文庄公故居所在地。此诗系丘濬在京都广成殿席上所赋。诗里的第一句"瀛海"是指大海。额联的出句"六合"，古人称天地四方谓之六合。对句"三皇"是古代传说中的三个帝王，即伏羲、燧人、神农三皇。但是，三皇之名，见于周礼，即有六种不同之传说。最后的第八句"朱桔"和金花都是珍贵的植物，也是佛家赞美的词语。

野史就此也有一说：下田村出了丘濬这位"有明一代之文臣"后，又出了海瑞和许子伟，后人称"一里出三贤"。因此，当朝皇帝据此诗将丘濬所居住的"下田村"改为"朱橘里"（也称"金花村"）。民间又传，清代谢宝创建"三公祠"时，撷取此句之意改之。并解说：下田村在那开满朱桔、金花、神圣高洁的地方——如来佛祖的肚部（意即下田村位于府城的腹地）。从诗歌内容来看，此地早年为下田村，区域范围涵盖今天的金花村和朱橘里街，后因丘濬该诗之影响，才由下田村改名为"朱橘里"。因此，一里所指的"朱橘里"，应是指里坊区域而不是街道。

图 11　朱吉里　　　　　　　　图 12　海瑞故居大门

六、达士巷

府城的古巷很多，但最有名的应是达士巷。达士巷的由来有着一定的历史，小巷就在府城的西门外，这条小巷一头通马鞍街，一头到后巷街，400多米长蜿蜒的小巷，路面铺着一长溜被长年累月进出此地的脚丫、鞋印磨得光亮的青石板，不知底细的人路经这里，很难在记忆中留下深刻的印象。但就是这条并不起眼的古巷，海南的史册早有明确记载，是府城唯一一条保护完好的明代古道，至今已有好几百年的历史。由于明清的达官贵人都喜欢在这里置宅第、建宗祠，这里有了这许多豪门士第的小街小巷，自然也就舒展出浓浓的儒雅气息，因此得了"达士巷"的名号。

从达士巷西尽头，沿着古巷石板路进数十米，经过老宅郑存礼故居，左转90°转角处便可见到一口老井。因此地曾有明代琼籍名士钟芳居住，该井得名"钟芳井"。井深大约10米，井圈由整块石头雕刻而成。走近古井，井沿上有密密麻麻被打水的水桶绳子拉磨出来的绳沟，印刻下一条条岁月的痕迹。相传此井于明代时建，但

图13　达士巷古道

历经改造，现存古井为晚清时修建的，古井旁立有一石碑，上面写着"康惠泉龙神"。右边小字写着"光绪十八年岁次壬辰仲春月谷旦"。左边小字写着"达士巷、金鞍街、银鞍街同重建"。由于这块石碑，这口古井也被称为"康惠井"或"龙泉井"。

早期的达士巷并不叫达士巷，与府城其他古巷也没什么分别，据居住此巷的郑氏后人传说，此巷的由来最早可追溯至南宋年间，达士巷原来有姓郑的两户人家，他们的祖上在原籍当过将军，为了显摆自家祖宗的光荣经历，他们就把"将军第"的招牌挂在大门口。南宋咸淳七年（1271）从海口移居此地的郑家子弟郑真辅考中进士以后，因是该科进士榜中最年少俊秀者，又被选为"探花使"游名园采花，一夜之间得以成名。此后，明代嘉靖年间（1522—1566）该巷又出了个进士郑廷鹄，其郑氏家族又是17世纪中期之后该巷中首屈一指的大户人家，此巷也为此得名"郑家巷"。

图14　龙泉井（也称钟芳井）

后来，由于此巷中陆陆续续又出现了一些进士和名人的身影，因此才又改名为达士巷（取达官名士居所之意）。比如，在明清学术界被尊为"岭南巨儒"的明代户部侍郎钟芳晚年就定居在达士巷内。钟芳号筼溪，生于海南三亚水南村。儿时家贫母逝，寄养在黄姓外亲家，起名黄芳。后发奋苦读，于明正德年间中

进士，方才奏请恢复钟姓。倘若只看进士的名分，把他置于中国古代十万进士的长列中，那钟芳也没有太多惊人之举。像许多宦游人一样，他曾在闽、浙、桂、赣和京师留下宦迹，做过文官、武官和学官，算是一位较有作为的廉吏。让海南学子从心底里感到荣耀的是，钟芳当过国子监祭酒，也就是国家最高教育机构的主管官，钟芳写的《春秋集要》和《学易疑义》被选为科考的必修书。据说当钟芳在国子监讲学，"胄子莫不感动"。朝廷诰命是这样称赞钟芳的："学识宏博，造诣精纯，早蜚声于翰林。"就连名士王阳明对他都欣赏有加，曾约他一起谈经论道。"知行合一，知以导行，行以践知"，这充满哲理的语言便出自钟芳之口。57岁致仕返琼，钟芳选在达士巷定居，直到终老。他的故所现已不存，据旧志载，是在清初被改建成了马皇庙。清末民初的著名学者王国宪的祖屋也在此巷中，他终生致力于创办学堂，是琼山中学和琼海中学（海南中学前身）的创始人之一，也是海南书局的创办人之一。

七、鼓楼

位于府城鼓楼街的鼓楼，又称"古楼"，是府城现存的体积最大的古城建筑。鼓楼没鼓，因钟得名，鼓楼位于府城南门，是宋元两代进出府城的主要通道，古城墙南门通道建于元代，时称"谯楼"。明洪武五年（1372）重建，改称"鼓楼"，为三重檐楼阁。成化十七年（1481）增砌台基，楼内置铜壶滴漏以计时间。后经多次重修，至清雍正十一年（1733）太守宗恩重修时，称"文明楼"。现存的鼓楼是清乾隆五十三年（1788）翰林院编修吴典倡议重修的二层楼阁，单檐歇山顶，面阔19.90米，进深9.95米，楼高7.56米。台基底部东西长26米，南北宽24米，高9米。中辟拱门，南边门额上的"海南壮观"及北边门额有"奇甸文明"8字，均为吴典亲笔。台基东西两侧，各有3层72级的石阶供人登上鼓楼。鼓楼上原有一口大铜钟，现存放在五公祠，据府城老辈人讲，旧时鼓楼铜钟早晚鸣响，钟声传遍整个府城，为府城一景。从文庄路右拐内进鼓楼街约百米，巍峨的鼓楼城墙和门楼就呈现在人们眼前。现在的鼓楼，城墙和门洞还基本保持完好，上半部建筑大部已毁，鼓楼左边一处城墙也已塌去一角，记录鼓楼400年历史碑文仍立在鼓楼石阶梯旁，只可惜上面字迹已模糊，辨认困难。作为海南省重点文物保护单位，府城鼓楼如此衰败，令人始料未及。

登过鼓楼的人们应该都对这块石碑留有印象，除了标题"重建鼓楼记"和落款"康熙三十四年岁次乙亥"依稀可见，其他碑文均被岁月的风雨打磨殆尽，只用肉眼极难分辨。但由此可以确认，这块石碑记载的是清代重修鼓楼之具体事宜，对于了解鼓楼历史、研究鼓楼文化有着极为重要的意义。

2017年，海口市文物局以拓片的形式，将碑文内容"复印"了下来，并邀请文史专家对碑文进行了补充和解读。拿到拓片时，海南文史专家周济夫很是惊喜："拓下来的文字要比石碑上看起来清晰得多，有近一半的文字能初步辨认出来。"他利用一周左右的时间，通过反复辨析、对比文献、查阅资料等方式，对拓片上尚不清晰的字迹做了补充。最终虽仍有10余字的空缺无法补齐，但已经不影响人们理解全文。周济夫介绍，此篇碑文主要介绍了鼓楼的历史沿革，以及康熙三十二年（1693）琼州知府张万言重建此楼的初衷。文中还以对话形式阐明了重建鼓楼的重要意义，由此，石碑上的文字密码终被解开。

图15　府城鼓楼与"鼓楼"石碑

琼州之有鼓楼，不知其所始。明成化中，副使南昌涂公创制铜壶滴漏其上，以授时焉。

□□而尽毁，用形家之言也。万历乙未，副使临汝胡公命临桂萧君经营二载，始复旧观。

百年以来，陵谷升沉，井邑迁变，斯楼之基址巍然尚在，而榱桷轮奂之美，不可复识矣。

余莅琼之五年，政平赋允，百废具举，以其余力修复斯楼，始于癸酉之岁，阅明年而告成。

客或谓余曰："善哉！公之为是举也。往者，斯楼尝就毁矣，于是琼士弗利于春官者再。至胡公复之，而科第重光，今之不利于春官者，已不常再矣。公能继胡公之迹，文教其复兴乎。"

是则然矣。要所谓知其一说而不知其又一说者也。况余之为是举者，非徒琼士之为□，将以考职业焉，抑将以示威重焉。

古之王者朝日夕月尽勤职事，日暮不遑。是故夫人鸣玉房中，相其勤也；寺人投签殿下，儆其逸也；鸡人谨旦唱之，唱□□□午夜之声，一人恪□□勤，而□臣罔不率职，盖有倡之者也。今琼南去君朝万里，大夫士庶得毋有旷乃职业者乎？发之以时，示之以节，使夫士勤于学，农勤于野，百司执事，各勤其□，是则余之欲也。此一说也。

汉建安□王范为交州刺史，以边远之地，假鼓吹导从，盛仪卫旌节。唐时五管经略使尝罢鼓吹旌节，□□□□。今琼南，固五管经略之一也。尝试登楼而望，南连五指，东引瓯越，西控交人，海外金城，爪哇、暹罗、琉球、日本诸国莅临若鹜，出没洪涛巨浪之间，浮天浴日，击楫万里，震压百变，此亦萧相国所谓非壮丽无以示威者也。是又一说也。

若夫科名之盛衰，此自经生之事，楼于何有？形家□说其然，岂其然哉？

客曰："有是哉！小人不知大者，今者得公言，廓然发之，请书之以为记。"

琼州知府张万言。康熙三十四年岁次乙亥。①

《琼州府志》和《琼山县志》记载：明洪武二年（1369），兵部侍郎孙安带官兵千余人开驻琼岛，琼州随后被升格为府，置府治于府城所城之中，统辖整个海南，始称为"郡城"，府城再次开拓城围，扩筑城池。9 年之后，府城郡城大体形成，其城围 1253 丈，高 2.7 丈，厚 2.8 丈，雉堞 1843 个，库铺 57 间，开东、南、西三个城门，东门原为朝阳门，后改为永泰门，南门叫靖南门，西门叫顺化门。郡城不设北门，但建了城墙楼，叫望海楼，城墙楼坐北朝南，护城河和南渡江尽收眼底，凡有倭寇船只逆江而上，设在鼓楼上的瞭望哨就鸣鼓报警，海南卫指挥就上楼指挥军民抗倭。在城门敌楼上置铁铸造古炮，这些铁

---

① 陈蔚林. 海口府城鼓楼古碑文"破译"　见证海南海上丝路重要中继港地位 [EB/OL]. 海南日报，2017-05-22.（文中空格皆为不可辨认的字迹）。

炮铸造于明清时期，径长 1 尺，炮身长 6 尺，重 1000 多斤。新中国成立前，府城城墙拆毁，西城门上的古炮丢弃在忠介路旁，新中国成立后，这些古铁炮已由琼山文物管理部门收藏保护存放在博物馆。

明朝时府城为何没有北门，史料没有明确记载。府城坊间有这样一种说法：修城墙时认为开北门有凶兆。还有一种说法：府城北边临海，当时倭寇常从海上来登岸抢劫，搞突然袭击，为防倭寇，抵御外来侵略，故决定不开北门。从当时的历史条件角度考虑，以及府城明朝以后又增设了北门等因素看，第二种说法较为可信。

史载府城鼓楼气势磅礴，雄伟壮观。府城鼓楼下城庸宽厚，下临旷野，有石级拾登，直通城门。原楼高三层，现仅存二层。均受历代珍视，故屡毁屡建。从府城鼓楼碑文记录，可知它近 500 年来的兴替迁易。从明代从化十七年（1481），卫指挥使李泰增砌台基，副使徐斐设置铜台滴漏以计时起，曾多次修建和迁易。万历十六年（1588），府城鼓楼又遭火焚，及至次年，副使孙秉阳、郡守周布贤才移建于城之东门内，为今镇之东门。以后，郡守涂文奎，又移至旧址复建。万历三十三年（1605），琼台发生地震，府城鼓楼又塌毁。次年，尚书王诲遂主持修复，一直到清朝吴典重修得以保存今楼。门额上分别灰塑"海南壮观"与"奇甸文明"楷字。

府城鼓楼之屡建，不仅因府城鼓楼可远眺海府山川形胜之大观，而且因斯楼历尽沧桑，在防护琼州过程中做过重大的贡献。在明代，日本强盗侵扰我国沿海水域，当时海南府城地区也遭海盗侵扰，府城鼓楼是当年海南军民打击海盗的一个指挥所。现在移至五公祠内的大铜钟，是当年府城鼓楼上报警的大钟。至明末崇祯朝，府城鼓楼城墙周长合 1667 丈，高 3.2 尺，宽 4.8 尺，城墙设有雉堞 1843 个，窝铺 57 个。至清康熙朝，因受多次台风袭击，城墙毁坏严重，曾多次修葺。今天的鼓楼遗址为清乾隆五十三年（1788），当时的琼台书院主讲，曾任四库全书编纂官的吴典倡修的。至海南解放初期，城墙已基本坍塌，墙砖大多被人拾走，仅剩下鼓楼这栋古建筑。

史料记载，经吴典倡修后的鼓楼，其报警的功能及作用渐渐减弱，但其由于地势较高，成为城内许多文人墨客登高望远、感怀抒情的地方，留下了不少诗文。流传较广的就有清末海南诗人王懋曾赞美登楼以观赏海天一色美景的诗句："百尺危楼瞰大荒，万家烟火正微茫。浮图七级凌霄汉，荡海千帆破夕阳。"可见它自古就是旅游胜地。今天，前往府城鼓楼登高，一边缅怀前人往事，了解府城鼓楼历史变迁，一边饱览府城新姿和山海美景，自然会追思久远。

　　1994 年，海南省政府公布府城鼓楼为省重点文物保护单位，划定了三级保护区。如今的鼓楼连同城门高约 7.8 米，占地约 600 平方米，上层建筑毁坏严重，城门部门还较完整，城门洞开，过往市民络绎不绝。在城墙缝隙之中还生长出不少大树来，现已被人清理掉，但硕大树根仍存。府城鼓楼历数百年而不倒，作为府城现存的最古老建筑，作为府城的历史见证者，抢救性修复是时不我待了。

琼台民间曲艺

海南由于和大陆隔着一个琼州海峡，长期孤悬海外，因而其社会文化习俗大都有异于大陆。比如，海南的民间文艺形式，虽大多传承于大陆文化，但也有许多与大陆不尽相同的地方。影响较大且具有浓郁地方文化特色的，主要是八音、公仔戏、斋戏、琼剧、儋州调声、临高渔歌、竹竿舞等。

一、海南八音

八音在我国有着悠久的历史。我国出土文物和历史文献记载，"八音"最早见于《周礼·春官·大师》："大师掌六律，六同以合阴阳之声，……皆文之以五声：宫、商、角、徵、羽。皆播之以八音：金、石、土、革、丝、木、匏、竹。"① "八音"，是将当时的乐器按制作材料，分为金（钟、镈、铙）、石（磬）、丝（琴、瑟）、竹（箫、篪）、匏（笙、竽）、土（埙、缶）、革（鼗、雷鼓）、木（柷、敔）八类。后来随着社会的发展进步，八音乐器逐渐为各种民族与宗教文化吸收，不断有新的乐器补充更换进去。汉唐时中国强大，心胸宽广，善于吸收其他文化，中国通过西域和国外的交流频繁，西方（主要是伊斯兰教世界和印度）的文化大量流入中原，源于外国的乐器如笛子、筚篥、琵琶、胡琴等大量为中国音乐采纳，就有了佛教八音、乐昌八音、乐器八音、隆林八音等不同种类。

在海南，苏东坡的《伏波庙记》中记载："自徐闻渡海适珠崖，南望连山，若有若无，杳杳一发耳。舣舟将济，眩栗丧魂。海上有伏波祠。元丰中，诏封忠显王。凡济海者，必卜焉，曰：'某日可济乎？'必吉而后敢济。使人信之，如度量衡石，必不吾欺者。呜呼！非盛德其孰能然？自汉以来，朱崖、儋耳，

---

① 阮元．十三经注疏［M］．北京：中华书局，1980：795.

或置或否。扬雄有言：朱崖之弃，捐之之力也；否则介鳞易我衣裳。此言施于当时可也；自汉代至五代，中原避乱之人多家于此，今衣冠礼乐班班然矣。其可复言弃乎?"① 说明音乐文化随历代中原避乱之人迁入海南，在融入海南的民间乐器后，逐渐形成了独特的海南八音。北宋庆历四年（1044）海南兴办第一所学府——琼州学府，除了学儒学经书外，还学乐舞，"以学钱售买大成乐，延师以教习诸生"。那时候音乐教学与儒学经书是并列的，这为海南本土音乐的发展培育了肥沃的土壤。

海南八音是海南器乐的一个主要品种，因其采用八种乐器演奏而得名。这八种乐器为弦、琴、笛、管、箫、锣、鼓、钹。海南八音在唐宋开始出现雏形，明代已十分成熟，当时琼山县就出了一位熟操八音而闻名京城的音乐家汪浩然。《琼山县志》记载："汪浩然，永乐生员，留心历代乐律，父子专门名家，能协琴、瑟之声为八音。尝谱大成乐奏之。"他在成化年间（1465—1487）与其儿子一起进京，同被选为宫廷乐师，著有《琵瑟谱》3 卷、《八音摘要》2 卷，二书均收入清代《四库全书》。可惜，汪浩然的琵琶谱现能精通的人已渺茫难寻。

国内有一些地方的民间乐器也叫八音，但各地所用乐器有所不同。比如，山西五台山一带的八音会，所用乐器有管子、唢呐、海笛、笙、梅笛、箫、堂鼓、小鼓、大镲、小镲、大锣、云锣等；广西壮族的隆林八音乐队，使用的乐器共有 8 件：横箫（笛子）一对，高胡、二胡各一把，小三弦一把，锣、鼓、钹各一副。清代、民国以及新中国成立以后，海南八音都十分流行于海南岛城乡，并随着海南华侨的脚步走向东南亚各国。

海南民间重要的传统节日都离不开八音器乐弹奏助兴。每逢婚娶、寿庆、小孩对岁、建房、入屋、军坡、公期，人们都喜欢请"八音班"来添喜，这已成为历史悠久的本土民俗。海南俗称的八音音乐既包括乐器、乐曲，也包括乐队。海南的八音乐曲十分丰富，它有两大来源：一是自外传入的古曲，二是本地艺人的创作。目前收录有历史遗传下来的乐曲达 500 多首。海南八音有汉唐以来我国古音乐的遗韵，具有很高的音乐研究价值，是喜欢传统文化的老百姓喜闻乐见的民间艺术。八音有文牌和武牌之分，文牌是笛、管、箫、弦和琴五类乐器，锣、鼓和钹则属于武牌。在为琼剧、木偶戏配乐时，文戏多用文牌，武戏就用武牌。海南的八音乐曲，按演奏形式习惯分为大吹打、锣鼓清音、清

---

① 见海口市龙岐村《伏波庙》碑文。

音和戏鼓等四类。

1. 大吹打。亦称打大排或打大操。以双唢呐吹奏，配合大件打击乐（大花鼓、工字锣、大钹、单盅），演奏气势磅礴的乐曲，如《大开门》《小开门》《万岁喜》《南风云》《叩皇天》等，用于渲染热烈而盛大的场面。

2. 锣鼓清音。分为两种：一种是以小唢呐为主奏乐器（其他乐器多少不限），配合小件打击乐，演奏热烈欢乐的乐曲，如《庆丰收》《送京娘》《喜鸳鸯》等，因为这种演奏形式多用草子锣和草子镲，也称"草子清音"；另一种是以大唢呐为主奏乐器，演奏雄壮宽阔的乐曲，如《闹军坡》《万花灯》《六国封相》《仙姬送子》等。

3. 清音。采用"文排"的弦、琴、笛、管（不加唢呐）演奏曲调轻巧跳跃、流畅明快的乐曲，表现的内容和情绪比较丰富广泛。如表达喜悦、欢快情绪的《弄手花》《一枝梅》《欢宴》《彩帐》《槟榔香》等，情意缠绵的《送姑》《比目鱼》等，委婉哀怨的《南漏子》《怀念》等。

4. 戏鼓。是以海南地方戏曲唱腔联缀而成的"连套曲"，用唢呐吹奏来代替演员的唱腔，其余乐器则作为伴奏使用。如《琼花怒放》《普天同庆》等。

海南八音乐曲多有标题，通过标题提示乐曲和意境。有反映一定的思想内容和情趣的，如《勒马》《仙姬送子》《六国封相》《闹军坡》《庆丰年》等；有表现特定情景，以期引起听众的联想和共鸣的，如《万花灯》《槟榔香》《小梅花》《比目鱼》《怀念》等；但也有不少乐曲虽有标题曲名，并无特定的音乐形象，如《小扬州》《小龙州》《南漏子》《南凌一》《南凌二》《胡广》等；有的只是说明其用途、特点，如《新拜堂》《拜寿》《欢宴》《酬宴会》《彩帐》《喜盈门》等；有的乐曲曲名只当作曲调的标志，如《木鱼》《巡行八板》《一锭金》《金不换》《西梅》等。①

历史上，八音曾经两度遭到浩劫。一是 1937 年，日本入侵海南以后，实行"三光"政策，人民流离失所，土戏班停锣息鼓或远走东南亚，广大城乡民间乐社队基本停止。抗战胜利后，八音社队又得以复兴，海南几乎村村都有八音社队，当时琼山县的灵山地区就组织有八音队 200 多支。但在 20 世纪六七十年代的"文化大革命"期间，"八音"被视为封、资、修的文艺"毒草"，必须彻底清扫，海南八音再度遭到沉重打击。直到打倒"四人帮"后，八音乐队又重新

---

① 李东燕. 海南八音［M］. 海口：海南出版社，2011：7.

活跃在海南的乡村，给海南农村的普通百姓带来了欢乐幸福的精神生活。

八音音乐有历代流传的乐曲500多首，但许多乐曲已经失传，现在的八音民间乐队，能演奏100首以上的已经是很了不起了。他们经常活跃在海南农村的婚礼及公期节庆上，所演奏的音乐曲目，主要是《大贺喜》《小贺喜》《送子》《大贺寿》《拜堂》等热闹喜庆的乐曲。因为婚礼或公期的场面都是热热闹闹，因而在乡村有不少热情的观众为八音队的表演鼓掌喝彩。八音队不演奏流行歌曲，因为八音乐队里的乐手主要是老人们，他们对流行歌曲接触甚少。但在农村里，真正懂八音的年轻人还是不少，只不过这些懂八音的年轻人，大多在商品经济大潮的推动下，离开农村到外边闯荡天下去了。因此，八音民间乐队的乐手，基本上都是老人了。

当农村做公期时，也是农村八音乐队最忙最累的时候，他们有时要连续演出30多个小时，中间很少休息。由于八音队员们都来自农村，虽然年纪比较大了，但因为长期在农村从事体力劳动，老人们的身体也都很硬朗，有时连续演出30多个小时后，睡上一两个小时，又可以精神抖擞地出现在演出现场。当然，更多的时候，是八音队员们出于对八音音乐的热爱，为了让更多的人能欣赏到八音音乐的这种坚定人生信念，支撑着他们坚守在海南八音这块民间文艺阵地上，只要有人来欣赏，八音队员的脸上就会焕发出动人的光彩。

由于八音音乐的乐队成员主要由农民自发组成，他们平时各自忙于生计，没有多少闲散的时间一起操练八音音乐，八音音乐的演奏很难保持较高的水准，特别是农村大批青年外出经商、打工，他们一旦离开了农村，也就基本上告别了海南八音，这就使得八音民间乐队成员青黄不接，普遍年龄老化。

同时，社会流行音乐文化对传统民间音乐所造成的市场冲击，也使得传统八音音乐的欣赏人群不断流失，尤其是农村的年轻人，对八音音乐已逐渐失去兴趣。现代流行歌曲在年轻人中有着极高的市场占有率，流行音乐的迅速扩大影响，在一定程度上已是在逐步淘汰传统民间音乐，海南的八音乐器、乐曲都有失传的危险。一些八音乐队的老人无可奈何地说，如果地方政府对八音不能予以物质和精神上的大力支持，如果农村的生活水平无法把青年人从城市里召唤回来，那么海南的八音音乐，真有可能因为后继无人而在海南成为绝响。

二、海南公仔戏

海南公仔戏是海南的另一种民间小戏。海南的"公仔戏"历史悠久，最早可以追溯到元代。① 公仔戏于元代由潮州传入海南，流行于海南琼北的文昌、琼山、定安、屯昌、琼海、万宁、澄迈以及临高等地，以琼山、文昌较为兴盛。

公仔戏的公仔（木偶），头部用木头雕刻而成。初期的头部较小，约30厘米，上半身由藤竹编织成肩膀，下半身用袍裙遮掩，再以靴、鞋代脚，两手用木刻，公仔身插以木棍或藤条，以便操纵，中躯主棒插入头部藏于体内。整体宽约25厘米，高约50厘米。后来公仔的头部增大，约有40厘米，眼睛改进为能转动，舌头能伸能缩。公仔戏其实也是木偶戏、傀儡戏或手托木头戏的一种，是具有地方特色的表演艺术品种之一，为乡村群众所喜闻乐见。因公仔戏的产生比海南大剧——琼剧还要早，故琼剧艺人常称公仔戏艺人为"师兄"。据说如果琼剧班和"公仔戏"班恰巧受邀一起参加表演唱了对台戏，按行规琼剧是一定要让"公仔戏"先开锣的。公仔戏有生、旦、杂、净、末、丑等戏曲角色，有出场、亮相、整冠、拂袖等表演动作。演出时设一小戏台，用布幔围成台面，艺人在幕后边唱边操纵木偶。木偶行当有贴旦、贴生像制作技术的提高，有些木偶的眼睛能转动，嘴巴能张合，栩栩如生。"公仔戏"的场景音乐来源于海南民间的八音乐曲，但"公仔戏"有自己的独特唱腔，主要来源于兄弟剧种和本地民歌曲调，常用的有中板、高腔、程途、小曲等30多种。

公仔戏传入初期，主要为佛形象，故称为"佛子戏"，主要为乡村的祭祀活动服务，由民间用佛像祭祀的宗教活动演变而来。元代，海口的白沙津（港口）建有天后（海上保护神天后娘娘）庙，商人常邀佛子戏为主祭祀表演，"通宵达旦，神欢人乐"。当时的佛子戏只用一名"师公"操纵（导演），没有音乐，由"师公"念唱"斋文"，称为"一担棚"，一人担着偶像即走。后发展为"二人棚"，偶像分为男女，仍为一人操纵（导演），一人吹唢呐伴奏。除为祭祀表演外，逐渐发展为群众的娱乐活动。明《正德琼台志》载，年岁元宵"装僧道、狮鹤、鲍老等剧，又装番鬼舞象"，文中之"鲍老"指的是公仔戏。清初，公仔戏发展为生、旦、末、丑四个角色，由二人操纵木偶，一人吹唢呐，一人打锣鼓，称为"四人棚"。吸收南杂剧剧目演出，如《目莲救母》《武王伐纣》《寒江关》《古城会》等，唱念用潮音、闽广歌曲。清康乾年后，公仔戏已有生、旦、净、末、丑角色，三至四人操纵偶像，乐队有四至七人，操唢呐、弦、琴、

---

① 1930年，陈铭枢《海南岛志》记载："戏剧之在海南，在元代出现手托木头班之演出。"手托木头班俗称为"公仔戏"。

簧、管、锣、鼓、铍等八大件乐器，吸收外来剧种和本地"土剧"（后称琼剧）剧目，如《琵琶记》《白兔记》《金印记》《五子登科》《武松打虎》《三江考才》《秋香过岭》《马伏波开琼》等。用海南方言演唱，吸收土剧唱腔，形成以板腔体为主，兼有少量曲牌的音乐体系。五四运动后，公仔戏曾一度被扫除，随着"土剧"出现文明戏后，公仔戏逐步恢复演出文明戏。

在海南的琼北一带，公仔戏班相当活跃，它的全部家当，都载在一辆"三脚猫"（三轮运输车）上。几张长凳，铺上木板就成了台底。在台底上，用木条"斗"成一座小屋样的台架。挂上布景，一个小戏台也就搭成了。公仔戏早期只演武打"科白戏"，只有念白，没有唱腔，伴奏为锣鼓。清康熙年间公仔戏已形成"板腔为主，并有少量曲牌"的唱腔体系，全用海南方言演唱，主要板腔为中板，演出剧目除外地传入的杂剧、传奇剧目外，也有由本地艺人根据传说和本地故事改编而成的剧目。这标志着海南的公仔戏已完全成熟，有自己的独特唱腔，有自编自演的本土艺人队伍，伴奏音乐全部运用本土的八音乐器乐曲。随着时代的变迁，公仔戏也标准化起来，一个戏班也就三五个人。"公仔戏"，有各种角色，文生武生，文旦武旦，一斯文清秀，一浓眉大眼。杂生叫"杂脚"，从口白上又分"杂文""脏杂"两类，前者幽默风趣，后者俗气直率。公仔戏的偶像现今有20多种，角色比较齐全。

偶像的表演由导演者在幕后操纵，导演者一手撑偶像中的主棒，一手撑偶两只手双棒，导演操纵偶像时，手与曲肘并用。操纵木偶的表演程式有手势左右摆动、拱手作揖、跺脚、拂袖、跑马、射箭、上下步、扇花、晃牛耳、打虎架、滚翻、跳跃、舞步、眼睛转动、胡须拂动、嘴张合、舌伸缩，手抓拿等约20种，根据剧情的需要而灵活运用。

公仔戏的剧本主要来源于改编外来剧本，也创作一些新的剧目。据不完全统计，公仔戏继承传统剧目有500多个，1949年后创作的新剧目有100多个。根据表演形式和内容可分为三类：武戏、文戏和现代戏。

公仔戏的唱腔吸收兄弟剧种的腔调和本地民歌的曲调，用海南方言演唱，有自编自演的本土艺人队伍，清康熙年间公仔戏已形成"板腔板为主，并有少量曲牌"的唱腔体系。公仔戏艺人的特长是一人可以演唱多种不同角色的唱腔，分别用平喉、子喉演唱男女角色的不同唱调。

许多地区演出木偶戏，只设小小的舞台。台上围着布幛，演员手擎仗头木偶在幕后操纵和演唱。可是，当海南岛临高县的木偶戏演出时，则是采用大舞台，不设布幛，演员擎仗头木偶化装登台，互为一体，合扮同一角色，人偶交叉表演，自古至今，自成一派，成为我国木偶艺术园地稀有的剧种。

　　"人偶同演"的临高木偶戏，是用临高语演唱的，主要唱腔有"阿罗哈"和"朗叹"两个，伴奏以双唢呐为主。它主要流传于海南岛西北部，为临高和儋州、澄迈县部分地区操临高语的人民群众所喜闻乐见，演出时采用大舞台，不设布幛，演员擎仗头木偶化装登台，人偶一体，合扮同一角色。这种人偶交叉的表演方式，从古至今，自成一派，成为我国木偶艺术园地稀有的剧种。清康熙年间修撰的《临高县志》记载："临俗多信奉神道，不信医药，每于节例，端木偶于肩膊，男女巫唱答为戏，曰驱魔妖，习以为常。"据考证，临高人偶戏于南宋时期由大陆传入。当时人们每逢灾害或病祸，就抬着神公佛香绕村挨户游走，并念咒、舞手来"驱神赶鬼"，而后逐步演变为手擎木偶演出的人偶戏，当地人也称之为"佛子戏"。这种木偶戏已在海南临高流传了300多年。① 据悉，日本、泰国和西欧一些国家，也有类似临高这样的木偶戏。临高木偶戏原来的木偶，只有拳头那么大，造型也不大讲究，表演技术不高，大只在乡村祭神时演出助兴。自1979年以来，在上级文化部门的支持和帮助下，临高县文化部门对木偶戏进行了整理、提高和改革工作。他们采取"派出去、请进来"的办法，制作了造型美观、眼睛能够转动、嘴巴能张合的大木偶，聘请表演艺术家对演员进行培训，提高演员的表演技巧，并整理和创作《张文秀》《三姐下凡》《海花》等古装剧目，经过改革后的临高木偶戏，"木偶神了，表演活了，曲调美了"，不但备受当地群众的欢迎，而且外地人也爱看。目前，临高县除了县里成立专业木偶剧团外，区、农场也组织了一批业余木偶剧团。有操临高语地区地坟镇及农村，每逢喜庆或传统节日，大都演出木偶戏。当地群众都请亲朋好友来观戏，附近一带的农民也前往观看，气氛十分热闹。在演出中，帷幕从富有地方色彩的"阿罗哈"音乐中徐徐拉开，演员一人一偶，按照剧情登台表演，时而以偶为主，耍尽偶味，情趣盎然；时而人偶合作，协调和谐，变化多姿：时而由人替演，弥补木偶的不足，保证动作的连续性和完整性，常获得观众的阵阵喝彩。凭借着"人偶同演"的奇特风格，1981年，临高县木偶剧团赴北京参加全国木偶、皮影戏观摩演出，获得了演出奖，扩大了社会影响，引

---

　　① 海南省民间文化研究会，临高县民间文化研究协会．临高人偶戏［M］．海口：南海出版公司，2011.

起同行和专家们的瞩目和期望。

公仔戏是琼北地区人民喜闻乐见的娱乐形式，特别是在解放初期以及改革开放以后，公仔戏在农村得到空前的发展。人们结婚、祝寿、孩子满月或传统的节日，都喜欢请剧团演一两场，特别是正月十五，各村都争着请公仔戏班演"开灯（生男丁）戏"，公仔戏艺人在当时的社会地位也比较高。

由于市场不景气和时尚文化的冲击，现在的年轻人已经没有人愿意学习表演公仔戏了。如今，在公仔戏戏班中，最年轻的艺人都已经超过 40 岁，在戏班中挑大梁的都在 60 岁上下，已经"青黄不接"了。

三、海南斋戏

海南还有一种在偏远地区乡村广泛流传的戏曲形式——海南斋戏。海南斋戏是一种为民间社会提供祭祀仪式服务的地方道教音乐形式，也是正一派（道教的一个流派）道士综合运用仪式表演与道教音乐为地方信众提供的仪式服务，有些还糅杂以佛教斋法。

海南斋戏有社班，有艺员，有剧目，有音乐，有表演程式，自成系统，风格独特。海南最大的地方剧种琼剧就脱胎于斋戏，现在人们看琼剧还说"看斋"。斋戏保留了宋元以来我国传统戏曲的遗音，对研究我国戏曲历史有重要的文化价值。

过去曾经有这样一种说法："北有傩戏，南有斋戏。"由此可见，斋戏曾经的社会地位和文化影响力有多大。当然，这里的"南"不是专指海峡之南的海南，而是以广东、广西为代表的偏远南方。只不过随着时间推移、时代变迁，北方的傩戏今天依然活跃在北方城市以外的广大乡村，但南方的斋戏早已式微，仅保留在海南岛的汉黎乡村以及隔海相望的广东、广西一些偏远地区。并且，由于斋戏演出队伍人员的业余身份，演出条件和环境偏僻简陋，目前仍坚守在这个阵地的人员日渐稀少，其社会影响力早已无法和北方的傩戏相抗衡，更别论研究队伍和研究成果了。

所幸近些年来，海南地方政府对海南民间主要通过父子、师徒相传的斋戏文化给予了一定的重视，海南斋戏因此得到一定的政策扶持，2011 年 5 月 23 日，海南斋戏申报"中国非物质文化遗产"获得成功。海南斋戏经中华人民共和国国务院批准，列入第三批国家级非物质文化遗产名录，遗产编号为 Ⅳ - 158。为此，大力挖掘、研究海南斋戏，使之得以传承有序、健康发展，是海南学术界义不容辞的义务和责任。

（一）斋戏文化源考

要搞清楚海南斋戏的文化传承，我们不妨先看看已有众多研究成果的北方傩戏。傩戏，中国戏曲剧种，是在民间祭祀仪式基础上吸收民间歌舞、戏剧而形成的一种戏曲形式，是远古时期先民们无法解释自然、社会和思维科学而产生的原始宗教信仰。傩祭源于原始社会的图腾崇拜，傩戏表演的主要特征是角色头戴柳木制做的假面具，扮作鬼神歌舞。其表演内容涉及民间信仰、民间音乐、民间舞蹈、民间工艺美术等范畴，被专家称为民间文化的"活化石"。

傩是源于中国古代原始宗教的一种文化现象，是古人类在原始社会中的图腾及祖先崇拜的展现，属于世界性的泛文化范畴。在商代时，傩已经形成了一种固定的用以驱鬼逐疫的仪式——方相氏驱傩活动，先秦时期已有与今天类似的巫歌傩舞。汉代以后，逐渐发展为具有浓厚娱人色彩和戏乐成分的礼仪祀典。宋代前后，傩仪受到民间歌舞、戏剧的影响，开始衍变为旨在酬神还愿的傩戏。之后又在祭神的功能外增加了一些娱乐的因素，得到了进一步的完善和丰富，形成了不同的表演流派。所以，傩戏具有浓厚的巫文化色彩，广泛流行于安徽、江西、湖北、湖南、四川、贵州、陕西、河北等省。傩戏在不同民族和地区名称不一，如傩堂戏、端公戏、师道戏、僮子戏、地戏、关索戏等。

与傩戏齐名的斋戏同样具有浓厚的巫文化色彩，海南斋戏传承人之一的道师王云光按照祖传科本为海口市秀英区昌明坊撰写的意文中写道："遵行傩于周制，扫荡沿门；仿逐疫于郑风，祛除按户。"并且，王云光还明确指出："海南斋戏出处自佛山。"这个说法从海南斋戏文化传承人的角度点明了海南斋戏与大陆巫文化的血缘关系。南宋琼州琼山（今海南省海口市辖区）道士白玉蟾《海琼白真人语录》记载："巫者之法，始于娑坦王，传之盘古王，再传于阿修罗王，复传于维陀始王、长沙王、头陀王、闾山九郎、蒙山七郎、横山十郎、赵侯三郎、张赵二郎，此后不知其几。昔者巫人之法，有曰盘古法者，又有曰灵山法者，复有闾山法者，其实一巫法也。"白玉蟾的此段论述最早提及了道教中的闾山法，其中闾山九郎、蒙山七郎、横山十郎、赵侯三郎、张赵二郎都是西南少数民族傩坛的神祇。而粤人尚巫，自《汉书·郊祀志下》即有记载：元封二年（前109），"既灭两粤，粤人勇之乃言：'粤人俗鬼，而其祠皆见鬼，数有效。昔东瓯王敬鬼，寿百六十岁。后世怠慢，故衰耗。'乃命粤巫立粤祝祠，安台无坛，亦祠天神帝百鬼，而以鸡卜。上信之，粤祠鸡卜自此始用"。由此可见海南斋戏与傩戏以及巫史一脉相承的文化传承关系。

（二）斋戏（海南民间称为"做斋"）

斋戏，也就是海南人所说的做斋、做道场，在海南闽方言片较为普遍，特别是海口、文昌、定安、琼海、万宁、陵水、澄迈等市县，每当有家人去世，或是地方异事频出，人畜不甚平安，人们都会请道士（海南方言的三伯公）前来做斋超度。做斋要看斋主对做斋的具体要求来安排，一般有一天、三天或五至七天，人数从一人至十几人、二十余人。

目前海南斋戏中的道师主要是正一派道士（也就是俗称的火居或居家道士），法器主要是宝剑、手炉、朝笏、雷令、法绳（蛇形）、金盅、阴阳卦片（海南话叫"赌杯"）。海南斋戏道师的道冠为褐色，有红色与黑色两种色彩的道袍。黑袍的品阶较高，即高功法师所着。在祭祀过程中，做斋的道士穿道袍，头上顶着一假发，顶上不是发髻，而是以一木头替代。在做斋时所唱的有根据与祭祀内容对应的斋戏科本，一人领众人合（一般是掌鼓的人领唱），语言是海南方言，流程是驱鬼、除魔、招魂。

斋戏科仪是二元结构，即阴事幽醮与阳事清醮。幽醮是幽斋，主要为死人而做，主要目的是摄招亡魂、沐浴渡桥、破狱破湖和施食炼度。而清醮是清斋，主要是为生人而做，主要目的是祈福谢恩、祛病延寿、祝国迎祥、祈晴祷雨、解厄禳灾和祝寿庆贺。根据道斋科本，通常演出的道斋内容有四大类，分别是五坛镇龙、五坛平安、中元赈济、超度亡魂。依据《海南百科全书》记载，超度亡魂坛场科仪醮坛的设立如下：木柱设坛，高处供奉玉皇大帝，象征天界；两旁悬挂鬼类图像，象征地狱。两侧都奉斋主家的神主牌，前设香炉、供品。而根据 2011 年海口市群众文艺馆申报海南斋戏为第三批国家级非物质文化遗产的《海南斋戏》资料，海南斋戏的醮坛设立是"佛幅高挂，红烛高烧，香雾缭绕，设立案香。其间立着北极星道主玄天真武上帝及仙师神位，菩萨排次。案上共有符箓、科书、果品"。倪彩霞记录 21 世纪初年记载的超度亡魂坛场科仪做醮的流程：（1）上表；（2）到城隍庙领通行票；（3）到江河放水灯；（4）上刀山、下火海；（5）招魂。

（三）海南斋戏科本（剧本）

目前已收集寻觅到的清朝斋戏科本年代有康熙十一年（1672）、乾隆五十二年（1787）、嘉庆九年（1805），木版印刷则有乾隆十年（1745）的古刻版，还有许多未标明年号的书本。其中最早的斋戏经书善本《楼台开启》见于清乾隆丁末年（1787）。这些善本中具有代表性的有《禳星演通朝仪》（清乾隆二十年，1755，冯晓卿传录）、《无量度人经》（清道光二十四年，1844，冯光甫修录）、《祈禳化坛卷帘文》（清同治九年，1870，冯法真传录）和《上清宝箓济度大成金书第十九卷》（清同治十三年，1874）。而冯宗让道师保留有数十册祖传斋戏善本，以"万州纸"小楷缮写而成。海南斋戏传承人之一的王云光道师保留的科本有《宿启大朝科仪》《清斋三九朝早朝科仪》《清斋三九朝午朝科仪》《清斋三九朝晚朝科仪》《幽斋三九朝转经科仪》《净坛朝科仪》《迓驾朝科仪》《土皇朝科仪》《五坛朝科仪》等数十种科本。

下文以《斋场斟酒文》《卫灵咒》《大洒净》三个代表性醮文为例展示科本的内容。

1. 《斋场斟酒文》是对神明的敬酒词：

先进清茗 梵音赞献 法众皈依 酒陈 酒陈进献 谷雨一声雷 蒙顶流争魁 瓯中银浪涌 盏内雪花飞 法众皈依 酒陈 酒陈初献 绿蚁泛金波 竹叶更流霞 神威来盼向 顷刻到仙家 法众皈依 酒陈 酒陈亚献 再酌壮威严 神驭驻金鞍 挟山超北海 驾景达封缄 法众皈依 酒陈 酒陈终献 三酌尽精虔 金波映碧天 倏忽人间远 须臾达帝轩

2. 《卫灵咒》表达对神的贺词，赞颂神明对人们的施恩布德（此版本《卫灵咒》与《灵宝领教济度金书》卷一一所载《五方卫灵咒》《三日九朝卫灵咒》《一日三朝卫灵咒》《五方总咒》《五星都咒》《旋玑斋卫灵咒》等皆不相同）：

天官赐福 九炁齐并 紫狱正位 太极司权 上元校录 功过无偏 举仙定职 会录诸仙 阳光下浊 兆庶蒙恩 消灾降福 保命延生 地官赦罪 七炁化生 豁提武库 绕御八弦 中元注籍 详业除御 九幽罢对 三府流恩 灵光焕照 吉祥日臻 飞潜利益 庆品长亨 永镇坤载 亿劫自然 水官解厄 五炁流行 司权赐谷 住在渊源 江海果品 水府灵官 下元定籍 赏善除愆 真官下降 蠢动成全 散厄消祸 福德同臻 扶桑安镇 解厄自然

3. 《大洒净》是斋戏中用法水洒净洗涤道场及信众身心的意思（其部分即道教净坛所用的《净天地神咒》）：

香官法水 洒净道场 玉清圣境敕 三宝大慈力 三光降真炁 威光辟秽室 九

凤真官行 合明天地日 急急天地自然 秽炁散氛 急如律令 洞中玄虚 晃郎太玄
八方威神 使我自然 灵宝符命 普告九天 干罗怛那 洞罡太玄 斩妖缚邪 杀鬼
万千 中山神咒 元始玉文 吾诵一遍 却鬼延年 按行五岳 八海知闻 魔王束首
侍卫我轩 凶秽消散 道炁长存 急急如律令

（四）斋戏音乐

海南斋戏与海南八音密不可分，其唱腔曲调以海南民间小调为主，演奏乐器基本就是海南"八音"，即"金、石、土、革、丝、木、匏、竹"，分为文牌和武牌两大类。"武牌"乐器有"子鼓""小鼓""花鼓""帮板""铜锣""铙钹"等，属于打击乐的范畴；"文牌"乐器有"胡琴""三弦""箫""管""大笛"和"小笛"等。海南斋戏都是用海南岛方言演唱，押海南话音韵。其俚腔俚调为观众耳熟能详的不过十几韵，即因根藤、应生灵、翁松郎、央商梁、换山栏、亦声情、污字鲁、欧苏炉、花装罗、音心林、温尊化、哀哉来、伊机啼等。

民国时期保留下来的斋戏音乐手抄本就有100多首，如《六国封相》《仙姬送子》《大开门》《大武喉》《叩皇天》《万花灯》《送京娘》《沾美酒》《遇仙女》《三清曲》《花仙子》《求佛》等。

斋戏的角色行当，早期仅有祭崇人（海南方言：三伯公）、徒弟、丑角等，后根据剧情的需要增加了生、旦、净、末、丑。唱腔上，早期仅有斋调、歌谣，后吸收群众熟悉的其他剧种板腔，常用的有中板、程途、数字板等10多种。斋戏的表演有传统的净坛、拂尘、进香、跳神、走马、登殿、献礼等祭祀程式，后发展到有步法、指法、扇法等50多种。

（五）斋戏道师印衔

道教讲究：第一，皈依无上道宝，也就是皈依太上无极大道，能永脱轮回；第二，皈依无上经宝，也就是皈依三十六部尊经，能得闻正法；第三，皈依无上师宝，也就是皈依玄中大法师，能不落邪见。当得到皈依之后的信徒，想要进一步成为道士，那么就要在师父的传授和保举下进行传度和授箓。

一般来说，全真派传度，而正一派授箓。何为传度？"传"是传承的意思，"度"是度化的意思，龙虎山天师府的传度文牒上写道：凡属修士，应就祖师名下传度，用以弘道宣化，济世利人，皈依行持。凡是有道教信仰的人，首先要有师承，由师父引进道门。经过传度后，即取得了由凡入圣的第一级阶梯，就有了师承、道名、字辈，也就是说，终身有了信仰的依靠。传度之后，经过若干年的修炼，积功累德，就能取得授箓的资格。法箓是道士应持之典，也是对修道者功行修持的认定，故升授、加授均有严格的考核程序。同时法箓又是道士行法的凭证，只有授过箓后，才能召唤箓上神兵将吏护法显灵。传度是自古以来作为道教弟子正式入道修行的标志，传度之后就能获得三山滴血法名，经文和法器。经过传度成为一个真正的道士后，还要再经过一个程序才能成为真正的法师，那就是授箓。箓为"记录"，是道教的符书，道士入道的凭信，也是法师行法的依据，类似于今天的资格证或职称证书，授箓是学法的必经途径。魏晋南北朝以后，道教各道派形成了参授各派符箓的风气，正一、清微、灵宝三派符箓都在道门修行的阶次中有所体现。《三洞修道仪》中记载的道教三洞修道受箓的阶次：初入道授正一盟威箓二十四品、洞神部导师授金刚洞神箓、升玄部导师授太上升玄箓、中盟洞玄部道士授中盟箓、三洞部道士授三洞宝箓、大洞部道士授上清大洞宝箓。道师道号的传承亦有文化依据。道教授箓是正一派的一个老传统，传承千年，只有授箓之后，才可以请天兵天将护卫，登坛行法，授箓的规制按道教典籍《天坛玉格》的规定，如同古代朝廷官员一般也分有五个等级七个品阶：

1. 初授"太上三五都功经箓"，此为正六、七品；
2. 升授"正一盟威经箓"，此为正四、五品；
3. 加授"上清五雷经箓"，此为正三品；
4. 加授"上清三洞五雷经箓"，此为正二品；
5. 晋升"上清大洞经箓"，此为正一品。

正一派道士授受经箓的法坛，称为"箓坛"，又称为"万法宗坛"。授箓仪式上，有三位大师出席，即传度师、箓坛监度师、保举师。这三位大师由举行授箓仪式的道教宫观礼聘。另还有六大护法师列席。三位大师除了负责对箓生的基本情况、经典熟悉程度、道教修养等进行考查外，还负责在颁发的职牒上签名，授箓方才生效。他们的具体分工如下。

传度师：举行授箓科仪的主持者。

监度师：一般由正一派世袭的张天师担任，监督整个授箓活动按照道教仪轨进行。

保举师：负责保送正一道士参加受箓。

道士的升授和加授者，需凭道功德行依阶升加，按照传统规定，三年可以晋升一级，如果没有功德而妄升的，会遭受天谴。

新中国成立前，海南琼海万泉镇鸡屎山村人李家松广收徒弟，开设斋班 9 届，每班 19 人，故而海南道士传承 9 个道号，分别为"乐""英""锦""桂""梧""琼""南""永""声"。目前，在海口遵谭镇具体记载的道士总计 33 人，上清三洞品阶有 1 人，上清大洞品阶有 7 人，正一盟威品阶有 23 人，都公预备级有 1 人，另有太上三洞 1 人。海口遵谭镇道士授箓的品阶与道教典籍品阶略有区别，由于《天坛玉格》实际上在流传中有多个不同版本，具体原因仍有待考证。

四、琼剧

琼剧，亦称琼州戏、海南戏或土戏，是海南大众百姓和海外琼籍华侨十分喜爱的地方剧种，它因为出自海南琼州（今琼山区），故称琼剧，新中国成立后又称为海南戏。琼剧历史悠久，和粤剧、潮剧、汉剧同称为岭南四大剧种，属南戏一支。

琼剧是在明代海南流行的杂剧（源于弋阳腔）的基础上，吸收闽南戏、徽调、昆腔、潮州正音戏、潮剧、广东梆黄和海南民歌、歌舞八音、傀儡戏、道坛乐曲等逐渐形成的，是弋阳腔支系的地方剧种。琼剧是海南的主要剧种，它历史悠久，明朝中期经闽南、潮汕传入海南岛，吸收当地民间小调而形成。琼剧形成至今已有 360 多年的历史，它把"闽南杂剧"逐渐地方化，交错使用海南乡音，吸收了民间小调、歌舞八音、道坛乐曲等许多元素。琼剧在发展过程中受粤剧、闽剧、潮剧影响较大。

明《正德琼台志》："迎春日，卫所扮装关王会游街，至十三日毕。集庙中演所装游艺机会之红。"《琼州府志》里也有说明正德以前，有演杂剧酬神赛会。《猥谈》称："南戏出于宣和之后，南渡之际，谓之温州杂剧。"1755 年续修的《琼山县志》称："正月下浣，乡民况抬本境之神，聚会饮酒，演唱土戏。"由此可见，在明末清初，海南已流行用土语演戏了，这土戏就是琼剧的前身。此后，它吸收闽南戏、广东潮州正音戏和海南民歌、道坛乐曲而逐步形成了琼剧。琼剧诞生后，主要流行于海南岛各县，其后随华侨出洋流入新加坡、马来西亚、印尼、越南、泰国、柬埔寨等地。辛亥革命后，随着社会的变革，琼剧的表现形式发生了重大的变化。1922 年，琼山人徐成章发起成立了"琼崖土戏改良社"，将琼剧的古装戏改为现代戏，反映时代风貌，被称为新戏，并逐渐占据了主导地位。①

关于琼剧的起源，在海南的定安县还有另一种说法，认为琼剧已有 400 多年的历史，在过去的定安农村，老百姓家里有人去世，就会请一帮人到家中敲锣打鼓，唱一些给死者招魂一类的曲目，这就是最早的琼剧形式。大约在 200 年前，定安县龙塘墟地区的民间，出现了一种没有剧本、简单表演形式的"戏"，这就是琼剧开始由宗教音乐向艺术形式过渡演变。清朝乾隆年间，福建一个叫李庆隆的人将闽南戏带到了海南，并结合海南的"戏"，系统整合形成了音乐形式齐全，剧本多样，风格趋于成熟，套路完整、系统的琼剧，成为海南省的传统地方剧种。李庆隆当时在定安县龙塘墟开办琼剧班的盛况。每个科班 30 余人，每 45 天为一馆，教授的内容包括琼剧唱腔、表演程式、八音器乐等。前来要求学艺的人甚多，不止是青年，连中老年人也入馆学艺。学完 45 天为"满馆"，可以自行组织戏班演出。后来逐渐传到新竹、黄竹、定城等地。所教的科班按学习时间先后分为"庆"字班、"桂"字班、"梨"字班、"凤"字班等。因此，定安的琼剧艺人都把李庆隆尊为琼剧祖师。②

从此，定安人和琼剧结下了不解之缘，过去的海南，民间有这样一种说法："无文昌人不成机关，无定安人不成戏班。"琼剧也最终在定安这块神奇的土地上扎下根，并广泛流传于海南各地和广东的雷州半岛，广西的北海、合浦以及东南亚一带琼籍华侨聚居地。

琼剧的艺术遗产丰富。它的传统剧目分三部分：一是文戏（以唱功为主），如《槐荫记》《琵琶记》等 800 多出；二是武戏（以做功、武打为主），如《杨家将》《封神演义》等历史、神话小说等改编成戏本等 400 多出；三是文明戏，又称时装旗袍戏，如《空谷兰》《断肠草》等 130 多出。1949 年后经过整理、改编、创作和移植其他剧种的古装、现代剧目，总有 1500 多出。还出现了一批久演不衰的优秀剧目，如《红叶题诗》《张文秀》《搜书院》《狗衔金钗》等。这些剧目故事动人，唱词通俗易懂，又富有哲理。

琼剧的行当角色起初只有生、旦、净、丑四个大行当，清同治至光绪年间才发展为生、旦、净、末、丑、杂六大行当。文戏的小生大都手执白纸小扇，以示文雅、潇洒。花生鼻梁只涂小块白粉，扇子往往插于颈间，脚多于前后左

---

① 张军. 琼剧的历史、现状与未来［M］. 北京：社会科学文献出版社，2012：3.

② 琼剧"戏班祖"：李庆隆［EB/OL］. 艺术中国，2013-10-10.

右伸缩，以表轻浮放荡。生、末登帐、升堂，往往踢开袍角，叠上碎步。武戏的开功属南派，使用铁、铜武器，还掺有杂技、魔术的表演。

琼剧唱腔板腔分为"程途""中板""苦叹板""腔类""专腔专用类"五大类。

琼剧的传统剧目有三部分。

文戏（唱曲戏）源于弋阳腔，杂以四平、青阳二腔，属曲牌体制，滚唱带帮腔。

武戏（科白戏，后吸收"梆黄"曲调），剧目有《八仙庆寿》《六国封相》《古城会》《单刀会》《三国》《水浒》《薛家传》《杨家将》《封神演义》等历史、神话小说戏400多出。

文明戏，剧目有《救国运动》《省港大罢工》《空谷兰》《断肠草》《秋瑾殉国》《啼笑因缘》等130多出。

琼剧曲调可分两部分：前期是带帮腔的曲牌体，后期演化成板腔体。琼剧的乐器有丝弦类、弹拨类、管吹类、打击乐类等30多种，其中竹胡、二胡、二弦、大小唢呐、大喉管、短管均可当主乐器用。

琼剧的剧情，大多数以历史和民间的故事为题材，以脸谱唱腔及动作来表达剧中人之身份和故事的内容，但它和别的戏种又有着许多的不同，注重生、旦的剧情和剧路，一般程序为先苦后甜、恶有恶报、善有善报，然后是有情人终成眷属，最后再来个大团圆的结局。

琼剧是海南文化艺术的根基，要了解海南文化，琼剧是很好的窗口。它体现了海南人的艺术才能和智慧以及生活的艺术形式。它由闽南杂剧演化而来，交错使用海南乡音，吸收民间小调、歌舞八音、道坊乐曲等元素，逐步而成今日之琼剧。它多用调腔唱法，唱腔丰富，声调高亢，后台帮腔，只用打击乐而不用管弦乐伴奏。它的唱词古朴、典雅，借着字幕，观众能体会其中的呢喃韵味。对海南话一窍不通的当代著名剧作家田汉，于20世纪60年代来到海南岛，发现了海南琼剧这朵民间艺术奇葩，为此感慨留诗一首："方言土话生珠玉，古调新声入剪裁。老辈耕耘新辈继，海南应有百花开。"

在海南，琼剧团很多，几乎具备一定条件的县市都有一两个正规的剧团，定安尤其多。而民间琼剧团就更多了。民间琼剧团，又称"厚皮班"，其实是乡村剧团。乡村剧团基本上没有专业琼剧演员，主要由业余演员组成，这些业余演员平时都有自己的社会职业，但因为他们比较喜欢琼剧表演，有不少人还是琼剧学校毕业的，农闲时他们也常到艺校学习，再加上他们自己勤学苦练，颇具一些演出水平。"厚皮班"演出的地方大多限于农村或小乡镇。小剧团一般由20多人组成，成员中还经常带有家族性特点，小演员很多都是老演员的子女。由于剧团演出的地点都是一些偏僻的小山村，经济和文化生活较落后，演出的时间和演出的场次都受到了限制，所以流动性较大，人们戏称他们"海南的吉卜赛人"。据了解，这种演出形式在全国的广大农村也非常普遍。

"厚皮班"演出的剧目一般都是传统的剧目，如《红叶题诗》《张文秀》《搜书院》《狗衔金钗》《苏东坡在海南》等，一场演出的时间是3小时左右，而每场戏的总报酬也就是800元左右。

演出开始前，演员们各尽其职，化装、调乐器、布置背景，每样都是那么认真。由于人手少，角色紧，因此演员们要扮演不同的角色。更多的演员还是多面手，既当演员又当电工，下场后还要在乐队帮忙，真是忙得不亦乐乎。为了节省时间，他们即使是在吃饭或是休息时也不卸装，累到极点时，就在演出间隙稍打个盹，以养足精神。

由于海南农村的民间传统观念，许多小山村都信奉神灵，几乎每个村庄都有神庙，每当有村子请"厚皮班"唱戏时，剧团都要先到村里的神庙，给庙里的神位唱所谓的"神戏"，以保佑剧团平安和村民的风调雨顺、五谷丰登，更有些经济条件好的农民或是有华侨远道而归，他们会把剧团的几个主要演员和乐队请到自己的家里，给自家的祠堂唱"神戏"，以保佑全家生活平安幸福。这种风俗习惯在海南农村已流传了几百年，至今没有改变。

五、临高"哩哩美"渔歌

临高渔歌是流传于海南省临高县渔民中的一种民歌种类。临高渔歌作为国家级非物质文化遗产保护项目，是中国民歌中一种最容易让异域人一听钟情的优美旋律，因其多用衬词"哩哩美"和相关传说，也称"哩哩美"或"哩哩妹"。一到临高，就会发现"哩哩美"渔歌调子随处可听。由于曲调动听，渐渐地，"哩哩美"已不再是渔村的专利，它随着渔姑、渔民的口，逐渐唱到临高广大乡镇，成为人们随口哼唱的歌谣。甚至在儋州、昌江、陵水等地的沿海一带，都可以听到"哩哩美"优美的曲调。

临高"哩哩美"渔歌萌芽于距今非常遥远的历史年代，起码可以追溯到汉代。当时临高沿海主要来自中原地区的移民逐渐增多，渔民们撒网、摇橹时一唱一和，渔女们甜美地叫卖着，这些劳作中发出的有节奏的呼声，是"哩哩美"最初的萌芽元素和原始的艺术之生活基础。① "哩哩美"渔歌的第一次繁荣发展，要追溯到南宋绍兴年间（1131—1162）。时任临高县令的福建晋江人谢渥体恤民众，关心教育和农业，重视渔业。史料记载，当时临高全县只有几千户人家，一两万人口，而且几乎都集中在新盈、调楼等沿海地区，渔业是临高人的主要生产方式，谢渥对发展当时临高的文化事业的一个重要举措，就是鼓励、扶持和推动了哩哩美的大发展并让其跨上了一个前所未有的台阶，渔业生产连年丰收，渔村处处回荡着渔姑甜甜的叫卖声。

据专家考证，"哩哩美"渔歌的发源地就在临高县新盈镇，因为歌里唱道："浪响后'珠咪'，沙白前'九墟'。""珠咪"是新盈港北边的自然石堤，"九墟"指新盈港以南安全村边的白沙滩。据传，这句歌词已传唱了千年之久。渔民的流动性很大，流动穿梭的渔民把渔歌带到儋州、昌江、陵水沿海各地，而移居到临高的渔民也带来不同的渔歌。久而久之，吸收了各地渔歌精华的"哩哩美"渔歌曲调自然就更优美了。"哩哩美"主要的曲调有5种：一是唱吉，二是情歌，三是猜谜歌，四是讽刺歌，五是怨歌。渔姑的叫卖声就是"哩哩美"渔歌的最初旋律：卖鱼（雷），大家来买鱼（罗）……后来，渔民在生活和劳动中，如赶海、织网、婚嫁等，都以该旋律为音乐主题，并不断延伸发展，久而久之，就形成了优美动听的"哩哩美"渔歌。临高"哩哩美"渔歌自形成到现在，已传唱了千年，经久不衰，表现出了强大的生命力。在临高县，有着一群执着的文艺人，从事着渔歌的挖掘整理工作。临高的男女老少，更是以"哩哩美"为骄傲，提起"哩哩美"，要么唱上几段，要么说上几句。

哩哩美的歌词善用"比""兴""叠字"等直述形式，歌者见景生情地自由抒发，尤其是双关、比喻更成为这一民歌中最突出的艺术韵味。哩哩美的音乐基本结构独具一格，它以三个乐段组成，第一、二乐段为主歌，第三乐段为副歌。独唱多用于主歌，对唱以主歌为领唱，以副歌为齐唱衬托对唱气氛。"哩哩美"渔歌以衬词而得名，主要衬词是"哩哩美"，次要衬词是"美雷爱""乃马里"。其演唱形式为独唱、对唱、齐唱和多唱等。"哩哩美"渔歌主要用于青年男女对歌娱乐，可两人对歌，亦可多人对歌。对歌时，男女双方都有"领歌

---

① 李群山．海南临高渔歌"哩哩美"的传承与发展［J］．海南广播电视大学学报，2009，10（4）：20-22.

头"，哪一方编得妙、对得快、唱得好，即为胜者。"哩哩美"渔歌主歌词过去多用九字或七字为一句，两句为一首，现在演变为五字或七字为一句，四句为一首。副歌衬词多为六字或八字，末句则用"雷爱…"做为语气助词。

主词：渔姑靓丽又聪明，挑水下船勤织网，阿哥开船掌稳舵，捕鱼满舱船归来。

衬词：乃呀么乃马里，嗳哟哩呀哩哩个美，哩哩个美雷爱，雷爱……

"哩哩美"渔歌有着悠久的历史，通过对"哩哩美"渔歌的研究，可从其起源、发展和分布情况，了解临高地区的民间艺术发展历史，和海边渔家社会的发展演变过程。

六、儋州"调声"

地处海南岛西北部的儋州市，历史悠久，源远流长，自汉武帝元封元年（前110）建制以来，已有2000多年历史。儋州自古就有"诗乡歌海"的美称。儋州的文化艺术，应该是儋州"调声"最具代表性。北宋一代文宗苏东坡曾谪居此地，弘扬文教，苏东坡曾用"蛮唱与黎歌，余音犹杳杳"等诗句生动地记述了儋州"调声"、山歌等民间艺术活动，著名艺术家田汉更是将儋州"调声"称为"南国乐坛的一朵奇葩"。

儋州调声是从儋州民歌活动中演变过来的。它最初产生于西汉时期，发源于儋州北部三都、峨蔓、木棠、兰训、松林、光村一带，是一种以儋州方言演唱，体裁近似民间小调的汉族民间歌曲。调声的内容以表达爱情、幸福生活为主，以曲调优美和群体娱乐的特点流传于海南的儋州、三亚、昌江、白沙、东方等地。

儋州调声，早期调声抄本实录为"嬥声"，1949年前民间流传的山歌手抄本，都是用这个词。嬥字，按儋州方言读音为diǎo，与"调"字第一音相同。嬥字还有第二种读音tiǎo，不管哪种读音的解释，都与调声的含义没有直接关联。1949年前出版的《辞源》对"嬥"字做这样的解释：嬥——（弟了切音宛韵去声）娆也。"嬥歌"，跳歌也。西晋的左思《三都赋·魏都赋》曰："明发而嬥歌。"李善注："嬥，讴歌，巴土人之歌也。"何晏解释："巴人讴歌，相引牵连手而跳歌也。"我们的先民因而把"跳歌"定为"嬥声"。然而，由于嬥字较生僻，笔画多难写，一般字典不载这个字，于是在民间用耀声、厄声、艾声、夷声、爱声、耳声的写法都有出现。

新中国成立后国家推广汉语拼音，长期研究儋州方言的当地学者吴英俊（儋州新英人）建议用拼音 E 声，但因儋州方言混杂（儋州话有北岸音、水南音、昼家音、山上音、新英音、海头音、五湖音等区域方言），众议分歧，该提议无法得到儋州同人认同。"调声"这个特指词汇的最终定型，是在 20 世纪的 60 年代初，广东星海音乐学院教授关慧棠女士①到海南儋州采风，与当地学者、艺术家座谈儋州的民间艺术，其中的一个重要议题就是把儋州山歌称谓上五花八门的儋州民间说法统一称谓，在座谈会上有人提用"耳声"，有的建议用"依声""E 声"，关慧棠教授按当地群众口音，结合音乐曲调特点，提议用"调声"。该提议得到与会专家和儋州民间艺术家的一致认可，当地政府向社会公布"调声"统一称谓后，也得到社会的广泛认可。从此，"调声"就成了儋州民间艺术的合法称谓。②

儋州"调声"有 100 多种曲调，其节奏明快，旋律优美，感情热烈，可歌可舞。儋州"调声"体裁近似民间小调，曲调有宫、商、羽等多种调式，旋律进行中还经常出现调式交换和转调变化。儋州"调声"的曲体结构以传统五声音阶为主体，句式结构有二句、二句半、三句、长句，字数有一字、三字、多字句；儋州"调声"是海南儋州独特的民歌形式，歌词流畅活泼，多为三言、五言、七言，词意常常借物抒情，以物寓情，通俗易懂。③ 而且，儋州"调声"在发展中善于吸收古曲、现代歌曲及外国歌曲旋律，这也是"调声"艺术常唱不衰、与时俱进、历久弥新的重要原因之一。

据有关专家考证，古老的儋州"调声"歌词大多是韵脚宽松的"二句半"。到清末民初，"调声"吸收了"学堂歌"④ 成分。1949 年前的儋州"调声"，就"调声"内容而言，大多反映的是当时社会的动荡、人民大众生活的贫困潦倒。从流传下来的"调声"作品看，几乎无一不是对苦难的呻吟，对温饱生活的憧

---

① 关慧棠，岭南音乐名家，1925 年出生于广东海南，1947 年毕业于国立上海音乐专科学校，毕生致力探索中国美声唱法的发展，曾任教于香港中华音乐学院、广东华南文艺学院、武汉中南音乐专科学院、华南成人文艺学院、星海音乐学院等学校，相继担任教授、教研组长、系主任等职务。

② 儋州十解（完整版）[EB/OL]. 天涯论坛，2012-03-01. 谢有造，1948 年 10 月出生于儋州新洲镇泮山村，先后任儋州市政府秘书长、儋州市关心下一代工作委员会常务副主任，儋州市民间文艺暨调声山歌协会会长。

③ 杨沐. 儋州调声研究 [J]. 中央音乐学院学报，1993（4）：3-13.

④ 20 世纪初中国学校开设西式乐歌课，儋县（今儋州市）的学校也及时跟上风气。当时学校教唱的歌曲是采用西洋首调唱名的，儋县民众称之为"学堂歌"。

憬以及对有钱阶层的嘲讽、挖苦与鞭挞。有首"调声"这样唱道：

> 做的生咱命项孬，一生不见饭鱼香；
>
> 人屋大肉白米饭，咱屋两餐虾汁宕！

到 20 世纪五四运动时期，"调声"又出现了许多革命题材内容；抗日战争和解放战争时期，"调声"则成为揭露敌人、打击敌人的有力武器。如这首《归去咱挂胜利旗》：

> 中华疆土千万里，受尽日寇来侵欺。日本军来占我琼南地，一般财产是他的。攻打入我屋村，捉猪捉鸡包擒女。见人妻女合他意，他想乱，女不予，他就将刀来刺你，可怜不胜悲！（见《儋州民歌琐谈》）

新中国成立后，20 世纪 60 年代的水利建设工地上的赛歌会曾掀起儋州"调声"发展的第三次高潮，人们在劳动中又学到"车水歌"的旋律，再加入节拍鲜明的舞蹈节奏和情绪昂扬的音调进行集体对唱，演唱时手臂和身体随歌声节奏前后摆动。儋州"调声"通常以齐唱和对歌为主，通常以村为单位组成"调声"队，歌手身着艳丽服装，一般多则三四十人，少则三五人。对歌时，男队和女队对面站成二横列队，列距三米左右。对歌前每列队员互相勾住尾指，由歌头起调，领唱、指挥和选择歌词。男队先唱，女队答唱，对歌当唱完第一段唱词后，唱一两句曲调代替乐器过门，接着唱第二段。队形随时变化，时而半圆，时而一字摆开，歌手手勾手，两脚有节奏地前后左右摆动。身体随旋律有规律地摆动，两手下垂稍屈肘提腕，随身体摆动而自然扭动。唱到高兴时，双脚交替或前蹬或后点，气氛热烈，场面十分壮观。

对歌不受时间限制，以"唱倒"（对方答不上）为止。对歌比赛时，各队都有统一的服饰，连草帽、眼镜、鞋子、手表都相同。节日期间，对歌场上十几队、几十队男女歌手互比高低，观看群众人山人海，十分热闹。

唱"调声"没有固定的场合和时间，在农闲时节、逢年过节，在山坡野地、乡镇集市都可进行，主要是青年男女互相以歌抒情，农历八月十五唱"调声"尤为盛行。2006 年 6 月 2 日，国务院批准文化和旅游部确定的第一批国家级非物质文化遗产名录正式向社会公布，海南省儋州"调声"被正式列入国家级非物质文化遗产名录。

　　每到元宵、端午和中秋节时，人们都会不约而同地聚集到儋州市的中和镇上，那里是群众自发组织的原"调声"主会场。随着儋州"调声"被社会关注并得到各级政府的重视和扶持，万人调声赛歌会逐渐成为节日里的亮点。人们盛装而来，广场外、大街上人头攒动，各乡镇的近百支"调声"队伍将广场点缀得五彩缤纷。

　　赛歌会上，"调声"的曲目既有来自田野乡间、原汁原味的民间"调声"，也有近年经过专家、歌手搜集整理、创作提高的艺术精品。独唱、对唱、齐唱、合唱，歌者即舞者，歌声此起彼伏延绵不绝，一首首"调声"唱出了五彩斑斓的大千世界。唱歌的，将最拿手的"调声"倾情演绎；听歌的，早已醉倒在这一片歌海之中。街头上，还会出现一批自发的"调声"队伍，那些喜欢"调声"但没能在万人歌会上一展歌喉的小青年拥上街头唱了起来，还有一些20世纪五六十年代在各乡镇有名的"调声"好手也组成了一支队伍，边歌边舞，乐在其中。

　　儋州"调声"历史悠久，它集中地反映了古代海南音乐的发展过程，对研究海南古代音乐发展有重要的意义和历史价值，20世纪80年代，本地文艺工作者搜集了传统和现当代"调声"近千首，编成歌集250首，送中央人民广播电台、中央电视台多次播放儋州"调声"。有一定代表性的曲目有《天崩地塌情不负》《祖国江山花百样》《一时不见三时闷》《单槌打鼓声不响》等，电影《椰林曲》《海霞》等都吸收了儋州"调声"的曲调。调声曲目《单槌打鼓声不响》被选入《中国民歌选》，"调声"条目还被录入《中国群众文化辞典》。

　　近年，儋州歌舞团运用"调声"曲调创编的歌舞节目《东坡笠屐情》《逗歌》《迎新郎》等曾应邀赴京演出，并获得国家级奖项。"调声"还参加了中南六省春节联欢晚会，荣获国家级金奖、银奖。2001年，海南首次举办儋州"调声"节，儋州市城乡一下子涌现出278支"调声"队伍，近万名群众分别参加了"调声"表演和体育竞赛等活动。2001年，儋州"调声"队应邀在南宁国际民歌艺术节上表演20多场次，"调声"在南宁国际民歌节上可以说是大展风采，引起各方广泛关注。同年，中央电视台、浙江电视台联合到儋州拍摄儋州"调声"专题片，该片还作为旅游促销片由国家旅游局（今文化和旅游部）带到欧洲各国播出，获得美国、加拿大等国际音乐专家和国内音乐界人士的高度评价。2005年，受中央电视台的邀请，海南省儋州市文化馆馆长陈照荣作为民歌推介人在北京接受了央视《民歌中国》栏目谈话式互动采访，并从儋州"调声"的起源、特点、变迁和发展等方面推介儋州"调声",为普及儋州"调声"艺术做了一次很好的宣传活动。

七、黎族竹竿舞（打柴舞）

海南旅游景点随处可见的"竹竿舞"是由黎族"打柴舞"改编而成,亦称"打竹舞",是黎族民间舞蹈形式之一,主要流行在海南岛三亚一带的黎族哈应人地区。"打柴舞"最初作为黎族哈应人的宗教祭祀仪式,一般在"芊念芊"（黎族传统节日）、沃日（做佛事）、劳动间歇或农闲的晚上举行,后来由原海南黎族苗族自治州歌舞团的艺术家用竹子替代木头将"打柴舞"改编成"竹竿舞",随着"竹竿舞"在国内外民族歌舞表演中获得广泛赞誉,被誉为"世界罕见的健美操",现在已成了海南各地的旅游景点必备的表演节目。

"打柴舞"是黎族民间最古老、最具代表性的舞种,黎语称"转刹""太刹",起源于古崖州（今三亚市）黎族丧葬活动,系黎族古代人在死时用于护尸、赶走野兽、压惊及祭祖的一种丧葬舞。黎族村寨有一丧法叫"旱赛",即人死后入殓,停棺12天后下葬,但也有停棺24天、1个月不等,然后入土。在停棺"旱赛"期间,丧家及周村相关男女老少每天晚上都要到丧家跳"打柴舞"。远古时期,由于黎族先民生产力低下和对自然的崇拜,认为死后灵魂能够升天,信仰灵魂不灭,因此并不以人的死而过分悲伤和痛苦,相反为其舞之,一安亡灵,二慰生者,三请求死去的祖先保佑子孙平安。据国家级非物质文化遗产项目黎族"打柴舞"代表性传承人海南省三亚市朗典村的黄家近老人介绍,在朗典村的丧葬传统中,他们在为先人治丧时,通过跳"打柴舞"把死亡转化成生者和死者生命连接的一个启承点。在死者入柩的当天晚上,死者家属一般要举办酒席,宴请前来共商治丧事宜的亲戚和众乡邻,这时无论亲戚还是众乡邻都要聚集,"打柴舞"只有在停棺的第三天晚上才可以开始跳,停棺的时间大多是12天,所以在一个葬礼中只有9个晚上是要跳"打柴舞"的。

因此,早期的"打柴舞"带有浓厚的宗教色彩和巫术色彩,是在特定的社会文化环境下逐渐形成的。在"打柴舞"还没有被确定为国家级非物质文化遗产之前,学习"打柴舞"的机会是很难得的。2006年,黎族"打柴舞"被列入第一批国家级非物质文化遗产名录。从此,"打柴舞"走进了社会公众的视野,国内外的媒体、"非遗"文化研究者、民俗文化专家学者纷纷慕名而来,海南三亚的崖城镇郎典村因此也成为黎族"打柴舞"的国家级非物质文化遗产唯一基地。

"打柴舞"最初作为黎族哈应人①的祭祀仪式，只在丧葬期间才能跳，且有多种禁忌，同时，"打柴舞"的热闹可以驱赶凶神恶鬼的侵扰，不仅让逝者欢乐而归，也能缓解亲属离别的哀伤。黎舞与丧葬习俗紧密联系在一起的只有"打柴舞"一种，经考证，它是目前发现的黎族古老的护尸舞，对研究黎族舞蹈历史源流有十分重要的参考价值。清代《崖州志》记载："丧葬。贫曰吃茶，富曰作八，诸心以牛羊低灯鼓吹束奠。作八，心分花木，跳击杵。""跳击杵"说的就是跳"打柴舞"。但这一文化习俗已在许多黎族地区消失，目前仅海南省三亚市崖城镇和乐东黎族自治县干家镇的黎族人仍保持着这一文化习俗。

现在"打柴舞"经过加工整理，已经搬上了舞台、银幕和运动场，成为黎族舞蹈和体育项目，经加工、改编后，"打柴舞"道具由木棍变为竹竿，故又取名为"竹竿舞"。过去跳"打柴舞"，"跳柴"是男人的特权，"打柴"是女人的专利。跳"打柴舞"时，先将两条垫木平行相对隔开3米左右摆放于晒谷场或空旷地面上，垫木上架数对细木杆。由数对持杆者双手各执握一根木杆尾端，两两相对，随着每组舞步的改变，或蹲身，或站立，或移步，或拾起，多样变化。舞的全程中，双手上下、左右、分合、交叉拍击，让木杆与垫架、木杆与木杆间有规律地相互碰触击打，发出强烈有力的节奏声，如同"打柴"。②

在"打柴舞"中，男子的服饰颜色主要以红与黄为主色调：上衣为红色的背心，以黄色为线条，两边对称，裤子为黄色，以红色线条两边对称；而女子一般跳"打柴舞"时都统一穿黑色圆领上衣，带有图纹，超短有图纹的筒裙，头发都梳成球状于脑后，再插各种头饰，胸前佩戴似月亮的银饰，随着跳动时发出清脆的声音，无形中给舞蹈增添了欢乐的气氛。③ 在有节奏、有规律的碰击声里，跳舞者在竹竿分合的瞬间，不但要敏捷地进退跳跃，而且要潇洒自然地做各种优美的动作。当一对对舞者灵巧地跳出竹竿时，持竿者会高声地呼喝出"嘿！呵嘿"，场面极是豪迈洒脱，气氛热烈。如果跳舞者不熟练或胆怯，就会

---

① 黎族是海南岛迄今已知最早的居民，其先民入岛时间已有3000多年。黎族社会内部因方言、习俗、地域分布的差异而存在不同的称呼，主要有五个分支："哈"，习惯称"侾"；"杞"；"润"，亦称"本地黎"；"台"，以前的著作多称"赛黎"；"美孚"。"黎"是汉民族对黎族的称呼。黎族在和外族交往时普遍自称为"赛""哈"。

② 沈志成.海南文化遗存：下卷［M］.海口：南海出版公司，2014：416.

③ 周泉报，黄淑瑶.以海为量 以南为疆：海南历史文化旅游资源研究［M］.海口：南海出版公司，2011：52.

被竹竿夹住脚或打到头，持竿者便用竹竿抬起被夹到的人往外倒，并群起而嬉笑之。相反，善跳的小伙子在这时，往往因机灵敏捷，应变自如而博得姑娘的青睐。"打柴舞"节奏强烈有力，动作古朴粗犷，生动形象，艺术感染力强，有很强的娱乐性，是开展群众文体活动的较好方式。

20世纪50年代，黎族地区的"打柴舞"逐渐形成"打柴舞"的近代形态。从当时黎族社会历史调查资料看，跳"打柴舞"是黎族青年们喜爱的文娱活动。海南很多黎族地区都跳"打柴舞"，如乐东县、保亭县等。这一时期的"打柴舞"由于其活动目的是娱乐和庆祝，已从严肃的丧葬祭祀活动走向黎族人们日常的庆祝活动之中。这一时期的"打柴舞"多在春节等节日中跳，跳时没有音乐伴奏。1957年，"打柴舞"被海南舞蹈工作者进行了改编，并进京参加少数民族文艺汇演，受到了赞誉，被称为"五指山艺术之花"。从此，"打柴舞"被搬上了舞台。经过舞台艺术加工后的"打柴舞"，舞具用青翠的竹竿代替了红色的红铃木柴，名称也由"打柴舞"改为"竹竿舞""跳竹竿"等，同时，"女打柴男跳柴"的表演习规变成了"男女混合打柴跳柴"的表演形式。

"打柴舞"具有成套的固定跳法和专有名词。"打柴舞"由磨刀步、参差步、小青蛙步、槎步、大青蛙步、鹿步、筛米步、猴子步、乌鸦步等九组相对独立的舞步组成。20世纪80年代，原海南省民族宗教事务厅文宣处朱庆元对"打柴舞"进行了重新编排，"打柴舞"的跳法得到了极大的发展，形成"穿人墙""情人上路""扑火海""闯刀山""跳龙门"等多种跳法。之后经过民间"打柴舞"爱好者的不断编排和加工，创造了各种跳法，当代"打柴舞"的跳法可以说得到了极大的丰富。

由于"打柴舞"是用粗木棍（现在都改为竹竿），舞的全程是在上下、左右交叉击木情况下完成的，故讲究击木者和舞者的配合、默契、胆量和身手、脚法的灵敏，稍有不慎则被击伤。古代，当地黎族人也利用丧葬活动跳"打柴舞"的机会，进行竞技性比赛。1949年后，"打柴舞"经过加工改编，流行于整个海南省。并列入部分高校、中专、中小学校体育教材，在校学生受益众多。

"打柴舞"由于道具、节奏、跳法的特殊性和极强的娱乐、竞技成分，很快传遍整个海南黎族地区，成为黎族著名的舞蹈民俗。目前，全黎族地区仅三亚市崖城镇郎典村仍保留着这一古老民俗。因此，抢救和保护黎族民间"打柴舞"已迫在眉睫。

"打柴舞"节奏强烈有力，动作古朴粗犷，生动形象，艺术感染力强，有很强的娱乐性，是开展群众文体活动的较好方式。新中国成立后，经原海南黎族苗族自治州及各县相关部门加工整理，"打柴舞"搬上舞台、银幕和运动场，成为黎族舞蹈和体育项目，多次参加全国大型文艺汇演和全国民族运动会，获得金银奖，被誉为"五指山艺术之花"。后来到罗马尼亚、南斯拉夫、巴基斯坦、日本等多个国家演出时，又被誉为"世界罕见的健美操"。

海口地方民俗

一、中国茶文化与海口老爸茶

中国的茶文化可谓历史悠久，有学者考证，茶在中国有文字记载至今已有3000余年。"茶"字最早见于中国上古时期的《尔雅》："槚，苦茶。"《广雅》云："荆巴间采叶作饼，叶老者饼成，以米膏出之，欲煮茗饮，先炙，令赤色，捣末置瓷器中，以汤浇覆之，用葱、姜、橘子芼之，其饮醒酒，令人不眠。"这说明早在上古时期，中国已有人种茶和品茶。《神农本草经》是我国的第一部药学专著，自战国时代写起，成书于西汉年间。这部书以传说的形式，搜集自远古以来，劳动人民长期积累的药物知识，其中有这样的记载："神农尝百草，日遇七十二毒，得荼而解之。"据考证，这里的"荼"是指古代的"茶"，大意是说，远在上古时代，传说中的神农氏亲口尝过百草，以便从中发现有利于人类生存的植物，竟然一天之内多次中毒，但由于服用茶叶而得救。这虽然是传说，带有明显的夸张成分，但也可从中得知，人类利用茶叶，可能是从药用开始的。

"茶"字从"荼"字中简化出来，始见于汉代，在古汉印中，已有些"荼"字减去一笔写成"茶"字，但在使用时还常常混用，直到唐代的《茶经》作者陆羽，在《茶经》里明确将"荼"字减去一笔写成"茶"字，"茶"字自此终得定型。陆羽的《茶经》还考证说："茶之为饮，发乎神农氏。"可见把茶当作饮料，在中国已有悠久历史。[①] 唐代的时候，由于中国的国力强大，与中国相依为邻的周边国家，都积极派人来学习中国文化，茶文化也就在此时传到了日本，日本人在学习中国的茶文化过程中，不断加以改进，终于打造成了典雅到极致的茶文化精品——"茶道"文化。而在茶的发源地——中国，则一直以来就把

---

① 陆羽. 茶经［M］. 宋一明，译注. 上海：上海古籍出版社，2009.

茶文化区分为"品"和"喝"两种雅俗不同的茶文化形态，文人雅客、高官贵族，追崇的是雅致的"品茶"。既然是"品茶"，与"茶"有关的东西就要讲究一番，茶要好茶，水要好水，就连茶具也是非常讲究的，一点也马虎不得。公元前59年，西汉的王褒拟定《僮约》：

> 日中早薙，鸡鸣起春。调治马户，兼落三重。舍中有客，提壶行酤，汲水作哺。涤杯整案，园中拔蒜，断苏切脯。筑肉臛芋，脍鱼炰鳖，烹茶尽具，已而盖藏。关门塞窦，喂猪纵犬。勿与邻里争斗。奴但当饭豆饮水，不得嗜酒。欲饮美酒，唯得染唇渍口，不得倾杯覆斗。不得辰出夜入，交关伴偶。舍后有树，当裁作船，上至江州，下到湔主，为府掾求用钱，推访垄贩棕索。绵亭买席，往来都洛。当为妇女求脂泽。贩于小市，归都担枲，转出旁蹉，牵犬贩鹅。武阳买茶，杨氏池中担荷。往市聚，慎护奸偷。入市不得夷蹲旁卧，恶言丑骂，多作刀矛，持入益州，货易羊牛。奴自交精慧，不得痴愚。……①

文中有"烹茶尽具"和"武阳买茶"等与茶相关的生活叙述。"烹茶尽具"的意思：煮茶之前要把所有的茶具都洗得十分清洁。"武阳买茶"的意思：要求家僮要到武阳（现今在四川省彭山区）去买茶。王褒是蜀郡资中人，当时官至谏议大夫，自然有足够的社会地位和经济能力讲究生活的雅致。《僮约》② 所记载的关于茶事的两句话有着极高的历史价值：一是反映了早在2000多年以前，中国士大夫家里饮茶之考究；二是反映了汉代四川的社会经济生活情况，那个时代四川彭州市已经出现了茶叶市场。这可以说是极为宝贵的历史资料。而一般的普罗大众，主要还是为了解渴的粗俗"喝茶"。"喝茶"相对于"品茶"，目的主要是解渴，自然就不会有太多的讲究，只要是茶水就行。这两种茶文化的性质之分，在晚清曹雪芹的《红楼梦》里，就有非常精彩的艺术描写。《红楼梦》第四十一回，描述了妙玉请林黛玉、贾宝玉等人喝茶："那妙玉便把宝钗黛玉的衣襟一拉，二人随他出去。宝玉悄悄的（地）随后跟了来。只见妙玉让他二人在耳房内，宝钗便坐在榻上，黛玉便坐在妙玉的蒲团上。妙玉自向风炉上

---

① 严可均. 全汉文 [M]. 任雪芳，审订. 北京：商务印书馆，1999：434-435.
② 王褒《僮约》，引自《王谏议集》，《王谏议集》诗文集，西汉王褒著，《汉书·艺文志》著录王褒赋十六篇。

煽滚了水，另泡了一壶茶。宝玉便轻轻走进来，笑道：'偏你们吃体己茶呢。'……妙玉听如此说，十分欢喜，遂又寻出一只九曲十环，一百二十节，蟠虬整雕竹根的一个大盏出来，笑道：'就剩了这一个，你可吃的（得）了这一海？'宝玉喜的忙道：'吃的了。'妙玉笑道：'你虽吃的了，也没这些茶糟塌（蹋）。岂不闻'一杯为品，二杯即是解渴的蠢物，三杯便是饮牛饮骡了'。你吃这一海便成什么？'说的宝钗、黛玉、宝玉都笑了。"① 贾宝玉要吃"一海"的茶，让妙玉取笑打趣。她是用这样的妙语来解释茶之"雅"和"俗"的：一杯为品，二杯是解渴的蠢物，三杯就是饮牛饮骡了。

许多人读《红楼梦》，不大明白曹雪芹为什么用那么多的笔墨来刻画妙玉的茶具。在妙玉看来，品茶功夫首在茶具，茶倒在其次。贾母带一大帮人到栊翠庵品茶，妙玉亲自捧出一个海棠花式雕漆填金"云龙献寿"的小茶盘，里面放一个成窑五彩小盖钟，捧与贾母；其余众人都是一色的官窑脱胎填白盖碗。可见，这个成窑五彩小盖钟，在茶具中间的地位有如贾母。宝钗黛玉在耳房内吃体己茶，茶杯却是"王恺珍玩"一类的古董，与宝钗黛玉一般不同凡俗。宝玉要求"随乡入乡"，妙玉便找出一只九曲十环一百二十节蟠虬整雕竹根的一个大盏。至于她自己吃茶用的绿玉斗，宝玉开头说是"俗器"，她却说："这是俗器？不是我说狂话，只怕你家里未必找的（得）出这么一个俗器来呢。"可是刘姥姥吃了一口成窑五彩小盖钟里的茶之后，这成窑五彩小盖钟妙玉便不要了。刘姥姥本以为人家招待她喝酒吃茶，自己照吃照喝就是，这才知道，原来有人连她碰过的杯子也不要了。这是一个层次，即什么人能够用什么杯子。再高一个层次看过去，懂得什么人家能够收藏什么杯子，产生那种"只怕你家里未必找的（得）出这么一个俗器"式的自豪，也就很自然。

不仅如此，妙玉还认为，品茶功夫重在品水，茶叶也在其次。《红楼梦》第四十一回，她给贾母献茶，用的是"旧年蠲的雨水"。她请宝黛等人吃体己茶，黛玉以为也是旧年的雨水，妙玉却冷笑道："你这么个人，竟是大俗人，连水也尝不出来！这是五年前我在玄墓蟠香寺住着，收的梅花上的雪，共得了那一鬼脸青的花瓮一瓮，总舍不得吃，埋在地下，今年夏天才开了。我只吃过一回，这是第二回了。你怎么尝不出来？隔年蠲的雨水，哪有这样清醇，如何吃得！"在她看来，"连水也尝不出来"的人，当然就是"大俗人"，哪里还谈得上品

---

① 曹雪芹. 红楼梦（精装本）[M]. 北京：北京燕山出版社，2009：426.

茶！这才是妙玉品茶的高论。因此她还直截了当地把黛玉宝玉都划到茶之"俗客"那一块。连贾宝玉这样的贵公子都不能免"俗"，不太讲究茶具和茶水的平民百姓，对茶也就自然随"俗"了。①

海口的老爸茶，其实就属于"俗"的茶文化形态。谈到海南老爸茶馆的兴起，大概可追溯到19世纪末期。据说是当时一些琼籍海外归侨，率先在海口修建了一条条的骑楼街道，并使其成为当时海南最繁华的商业中心。由此，一些老华侨，便将从海外带回来的咖啡搭配西式面包，经营起了新式茶店，海南老爸茶馆由此开始发展，而其发源地据说是现在的得胜沙街。海南老爸茶的发展，大致经历了两个阶段，从最初咖啡配菠萝包式的西式风格，渐渐转化成了茶水配海南特色小吃的中式风格。

到过海南的人，大多都知道海口的老爸茶，但对老爸茶的看法，外地人往往和海口人评价不一样。在一些外地人眼里，海口的老爸茶，就是海口人不求上进、好吃懒做的文化象征。一大群大老爷们，整天游手好闲不务正业，聚集在遍布海口街头巷尾的老爸茶店里，海阔天空地高谈阔论，其实质无异于糟蹋光阴。

而在海口的老茶客看来，这样的结论是绝对不能接受的。老爸茶的盛行，可以说是集中地体现了一部分海南人那种闲适、随意、松散的生存状态。同时茶坊或茶场所也成了茶客们精神和思想的乐园，一切的苦痛、烦恼、孤寂、困惑都可以在这里消解。同样，欢乐、得意、荣耀也可以在这里张扬膨胀。这种场所讲究的就是率性和宽容，你可以袒胸露臂，可以粗声大气，高声吆喝，可以吹吹牛皮，甚至可以打打扑克放纵一下自己。诚然，如果一个人长期泡在老爸茶坊，在消解烦恼的同时，同样也会把曾经有过的激情和雄心壮志消解得荡然无存。作为一种生活信息交流的方式，老爸茶在海口人的生活中有其不可代替的作用。

同样的一种茶文化生活方式，却带来两种不同的评价，要明辨是非，我们就要搞清楚"老爸茶"的真正含义。首先，海口人称呼"老霸"并非"老爸"，而是北京人称呼"老爷子"之意思，是对上了年纪、有点辈分、有点社会地位的人的一种尊称。老爷子活到这把年纪里，享享清福，悠闲地去吃茶，那是一件再自然不过的事情，儿孙们也是要尽一下这份孝心的。但去看看海口茶店的

---

①　曹雪芹. 红楼梦［M］. 北京：人民文学出版社，2022"555-556.

招牌，不知是不是因为书写的方便，或者是文字表达的需要，原本应是"老霸茶"，却被写成了"老爸茶"，一字之差，意思虽近但内涵已变。并且，海口的"老爸茶店"走的是大众化消费的路子，无论是茶还是糕点，少的一件五毛，多的也不过是三五元钱，一般的工薪家庭都能承受这种消费。在这里吃茶，不需要讲究茶道，也不论茶的品质，随意地喝，不需要做作，你可以坐着喝，你也可以蹲着喝。当然，你可以喝，也可以不喝，几个人坐下来聊聊彩票，吹吹牛皮，没人管你，也没有人赶你。于是，吃茶的人，就由原先的老爷子，逐渐扩展到现在的不分年龄辈分了。而海口人吃"老爸茶"去，其实也不全是吃的茶，还可以喝咖啡、喝牛奶、喝菊花，或者是红茶兑牛奶的"奶滴"、咖啡兑牛奶的"啡奶"和菊花兑普洱茶的"菊普"。并且，茶店里除了琳琅满目的各色糕点外，还有海口传统的地方小吃，较有代表性的小吃有大薯汤、糖水地瓜汤、绿豆浆、清补凉、鹌鹑蛋煮白木耳、木薯煎米果、"煎堆"、猪血、牛羊杂什等，甜的咸的，热的冷的，应有尽有，各有风味。所以，海口人的"吃老爸茶去"，和广东人"饮早茶"的意思差不多，名义是饮茶，实质是吃地方的传统美食。不同的是，广东人饮茶，时间是放在早上，而海口人的吃茶，时间是不分白天和晚上的。海口的"老爸茶"被人诟病，主要也是在这个时间上：在一些人看来，在白天这个时间里，男人应该去工作挣钱养家糊口。这句话道理没错但用错对象了，海口人吃茶，表面上看是悠闲，但很多海口人则是把这里当作捕获商机的最佳场合，来自社会不同阶层的茶客一句不经意的闲话，有可能给听者带来的就是成功的福音。当然，正如俗语所说的"林子大了，什么鸟都有"，经常吃老爸茶的人里，也有一些游手好闲之徒，像这一类人，即使没有老爸茶店，他们也会找到别的混日子的生活方式的。如果是在机关单位工作的一族，上班时间不好好上班，私下跑去吃茶，那可就要另当别论了。

其实，到过成都的人都知道，成都的茶风之盛，与海口相比较，可谓有过之而无不及，许多成都人去茶馆一泡就是老半天，以至有人不无夸张地说，成都人生命的一半光阴是在茶馆里度过的。只不过成都人吃茶与海口人有所不同，海口人吃茶不太讲究茶文化，而成都人则是吃茶也要吃出文化来，所以，成都人吃的茶是要讲究的。不同的人可能对茶有不同的偏爱，但茶一定是要当年的新茶；茶具也是要讲究的，一定得是茶碗、茶盖、茶盏三件头齐全的"盖碗茶"；就连冲茶也是很讲究的，得由茶馆里的伙计"茶博士"拎着有着长长壶嘴的特制水壶，像表演杂耍一般为茶客们冲茶续水。因此，成都人吃茶，能吃出茶的精致和茶的艺术。而海口人吃茶，终究因吃不出精致，上不得台面而难于向外人显耀。

"吃茶去"，在一般人看来是很普通的一句话，但在佛教界，却也曾是一句禅宗法语。唐代赵州观音寺高僧从谂禅师，人称"赵州古佛"，他酷爱茶饮，可以说是到了唯茶是求的地步，因而也喜欢用茶作为禅机锋语。《指月录》载：

> 有僧到赵州，从谂禅师问："新近曾到此间么（吗）？"曰："曾到。"师曰："吃茶去。"后院主问曰："为甚（什）么曾到也云吃茶去，不曾到也云吃茶去？"师召院主，主应喏（诺），师曰："吃茶去。"①

茶对佛教徒来说，是一种极平常的饮料，饮之有益健康，也不犯戒，禅宗讲究顿悟，认为何时何地何物都能悟道，极平常的事物中蕴藏着真谛。因此，从谂禅师把"吃茶去"作为悟道的机锋语，对佛教徒来说，既平常又深奥，能否领悟，则靠自己的灵性了。这样看来，一句极平常的话"吃茶去"，其实也并不简单，今天的海口人，呼朋唤友"吃茶去"。虽然不像佛语有着深奥的禅机，但其中也包含联络感情、交流信息的积极文化成分。作为一种"俗"文化，海口的"老爸茶"不需要人们去刻意打扮，也不需要谁去刻意美化或丑化。"俗"文化本身就是生活在社会基层的平民百姓最真实的生活，其本色源自天成，其存在有着自身存在的道理，绝对化的批评或肯定，显然都是不足取的。

二、府城"换香节"与"换花节"

"换花节"是海口市琼山区府城镇一年一度最独具文化韵味的节日盛会，每年的元宵佳节这一天，府城街头早早就披上浓重的节日盛装，等到华灯璀璨，府城以及周边海口等地的人都会纷纷赶往府城，加入换花人群的行列，从四面八方拥来的人们形成庞大的换花大军。人们希望通过交换鲜花的方式，表达对来年生活的美好祝愿。但是，现在来换花的许多年轻人并不知道，府城浪漫美好的"换花节"源自"换香节"。历史上的元宵节，府城居民其实不是换花，而是换香（海南方言：驳香），在以往很长一段历史时间里，府城人换的是点燃的香火而不是花，故称为"换香节"。人们互换香火的"换香"行为，蕴含着延续香火的文化寓意，同时也包含着换吉纳祥、添丁发财的美好愿望。

---

① 瞿汝稷. 指月录卷之十一·赵州观音院从谂禅师［M］. 成都：巴蜀书社，2006：289.

　　究竟是什么时候，府城由"换香"改成"换花"的呢？那是在 1984 年，琼山县政府筹备当年的"换香节"活动时，有关部门提出，"换香"行为容易带来社会治安和火灾等隐患，每年都为此提心吊胆，疲惫不堪。时任琼山县文化局副局长陈雄听此灵机一动，联想到当时社会上刚刚流行起来的塑料花草，建议不妨将"换香"改为"换花"，此建议在讨论中很快达成共识，并由政府出面组织了大批塑料花满足节日需要。从此，府城的"换香节"便在政府部门的积极引导下演变成了"换花节"。

　　府城人为什么元宵节要换香？据有关方面的介绍，府城人元宵节换香的习俗起源于唐代贞观年间（627—649）。唐朝末已经存在元宵之夜张灯结彩、互相换香活动，宋、元以后一直盛行，换香活动绵延不断。当年，府城作为琼州府驻地，每年农历元宵总要举行灯会，花灯竞放之夜，成千上万的男女老少便出门赏灯。当时没有路灯，人们为了夜行方便，手里都拿一把点燃的香烛用以照明，路遇没有香的人便送他几支，有时偶遇朋友，也用香烛互相交换，互相说几句祝福的话语。由此换香演变成了海南岛上人们表达情感的一种非凡的方式。

　　在府城坊间则流传着这样一个版本的换香故事：古时候府城人多奉父母之命成婚，有一年的元宵月夜，城东厢有一位男青年唐宾，偷偷跑到庙堂烧香拜佛，祈求将来找到一位好娘子。巧的是一位来自西厢的少女林香，此时也抱有同样的心情来祈愿。两人一见钟情，私订终身。但此时只有香火在手，两人便把香火作为信物交换，约定来年在此换香再会。从此，府城便兴起换香，一代一代传承下来。

　　那么，"换花节"的前身"换香节"，究竟起源于民间传说还是文化习俗呢？

　　将府城元宵"换香节"认定为男女青年拿香火当作信物交换的民间传说，是因为充满诗情和浪漫色彩的元宵节，往往与年轻人的爱情连在一起。历代诗词中，就有不少诗篇借元宵抒发爱慕之情，如北宋欧阳修《生查子》："去年元夜时，花市灯如昼。月上柳梢头，人约黄昏后。今年元夜时，月与灯依旧。不见去年人，泪满春衫袖。"[1]

　　可以说，元宵灯会在封建的传统社会中，给未婚男女相识提供了一个见面

---

[1]　欧阳修. 生查子 [M]//中国社会科学院文学研究所. 唐宋词选. 北京：人民文学出版社，1981：103.

的机会，传统社会不允许年轻女孩出外自由活动，但是过节却可以结伴出来游玩，元宵节赏花灯正好是一个交谊的机会，未婚男女借着赏花灯也顺便可以为自己物色对象。也就是说，元宵灯节期间，又是男女青年与情人偷偷相会、互诉衷情的美好时机。但是，作为个例的爱情故事和作为习俗的社会文化是不能等同而论的。试问一下，在没有爱情自由的封建社会里，缺少父母、官府和社会关爱并支持的爱情故事，能够演变成一个具有广泛性社会影响的民俗节日吗？所以说，青年男女到庙烧香一见钟情并由此演变成"换香节"的所谓民间传说，大概应是出自一些海南文化人的一种浪漫情怀。

从历史文化习俗形成的角度考察，史料记载，东汉年间，马伏波将军率兵征伐岭南，在琼州海峡对岸的合浦设朱庐县，从此开始了中原政府遥领海南的漫长历史，直至南北朝冼夫人统一岭南请命陈朝设崖州府，海南才真正有了地方政府，而当时的崖州府就设在琼山区境内，统领海南四州十三县。唐贞元五年（789），岭南节度使李复奏请朝廷升琼州为下都督府，此后，琼州就逐渐成为海南政治、军事和文化的中心，当时的琼州府设在现在的旧州镇。宋开宝四年（971），宋王朝对海南的行政区划进行较大调整，将原岛北部的崖州属县舍城、澄迈、文昌等划入琼州，迁琼州府治于府城。

从北宋开宝四年（971）琼州府治移到今府城镇，直至清末民国初年（1926年海口从琼山县独立出来成市，并逐渐取代府城的海南中心城市地位），府城镇就一直是海南岛政治、经济、文化中心。如从北宋开宝年间算起，府城到现在已是千年古镇，在这漫长的历史演变过程中，它一直都是封建社会历代朝廷统治海南的官府所在地。如果从人类聚集居住在一起才会形成约定俗成的文化习俗的人类学认知角度看，古代海南地处偏远，人口较为稀少，宋代的海南诸县，琼山算是第一大县，人口也仅有一千来户，并且在北宋开宝四年之前，琼山只是个县治，县所并不在府城。① 也就是说，唐代的府城，只是海南岛上一个并不起眼的地方，形成在海南具有广泛社会影响的文化习俗可能性不太大。

再则，如果从唐代开始，府城就已初步形成具有特定文化内涵的"换香"活动的话，应该在这之后的海南历史文化典籍里留下一些痕迹。但查遍海南历代文化典籍，仅在清宣统《琼山县志》查到有这样相关类似文化活动的记载："元宵沟城妇女尽到总镇衙前折取榕叶谓之偷青，或燃香城门祀之以祈有子，孩

---

① 李勃．海南岛历代建置沿革考［M］．海口：海南出版社，2005：233.

儿则摩总镇衙前两旁石狮以祈平安，好事者悬谜灯于门首，游人观测。"这里面记载有与"换香"相类似的"燃香"（海南方言：烧香）行为，但请注意，"换香"与"燃香"，一字之差，文化内涵已截然不同。"换香"是人们在大街上的互动行为，"燃香"则是人在城门的自我行为；"换香"需要有他者出现，"燃香"并不需要他者出现。

不过，从"换香"和"燃香"行为的文化指向角度看，"换香"的目的是"延续香火"，"燃香"的目的是"以祈有子"，两者的目的可谓一致。所以，两者之间应存在一定关联，即"换香"很有可能由"燃香"发展演变而来。

这个推论能否成立？我们不妨从中国人元宵节赏灯那里说起。关于元宵节的起源有几种流传较广的说法，一是认为元宵起源于祭祀太一神的"太一祀"。在新年第一个月圆日通宵燃火照明，意为"人能守元，天人共求安平泰"，为"守岁"的延续。史书记载，汉武帝宫中千灯万盏，大放光明，通宵达旦祭祀天神"太一神"。宋代洪迈在《上元张灯》一文引此说："汉家常以正月上辛祠太一甘泉，以昏时夜祠到明，今人正月望日夜游观灯是其遗事。"所谓太一，秦朝时，即称为太皇，它与天皇、地皇并称"三皇"。① 这是秦汉时流行的三个天神，但是把太一神提高到至尊的地位，成为汉统治者尊奉的天帝神，应该是汉武帝的功劳。第二种说法为汉明帝为弘扬佛法，下令正月十五日夜晚在宫廷和寺院"燃灯表佛"，在佛教中，灯为法。历年元宵节皆以灯为俗。元宵节赏灯始于东汉明帝时期，明帝提倡佛教，听说佛教有正月十五日僧人观佛舍利，点灯敬佛的做法，就命令这一天夜晚在皇宫和寺庙里点灯敬佛，令士族庶民都挂灯。以后这种佛教礼仪节日逐渐形成民间盛大的节日。该节日经历了由宫廷到民间、由中原地区到全国各地的发展过程。另有一说是元宵燃灯的习俗起源于道教的"三元说"：正月十五日为上元节，七月十五日为中元节，十月十五日为下元节。主管上、中、下三元的分别为天、地、人三官，天官喜乐，故上元节要燃灯。

综上所述，元宵节赏灯的习俗起源于汉朝朝廷祭祀活动，到东汉末年，才开始成为民俗节日。隋初，元宵节基本成熟，隋唐时发展成盛大的灯市。到宋元时期，京都灯市常常绵延数十里。灯会的时间，汉朝只限于正月十五一个晚上，唐玄宗时延长到三夜，到明朝规定从正月初八一直持续到正月十七。唐朝

---

① 太一，古神明，也作"泰一"。《史记·封禅书》："天神贵者太一，太一佐曰五帝，古者天子以春秋祭太一东南郊。"《周礼》注："昊天上帝，又名太一。"

灯会中出现了杂耍技艺，宋代开始有灯谜，始于南宋的灯谜，生动活泼，饶有风趣。经过历代发展创造，至今仍在使用的谜格有粉底格、秋千格、卷帘格、白头格、徐妃格、求凤格等一百余种，大多有限定的格式和奇巧的要求，花样百出，妙趣横生。明朝增加了戏曲表演，灯市所用的彩灯，也演绎出"橘灯""绢灯""五彩羊皮灯""走马灯""孔明灯"等。元宵节吃元宵的习俗则始于宋朝，"桂花香馅裹胡桃，江米如珠江水淘。见说谁家滴粉好，试灯风里卖元宵"（《上元竹枝词》）。吃元宵取月圆人团的吉兆之意，意在祝福全家团圆和睦，在新的一年中康乐幸福。

由元宵节文化内涵的历史演变形成过程看，正月十五"元宵节"从西汉的朝廷祭祀活动最终发展成一个全民狂欢的重大娱乐节日。元宵节的节期与节俗活动内容，是随历史的发展而不断延伸、扩展其文化内涵的。因此，府城的"换香节"，其文化内涵的形成也应该有个发展演变的历史过程。它的起源应该是中国古代的元宵节"赏灯"活动，在以后的发展演变过程中，不断地加入"燃香祈子""妇女偷青"等文化内容，最终定型为年轻人"换香"的特定海南民俗文化节日。这就是说，府城"换香节"的最终成形，应该不会早于"燃香祈子"的清宣统年间，否则，海南的历史典籍应有所记录。或有人问，那为什么这之后的海南文化典籍也没有记录呢？原因就在于，清朝之后的相当长一段时间里，中国社会进入了激烈动荡时期，连年战火纷飞，国难当头，各级官员和学者们没有时间也没有条件顾及民间习俗，府城"换香节"的演变形成没有在海南地方文化典籍上留下记录，也是可以理解的。

如果从历史文化的承载角度看，"换香"寓意着"延续香火"，是中国传统文化的直接体现；"换花"寓意着"花好月圆"，是西方文化的中国移植，两者意虽近但文化背景不同。并且，"换香"只是府城地区元宵"闹春"文化的主要组成部分，并不是"闹春"文化的整体。作为府城元宵"闹春"文化的整体，它不仅包含"舞狮""行灯"等文娱活动，还有年轻女性"摘青"，小孩"偷青"等传统文化活动（根据笔者了解，现在儋州、万宁的一些乡镇仍保留有类似文化习俗）。而现在的府城"换花节"，虽然在政府的重视和支持下，"换花节"的文娱活动种类繁多，但许多种类（如舞狮、灯谜、花展等）在全国各地都有，不具有海口独特的地域文化特色。并且，"换花节"在时间上与西方的"情人节"相近，西方人在"情人节"送玫瑰花给心上人可谓举世皆知，因而"换花节"对国外游客，尤其是西方游客缺少独特的文化吸引力。缺少独特的地方文化积淀作为基础，府城的"换花节"在打造海南旅游文化品牌的知名度上，势必受到一定程度的影响。

所以，无论是从历史文化的传承还是民间习俗独特韵味的审美角度考虑，府城"换花节"还是改为原来的"换香节"为好。

三、海口旅游文化资源开发

近几年来，随着海南省政府对海南旅游资源的重视和开发，旅游在海南经济结构中的地位越来越重要，与此同时，南重北轻的旅游资源开发问题，也随着海南旅游事业的进一步发展而浮出水面，尤其是作为历史文化名城的海南省会城市海口，在一年又一年的海南旅游热潮中，始终处于不冷不热的尴尬状况中，得不到广大游客的青睐，因此，把海口的旅游开发作为龙头，重建海南的北部旅游市场地位，应是当务之急。政府部门如不能正视海南旅游开发中的地域倾斜倾向，采取有效措施解决这些问题，海南的整体旅游资源开发，海南旅游的经济效益和文化品牌，在一定时间内将很难得到进一步提升。

那么，妨碍海口旅游资源开发的因素主要有哪些呢？

笔者认为有以下几个因素，在一定程度上妨碍着海口旅游资源的开发与发展。

一是"养在深闺人不识"。海口的老地名与老街老宅，大多都承载着丰富的历史文化内涵，有些还颇有一定的地域特色，前一阵子海南的新闻媒体对这方面有过较为全面的介绍报道，但在旅游开发的宣传利用上重视不够，以至岛外的游客，一提起海南游，直接想到的就是阳光沙滩等自然旅游资源，似乎海南就是一个缺乏历史文化积淀的热带海岛。其中还有一个不容忽视的现象，就是海口的老地名在城市建设的改造过程中没有得到应有的重视（有的街道名称在短短几年里被改动不止一次，可见在街道的命名上存在一定的随意性）。这与国内一些历史文化古城在城市建设中对老地名的重视形成明显反差，例如北京，在初具现代化规模的大都市里，菜园子、公主坟、王府井、恭王府等老地名随处可见，在一定文化意义上，正是这些老地名的存在，有力地支撑起了历史文化名城的北京。所以，海口的有关部门，在城市建设和改造过程中，应注意对老地名和老街名进行文化保护，一些在海口历史变迁中早已丢失的老名称，只要是承载着一定历史文化内涵的，在组织有关专家论证核实的基础上，应尽量恢复它的历史原貌。

二是"捡了芝麻丢了西瓜"。府城元宵的"换花节"由原来的"换香"改造而来，但为什么改名？什么时候改名？当事人还在，作为政府行为的有关文件也在，本应没有什么歧义。但上网搜索一下，以讹传讹的新闻报道有一定数量，其中还有一些是国内有一定影响力的新闻单位稿件，说明当初的改名，既缺少必要的论证，也缺少充分的宣传作为基础。这在一定程度上，势必影响到"换花节"作为一个历史文化品牌的整体形象。

三是"借问酒家何处有"。我这里不是说海口没有酒店，而是海口没有几家酒店敢标榜自己的饮食文化是纯粹海南特色的。饮食文化是旅游文化的一个有机组成部分，但放眼海口街头，上点档次的酒店大多标榜自己是"粤菜"或"潮菜"，一些外省来的饮食文化（如东北菜、四川火锅、湘菜等）都敢公开亮出自己的地方招牌，唯独那些本应成为海口饮食文化主打招牌的海南特色饮食，大多只能寄身于"美食一条街"或更低层次的街边大排档里，就连那个对打造"文昌鸡"文化品牌做出巨大贡献的龙泉集团，在其管辖下的酒店菜单上，恐怕也找不到一桌纯粹是海南特色的美味菜肴。有一阵子，海南的饮食业曾喊出打造"琼菜"的响亮口号，只有"琼菜王"一家明确标榜海南菜系的酒家在摇旗呐喊，其他的几家都渐渐沉寂无声了，这恐怕和社会与政府部门的重视与支持力度不够有关。

那么，是不是标榜海南特色的饮食文化，很难在游客的口碑中得到认可呢？

到过石山火山口的人，都会对火山口旁边的荔湾酒家留下深刻的印象。其饮食文化主打的就是当地特产的石山羊，成功之后，不仅把"石山羊"的招牌打到了海口，还漂洋过海，在美食之城广州和深圳等地扎下了根。但在其扩大发展的同时，其饮食文化的单一，也在一定程度上成为它进一步发展的障碍。

事实上，海南的饮食文化品种并不单一，且不说海南的海鲜，传统的海南"四大名食"（文昌鸡、嘉积鸭、东山羊、和乐螃蟹），后起的临高乳猪、海口石山羊、澄迈小黄牛、屯昌黑猪、温泉鹅、黄流老鸭、五指山野菜、多文空心菜、虾酱地瓜叶等，在社会上都享有一定的知名度，如果能由有关部门牵头，组织海口的名厨进行系统性整理挖掘，假以时日，具有浓郁海南特色的"琼菜"饮食文化系列定能打造成具有一定知名度的海南饮食文化品牌。

四是"呼朋唤友逛街去"。外地游客来海南，白天观光晚上购物（或参观文艺活动），已成为旅游活动的一种生活规律。但导游在带队团购中的"吃回扣"现象也是屡见新闻媒体曝光，屡禁不止。游客从外地来海南旅游，几乎都想采购点海南土特产带回去，但害怕"黑导""黑店"宰客的心理障碍，在一定程度上影响到游客的购物欲望。

那么，如何解除游客的购物心理障碍并激发游客的购物欲望呢？

政府可以出面牵头组织建设海口夜游的休闲购物一条街，在这方面，不妨借鉴国内一些已有成功范例的城市经验，比如，北京的琉璃厂、广西阳朔的西街。地点可选择在酒店宾馆相对集中的地方，或是交通便利易于疏导的地方，并有选择地让一些已有一定知名度的海南土特产品牌店或专卖店进驻，通过制定规章制度，明文禁止店家与不良旅行社相互勾结欺客宰客，一经发现宰客现象并得到核实，除处以巨额罚款外，还要在新闻媒体上给予曝光并将之驱逐出场，为游客创造一个自由逛街、休闲购物的宽松环境。

海口的"老爸茶"，因为走的是大众化的消费路子，在海口的休闲生活中已有一定知名度，虽然目前存在一些负面影响，但如果加以合理开发利用，将其引入海口的休闲购物一条街内，让游客在逛街购物走累的时候，有个歇脚休闲的地方，再佐以海南的地方小吃，海口的"老爸茶"有希望被打造成海南休闲饮食的著名文化品牌。

以上几个因素，虽然不是妨碍海口旅游资源开发的全部因素，但在妨碍海口旅游资源开发的因素当中具有一定的代表性，因此，笔者在此冒昧建议，希望政府部门在重建海南旅游市场时，注意从历史文化积淀和地方特色的角度进行综合开发利用。

中篇

02

琼台史海钩沉

苏轼的科举考试

与大陆隔海相望、地理位置偏远的海南岛，在相关历史文献记载里，最迟在先秦时期，海南岛的土著居民就与中原王朝发生了政治、经济、文化上的联系，但一直到宋朝，才陆续有人走进科举考试的行列。民间流行的说法是，自宋朝的大文豪苏东坡被贬到海南后，才给海南带来了科举考试的文明种子，才有了海南学子科考中式的佳音频频传报。从文化传播学的角度看，苏轼不仅自己通过参加科举考试崭露头角，被贬到蛮荒之地的海南之后，也因为给海南的科举文化指点迷津而声名远扬。

不过，在诸多介绍、研究苏轼生平与科考的书籍里，关于苏轼和宋朝的科举考试，也有一些似是而非的传说记载和不同于其他朝代的科考制度，因而有必要借助相关史料考证加以鉴别澄清。

应该看到，科举考试是古代中国为社会管理选拔人才发明的一大创举，它是中国古代读书人参加朝廷人才选拔的一种考试方式，也是历代封建王朝通过文化典籍考试选拔各级官吏的一种文化制度。由于采用分科取士的办法，所以叫作科举。我国的科举考试自隋文帝开皇十八年（598）建立，到清光绪三十年（1904）举行的最后一次科举考试为止，沿行1300余年。

科举制度在隋炀帝时期分两科，一称"明经"，另一称"进士"。什么人才有资格参加科举考试？大业三年（607），隋炀帝下诏文官武将中出色的，孝敬长辈出名的，品德高尚、气节高尚的人可以参加考试。大业五年（609），隋炀帝又下诏诸郡，选举品学兼优的读书人和勤政爱民的地方官参加科举。"明经""进士"两科考试的内容主要是策问。策问即出一些有关时事政务、经义等方面问题，由士子作答，"明经"侧重经义，"进士"偏重实事政务，这时候的科举考试内容还比较少，科举考试的目的主要在于选拔人才。

唐代科举考试科目与隋朝有所不同，分常科和制科，每年分期举行的叫常科，由皇帝临时下诏举行的考试称制科。常科有秀才科、明经科、进士科、明法科、明算科、一史科、三史科、道举科、童子科等10多种。常设科目主要有明经（经义）、进士、明法（法律）、明算（算学）……虽然唐代大大增加了科目数量，但"明经"和"进士"仍是选拔人才的主要科目。参加"明经"科考者，称为"举明经"，"明经科"主要考对儒家经典的记忆，比较容易；参加"进士"科考者，称为"举进士"，"进士科"主要考诗赋和政论，难度较大。

　　唐代参加科举考试的考生大体有两个来源：一是朝廷所设国子监、弘文馆、崇文馆以及各地的州、县学馆的学生，称为生徒；二是不在学馆的读书人，可以向所在的州、县官府报考。在唐代，考中进士只是有了出身，即具备了做官的资格，下一步还要经过吏部"制科"选试合格，才会被授予官职。"进士"科举考试只是选拔官员的一个途径，世家豪门在这方面有很大的话语权。如唐代诗人柳宗元进士及第后，以"博学宏词"通过被授予集贤殿正字，这是一个只有从九品的低级官职，而"唐宋八大家"之一的韩愈考中进士后，三次吏部选试都未通过，不得不去担任地方节度使的幕僚，后来才以正式官员的身份踏进官场。所以，唐代的科举考试，尚未成为朝廷选拔官员的主要途径。

　　建隆元年（960），宋太祖赵匡胤顺应部下赵普等人请求黄袍加身，于陈桥驿发动兵变，建立宋朝。宋朝一开始沿用唐代的科举制度选拔官员，但不能满足国家建设和管理的需要，加上经济上的发展和门阀制度的衰落，宋朝科举考试得以向庶族地主及中小地主知识分子广泛开放。对于宋代科举考试，正如南宋"永嘉学派"的创始人之一陈傅良在《答林宗简》所说的"家不尚谱牒，身不重乡贯"①，只要文章、诗赋合格，就可录取，并被授予官职。这是扩大统治阶级基础的一条重要选拔措施。

　　宋朝的科举考试有常科、制科和武举。宋代科举实行三级考试，解试（州试）、省试（礼部试）、殿试。解试由地方官府考试举人，然后将合格举人贡送朝廷。举人参加解试合格的，由州或转运司、国子监等按照一定的名额送礼部，参加省试。省试合格者由礼部奏名朝廷，参加殿试。殿试由皇帝亲自主持。凡登科进士，一律由吏部立即授官（这一点与唐不同）。相比之下，宋代常科的科目比唐代大为减少，其中"进士科"仍然最受重视，进士一等多数可官至六部大员乃至宰相，所以宋人以"进士科"为荣（进士科也被学子称为宰相科，宋

---

①　陈傅良. 答林宗简，止斋文集：卷三十五［M］. 上海：商务印书馆，2005：124.

吕祖谦说："进士之科，往往皆为将相，皆极通显。"当时有焚香礼进士之语）。"进士科"之外，其他科目总称"制科"。"制科"也是科举考试之一，但与"进士科"在每年的固定时间考试不同，"制科"是由皇帝下诏临时设置的考试科目，目的在于选拔各类优秀人才。"制科"的科目，各朝有所不同，比如，宋太祖所设"贤良方正能直言极谏""经学优深可为师法""详闲吏理达于教化"三科，宋仁宗所设"贤良方正能直言极谏""博通坟典明于教化""才识兼茂明于体用""详明吏理可使从政""识洞韬略运筹帷幄""军谋宏远材任边寄"六科。所以，在宋朝不同时期，制科考试科目前后也有不同。

宋代科举，相对于隋唐在形式和内容上都进行了重大的改革。如宋代的科举放宽了录取和名额的范围。宋代进士分为三等：一等称进士及第；二等称进士出身；三等称同进士出身。由于扩大了录取范围，名额也成倍增加。唐代录取进士，每次不过二三十人，少时只有几人、十几人。宋代起初参照唐朝标准，每科录取十几、二十几人，后来基于国家管理制度的需要，单科录取一百多人，进士分为三甲。到了南宋时期，由于特殊的历史原因，朝廷明确规定进士考试共分五甲，单科录取有时多达二三百人，有些特殊时期甚至五六百人。如宋理宗宝祐四年（1256），即文天祥考中状元的那一榜共录取了六百零一人，其中一甲二十一人，二甲四十人，其余为三甲、四甲、五甲。

如果以年代或时间来划分宋代科举考试变化，大致可以列出以下宋代科举制度改变。

1. 宋开宝六年（973），宋太祖赵匡胤正式建立殿试制度。

2. 宋太宗赵光义时，进士殿试后分一甲、二甲、三甲三等，合称三甲。《宋史·选举制》有记载"三甲"由来："太平兴国八年（983），进士诸科，始试律义……进士始分三甲。"

3. 宋太宗淳化三年（992），又分进士为五等，一、二、三等赐进士及第，四、五等赐进士出身。

4. 宋真宗赵恒在大中祥符四年（1011）颁布的《亲试进士条制》，制定出殿试成绩五个等级的标准：一为学识优长、词理精绝；二为才思该通、文理周密；三为文理俱通；四为文理中平；五为文理疏浅。把第一、二等作为赐进士及第，以第三等赐进士出身，以第四、五等赐同进士出身，还要赐给考中进士的人绿袍和笏。

5. 宋仁宗赵祯在天圣五年（1027），分进士为六等，第一等五名，第二等为第一甲，……第六等为第五甲。

6. 宋孝宗赵昚在位时改为第一、二甲为进士及第，第三、四甲为进士出身，第五甲为同进士出身。……

宋朝开朝皇帝赵匡胤为宋朝定下了善待文人的祖制，要求"与士大夫共治天下"。为了国家管理的需要，也为笼络文人士子，赵匡胤在开宝三年（970）给主持科举的礼部下诏，命其组织人手整理近十年及后周乃至后汉等国的举子档案，并统计历经 15 次考试全部终场还未考中的士子有多少人。礼部经过仔细核查，列出了以司马浦为首共计 106 人的名字，赵匡胤体谅这些屡试未中的士子着实不易，便下圣旨统统赐予"进士出身"。自宋朝开国皇帝赵匡胤起，对于屡考不第的考生，允许他们在遇到皇帝策试时，报名参加附试，叫"特奏名"①。通过策试考试后，由皇帝开恩赏赐"进士出身"资格，委任官吏，此类进士就有个专门的名称，叫"特奏名进士"。也就是说，读书人除了参加"进士科"考试取得"进士出身"外，还可以通过"制科"考试，由皇帝恩准赐以"进士出身"即"特奏名进士"。这种"制科"考试不需经解试、省试，由宰相或重臣举荐，礼部特予奏名，可直接参加殿试，通过相关考试后由皇帝赐予"进士出身"和官衔的一种科举制度，因为是皇帝特予推恩，故也称"特科"或"恩科"。

《宋史》（卷 156）《选举志二》对朝廷科考（进士科、制科）有明确记载：宋孝宗乾道二年（1166），"御试，始推登极恩，……第一甲赐进士及第并文林郎，第二甲赐进士及第并从事郎，第三、第四甲进士出身，第五甲同进士出身；特奏名第一名赐进士出身，第二、第三名赐同进士出身"②。

苏轼当年参加科举考试不太理想，中了二甲进士。不过，关于苏轼与科举，有一个故事流传甚广，说的是主考官欧阳修在阅卷时，对苏轼的《刑赏忠厚之至论》推崇备至，原本要将其评为第一，但由于误以为是自己的学生曾巩所作，为了避嫌，才不得已改判为第二。不少人由此认为，苏轼应该是当年科举的榜眼。但实际情况并非如此，宋人杨万里在《诚斋诗话》中对此有过介绍："欧阳公作省试知举，得东坡之文惊喜，欲取为第一人，又疑其是门人曾子固之文，

---

① 特奏名进士："凡士贡于乡而屡黜于礼部，或廷试所不录者"，无论是在任官员还是山野小民，都可由宰相重臣举荐参加相关考试，那些已经考中进士的人也可再参加制科考试。

② 选举志二［M］//脱脱，阿鲁图. 宋史：第 11 册. 北京：中华书局，1977：3632.

恐招物议，抑为第二。"①（曾子固即曾巩，欧阳修门生，苏轼同科进士）苏轼的科考文章《刑赏忠厚之至论》被评为第二，是在省试（礼部试）时的成绩，还没到殿试，所以他并非当年的科考榜眼。对于苏轼的具体名次，史料中并无明确记载，只知是"二等"，也就是第四名或之后，其弟苏辙在《亡兄子瞻端明墓志铭》中对此说法予以证实："嘉祐二年（1057），欧阳文忠公考试礼部进士，疾时文之诡异，思有以救之。梅圣俞时与其事，得公《论刑赏》，以示文忠。文忠惊喜，以为异人，欲以冠多士，疑曾子固所为。子固，文忠门下士也，乃置公第二。复以《春秋》对义，居第一，殿试中乙科。"

苏轼、苏辙兄弟参加的是有"千古第一龙虎榜"之称的嘉祐二年科举考试，这一榜人才辈出，涌现了张载、曾巩、曾布、吕惠卿、章惇、王韶、程颢、程颐等历史名人，但是这些在中华文化史上留下个人鲜明印记的大牛人的科考成绩都不太高。这一年科举考试前三甲：状元章衡，榜眼窦卞，探花罗恺。所以，无论是苏轼还是苏辙，都没有入围那一年的科举考试前三甲。因科考不太理想，苏轼仅得授河南府福昌县主簿，县主簿在当时属于登科进士授官中的最低级别，② 科考得到这个结果，苏轼显然不太满意。但苏轼未及赴任，即闻母丧，返乡丁忧。期满返京，苏轼与其弟苏辙经欧阳修、杨畋③分别举荐，留京寓居怀远驿，准备应考制科。

嘉祐六年（1061）八月，苏轼、苏辙又报名参加"制科"考试，先后参加翰林学士吴奎等主持的秘阁试和宋仁宗亲自主持的崇政殿考试，苏轼方取得制科第三等的好成绩，为北宋举行制科以来继景祐年吴育之后的最高成绩，因此授官大理寺评事、签书凤翔府判官。④ 这与原先的县主簿相比，有了明显的提升。

宋朝的"制科"考试共分五等，其中第一等和第二等都是虚设，并不真正录取人，一般情况下，录取的考生入第四等，落榜的考生入第五等，至于第三等，通常也不录取人。《宋史·苏轼列传》有云："自宋初以来，制策入三等，

---

① 丁福保. 历代诗话续编［M］. 北京：中华书局，1983：148.
② 主簿是中国古代的官职名称，属于文官，是各级主官属下掌管文书的佐吏，相当于今天县一级的秘书长。
③ 杨畋（1007—1062），字武叔，号乐道，麟州新秦（今陕西神木市）人，杨琪之子。明道二年（1033）进士，官至龙图阁直学士、吏部员外郎知谏院。
④ 大理寺评事，是一个七八品的负责审理案件的京官，但仅仅是一个名义上的职务。签书凤翔府判官，判官是知府的副职，颇有实权。

惟吴育与轼而已。"也就是在苏轼之前，只有一个叫吴育的人入了第三等，而且第三等还分为三等和三等次，吴育是三等次，而苏轼是三等，为宋朝开国100多年来的制科考试开山第一人。

总之，在制科考试中"入三等"是非常非常难的。纵观两宋300多年历史，科举考试一共出了118个状元，却只有4人制科考试"入三等"，除了吴育和苏轼，其余2人为范百禄、孔文仲。《宋史·苏轼列传》还记载："仁宗初读轼、辙制策，退而喜曰：'朕今日为子孙得两宰相矣。'神宗尤爱其文，宫中读之，膳进忘食，称为天下奇才。二君皆有以知轼，而轼卒不得大用。一欧阳修先识之，其名遂与之齐，岂非轼之所长不可掩抑者，天下之至公也，相不相有命焉，呜呼！轼不得相，又岂非幸欤？或谓：'轼稍自韬戢，虽不获柄用，亦当免祸。'虽然，假令轼以是而易其所为，尚得为轼哉？"

据宋人郎晔①考证，大文豪苏轼考的应该是"贤良方正能直言极谏科"。但欧阳修在嘉祐五年（1060）《举苏轼应制科状》中说："臣伏见新授河南府福昌县主簿苏轼，学问通博，资识明敏，文采烂然，论议蜂出。其行业修饬，名声甚远。臣今保举，堪应材识兼茂明于体用科。欲望圣慈召付有司，试其所对。如有缪举，臣甘伏朝典。谨具状奏闻，伏候敕旨。"② 欧阳修是觉得苏轼中进士后被授予河南府福昌县主簿，属于大材小用了，为此举荐苏轼再参加"材识兼茂明于体用科"制科考试。苏轼在《答李端叔书》③ 中对此有过解释，他说："轼少年时，读书作文，专为应举而已。既及进士第，贪得不已，又举制策，其实何所有。而其科号为直言极谏，故每纷然诵说古今，考论是非，以应其名耳。"④ 按苏轼答李端叔书信的说法，苏轼最后参加的应是"贤良方正能直言极谏科"。

不论苏轼考的是欧阳修举荐的"材识兼茂明于体用科"还是苏轼自己所说

---

① 郎晔，南宋学者，著有《东坡文集事略》等。

② 欧阳修. 举苏轼应试科状［M］//欧阳修. 欧阳文忠公集：奏议·卷十六. 四部丛刊集部. 出版地不详：出版社不详，清嘉庆二十四年（1795）.

③ 李端叔，名李之仪，姑熟（今安徽省当涂县）人，元祐年间官枢密院编修，能诗善文，曾做过苏轼的幕僚。《答李端叔书》写于宋神宗元丰三年（1080）十二月，是北宋文学家苏轼谪居黄州一年后写给李端叔的一封回信。苏轼在文中叙说了自己对世事的看法，解释了世人对自己的一些误解，记述了谪贬后自己的处境、世态的炎凉，以及对自我的反省。

④ 苏轼. 苏东坡全集：苏东坡文集（二）［M］. 王文诰，注. 张彦修，点校. 珠海：珠海出版社，1996：1149.

的"贤良方正能直言极谏科",都说明了苏轼参加"进士科"考试得官福昌县主簿后不甚理想,又参加了"制科"的考试,方得扬名天下。

赵匡胤为什么首开后世"制科"先例?其"特奏名进士"较"进士科"中式人数规模还要庞大,细究起来其实有他的治国道理。毕竟宋初国家百废待兴,急需各种人才。而唐末五代以来,每科进士人数一般都控制在二三十人,大宋王朝的首次科举,负责科考的官员也本着宁缺毋滥的精神反复挑选,最终选出了19名佼佼者。建隆二年(961),赵匡胤下诏再次举行考试,这次进士更少,只录取了11人。此后数年每榜进士都是十几人,乾德四年(966)最少,仅录取了6人……宋初的"进士科",每科中式人选不到20人,无法满足整个国家对行政管理人员的需要,由此不难发现赵匡胤在开宝三年(970)开"制科"表现出来的治国理政选拔官员手段之高超灵活,也是对因循守旧科考官员观念的必要匡正。

此后,随着"进士科"中式的人数规模不断增加,后来的"制科"在次数、规模上属于可控的有限范围,只涉及极少数人,对科举考试取士整体无碍。王安石任参知政事后,对科举考试的内容着手进行改革,取消诗赋、帖经、墨义,专以经义、论、策取士。所谓经义,与论相似,是篇短文,只限于用经书中的语句做题目,并用经书中的意思去发挥。王安石对考试为容的改革,重点在于通经致用。熙宁八年(1075),宋神宗下令废除诗赋、帖经、墨义取士,颁发王安石的《三经新义》和论、策取士,并把《易官义》《诗经》《书经》《周礼》《礼记》称为大经,《论语》《孟子》称为兼经,定为应考士子的必读书。规定进士考试为四场:一场考大经,二场考兼经,三场考论,最后一场考策。殿试仅考策,限千字以上。他还下令着手整顿太学,将太学生分为三个等级:外舍、内舍和上舍。把考试的成绩和平时的表现作为升舍、应试和授官的依据。

王安石推行的这种制度被称为"三舍法"。王安石的科举考试方式改革,遭到苏轼等人的反对。后来随着政治斗争的变化,王安石的政敌司马光上台执政,将王安石的"三舍法"废除,又将"进士科"分为"经义"和"诗赋"两科,罢试律义,《三经新义》被取消,科举考试有时考诗赋,有时考经义,有时兼而有之。这样一来,司马光时期的进士便分为两种:一曰经义进士,一曰诗赋进士。

科举考试到明朝进一步简化,只设"进士"一科。明太祖朱元璋为了选拔能听命于皇帝的官员，规定科举考试只许在儒家的四书五经范围内命题，考生只能根据指定的观点答题，不准发挥自己的见解，因答题文体固定分为八个部分，时称"八股文"。八股文以四书、五经中的文句做题目，只能依照题义阐述其中的义理，但是措辞要用古人口气，所谓"代圣贤立言"。结构有一定的程式，字数有一定的限制，句法要求排偶，又称为八比文、时文、时艺、制艺。而能否考中，主要取决于八股文的优劣。

清袭明制，只设"进士"一科。但在"进士科"外，也开过类似于宋朝"制科"的"特科"（特别科），如"博学鸿词科""翻译科"① 等，但只在必要的特定时期开考取士。由此可见，科举制度从隋朝开始到清朝后期结束，在不断完善的同时也在不断发展演变。科举制度不但在很大程度上影响了中国历代的政治进程，而且还影响塑造了中国知识分子的价值取向、文化心态及性格特征。唐以后的中国学子，大都以科举考试金榜题名为荣。

---

① 清朝科举在雍正朝之前分满、汉两榜取士，满人在乡试、会试中享有特殊待遇，只考满汉文翻译一篇，时称"翻译科"。所以满人、汉人的进士名称一样，但考试内容不一样。

陈孚与"海南第一进士"之争

　　地处偏远的海南岛，一直到宋朝，才陆续有人参与到中国封建朝代以科考取士的队列里，但由于海南岛长期孤悬海外，经济、文化、教育等方面都远远落后于大陆。也因研究力量的匮乏，海南的科考取士研究史料严重不足，虽经历代有心者细心收集考证，对海南历代科考取士的史料记载情况仍是错漏频出，以至谁才是海南的第一进士，也因学者依据的史料不同，成了海南学界一个长期争论不休的话题。

　　海南学界有人说陈孚是海南第一位进士，也有人说符确才是海南第一进士。但认真研读各家文章，无论是哪一家的观点，都明显缺少足够的历史资料来支撑。为此，需要在尊重历史事实的基础上，依据现有的史料对此进行深入分析研究。

　　现有史料记载，符确是宋代儋州高麻都（今海南洋浦经济开发区三都镇浦源村）人，祖籍海南文昌淡水村，乃符有辰（福建莆田人，北宋仁宗天圣三年抚黎有功，封万户侯）① 第七代子孙。其父符安会后迁昌化军居住。所以，符确参加科考时以昌化籍登记在册（也因此引发籍贯儋州还是昌化之争）。他自幼勤读诗书，资质聪颖，曾拜被贬儋州的苏轼为师。北宋徽宗大观二年（1108），② 符确乡试考中镇州解元，后赴京会试，大观三年（1109）赴京城会试登己丑科进士，名列"贾安宅"榜，如康熙《儋州志·人物志》所记载，符确"大观二年发镇州解元，三年登赐同进士"，成为海南第一位历代科考进士榜上有明确记载的科考进士，填补了自隋朝科考制度以来海南无进士的历史空白。

　　随后，符确官至承议郎，先后任广东韶州、化州二郡太守（知州）。他励精

---

① 宋天圣三年（1025），符有辰奉诏自福建莆田渡琼，担任广南西路琼管清化军指挥使，定居文昌，被封为万户侯，并且可以世袭。符有辰被称为符氏渡琼始祖。

② 大观（1107—1110）是宋徽宗赵佶的年号。北宋使用这个年号共4年。

图治，"平居常以天下事自任"，为政清廉，秉公办事，人民拥戴，政绩突出，声名显赫。卸任时，州内大小官员、各界士绅和众多百姓敲锣打鼓、依依不舍地送别他，甚至有百姓送他直到雷州半岛最南端的海安上船才惜别。符确任职届满，后返回海南兴办教育。从这个角度上看，符确是目前海南能在宋朝历代进士榜上找到准确记录的第一个进士。这一点，应该是没有任何争议的。

史料记载，陈孚是海南琼山县人，宋庆历年间①宋贯之（一说为宋守之）任琼州知州时，建尊儒亭，教诸生读五经于先圣庙，暇日躬自讲授，而陈孚是诸生中最为出息者，得到知州和时人的称许，自是州人始知向学。明代唐胄的《正德琼台志》记载："陈孚，琼山人，尝从郡守建阳宋贯（守）之学，得官以归。由是乡人慕之，始喜习进士业。琼人举进士，本孚始。"② 而对于符确，唐胄也并不陌生，唐胄撰写的《重建儋州学记》也有交代："琼之有士始于儋，琼之士亦莫盛乎儋。"另有琼州知府张子弘遗作也记有"而儋之士，如王霄、符确辈，已抗声于宋室"。按照唐胄他们的说法，琼州的士族之风始于儋州，但并非说琼人举进士始于儋州。

有人据此断定陈孚为"海南第一名进士"而非符确。可是，唐胄在《琼台志》所胪列的海南历代进士名录中，却又没有陈孚的名字。两则相互不能验证的史料，一起出现在同一海南史籍中，一时让人无从选择或判断。

引发陈孚和符确谁是海南第一进士的争论聚焦点，主要是两个：一是从年号上看，时间上陈孚比符确早了几十年，陈孚在前；二是宋朝历次进士榜上没有找到陈孚的名字，而符确的名字在己丑科进士榜上可以找到。由于陈孚在时间上比符确要早，并且符确的"进士榜"时间已有核实，所以，我们只要能考证陈孚是不是进士就行了，没必要在符确身上浪费笔墨。

据说当年王佐和唐胄也对这个问题争论过，因这个还有其他的问题无法达成共识，王佐拂袖而去，不再一起搭班编撰《正德琼台志》，但唐胄在《正德琼台志》中还是对这个问题做了交代。另宋人的《记纂渊海》记载："陈孚，从

---

① 庆历（1041—1048）是宋仁宗赵祯的年号，北宋使用该年号共计不到 8 年。

② 唐胄. 正德·琼台志：卷三十六 [M]. 海口：海南出版社，2006：741.

宋公贯之学，郡人得进士出身自孚始。"① 还有清道光年《广东通志》记载："陈孚，琼山人，从太守宋公贯之学得官以归，自是琼人始喜习进士业，近岁有数人得进士出身自孚始也。"②

说陈孚是第一进士的，主要依据是现存的有关海南历史文化的典籍，以上几个历史典籍版本都明确指出"琼人举进士，本孚始"和"郡人得进士出身自孚始"。但反对者认为，第一，说陈孚是海南第一进士，但唐胄的《琼台志》所胪列的进士名录中，却没有陈孚的名字。第二，反对者认为"举进士"并非考中进士，"举进士"并非在进士考试中被录取成为进士，而是被推荐参加进士考试的意思。在古代文献及前人的文字中都有诸多例证。如苏东坡的父亲苏洵，一生并未考中进士，所以《宋史·文苑传》中称他："年二十七始发愤为学，岁余举进士，又举茂才异等，皆不中。"这就是说地方上因他发愤读书、有学问，两次分两科推荐他参加进士考试，但他都没有考中。第三，"琼人举进士，本孚始"，是说他是读书中举求功名的海南第一人，不是考中进士的第一人。如果陈孚真的考中进士，就应该指出是哪一年，谁为榜首（状元）。如唐胄所述"进士"时所表述的："陈应元，绍定二年，黄朴榜。"陈孚没有考中进士，自然没法这样表述。所以也"无法考证"他中进士的时间。然而，查阅史料，北宋庆历年间只有两科进士考试。一科是庆历二年（1042）杨置榜，共录取进士432人；一科是庆历六年（1046）贾黯榜，共录取进士537人。如果陈孚真的考中进士，是不难查考的。唐胄也不会轻易漏记。第四，对于唐胄所述陈孚"尝从郡守建阳宋贯（守）之学，得官以归"，反对者认为，在宋代的科举制度中，这是很寻常的现象。上面说到，科举制度中，考中举人即可当官，陈孚师从郡守，由郡守推荐参加进士考试，说明他已经中举，或者有了举人的资格，所以虽没中进士也"得官以归"。因为得官，食皇粮俸禄，乡亲们看着羡慕，这才纷纷劝子弟读书求功名。这种情况，就是"习进士业"，即以读书求仕进的"举业"，

① 《记纂渊海》类书，一百九十五卷。宋代潘自牧编。自牧字牧之，金华（今属浙江）人。庆元二年（1196）进士，官龙游、常山知县。见《金华贤达传》卷八、《敬乡录》卷一三。记纂：记事纂言，即记录古今事件，纂集历代名言之意。唐韩愈《进学解》："记事者必提其要，纂言得必钩其玄。"渊海：深渊和大海，比喻该书内容之广博。明胡维新《记纂渊海序》："抑与周览经传者航渊海乎？且韩愈一代作者，而称纪事纂言惟钩提是竞。"此书广搜博采，内容丰富，详于纂言，不主记事。分为22部，下分1195门（有目无文者略而不计）。

② 阮元，陈昌齐．广东通志·琼州府（道光）［M］．海口：海南出版社，2001：767.

亦所谓"十年寒窗无人问，一举成名天下知"的"读书事业"。在宋代，凡以这种读书求功名为事业的读书人，社会上都给予他们一种尊称，曰"进士"，而不管他是否真的考中了进士。①

既然宋朝庆历年间的进士榜里找不到陈孚的名字，而符确的名字可以在宋朝大观三年（1109）进士榜里找到，从这样的认知角度看，应该就是符确是海南第一进士。

但这个推论存在一个重要遗漏，正像我们在《苏轼的科举考试》里面说过的，宋朝的进士，除了"进士科"的进士外，还有皇帝恩准的"特科"进士。

梳理归纳一下之前的正反双方意见，反对者的意见，主要是以下几条。

第一，如陈孚考中进士，必有纪年，并且知道榜首是谁，而陈孚全无。因此，说陈孚是宋进士值得怀疑。查一下宋朝进士榜（宋朝进士榜资料有限且不全），在宋朝三级考试——解试（州试）、省试（礼部试）、殿试中确实找不到陈孚的踪迹，但这是就"进士科"而言的。如果从"制科"的条件看，无论是在任官员还是山野小民，都可由宰相重臣举荐参加相关考试。几个版本的地方志里，都强调指出"陈孚从郡守建阳宋贯之学，得官以归""郡人得进士出身自孚始"。由此不难推断出陈孚参加的是由宰相重臣举荐的"制科"考试，并且得进士出身和官以归。②

第二，唐胄在《正德琼台志》里说："琼人举进士，本孚始。"反对者的聚焦点都在"举"字上，既然唐胄讲的是"举"，而不是考取进士通常用的"中"或"第"，"举进士"是指参加考试，"第进士"才是考中上榜。《通典·选举志》有"举而不第"，所举应是明经科而不是进士科，如果陈孚能考中，也只能是陈孚明经而不是陈孚进士；如果说陈孚是北宋庆历时的明经举人，则他便是海南的第一个举人，而不是后来的姜唐佐，但姜唐佐是海南第一个举人，已为海南历代地方史志所公认。对于"举进士"一说，反对者举《宋史·选举一》："凡诸州长吏举送，必先稽其版籍，察其行为。乡里所推，每十人相保，内有缺行，则连坐不得举。"这里就非常严格地规定了，凡是地方上有读书人请求参加科举考试博取功名时，地方行政长官负有核查的责任，不但要弄清楚他的户籍

---

① 林冠群．"举进士"是进士吗？［N］．海南日报，2015-10-12（19）．
② 陈孚得官琼州府文昌县丞。县丞，官名。始置于战国，为县令之佐官。秦汉相沿。典文书及仓狱，为县令、县长之辅佐，历代所置略同，唯晋及南宋朝无，南宋只设建康狱丞，明清县丞为正八品官。

来源，还要考查他的行为举止。而属于乡村推荐出来的士子，还须有 10 人以上作为担保人，保证他的德行没有亏缺，符合荐举的条件，不然的话，荐举失实，让坏人或行为不端的人混进考生行列，荐举的人都要受到处罚（连坐），并取消考生的考试资格。这个阶段还属于考举人的乡试阶段，到了考试合格被录取为举人之后，进入考进士阶段，也就是"举进士"阶段。

说实话，笔者对这种不考虑所能考证的史料整段话意思，单挑一个字词大做文章的研究态度不太认同。

能证明陈孚得"进士出身"的史料有四条，唐胄《正德琼台志》："陈孚，琼山人，尝从郡守建阳宋贯之学，得官以归。由是乡人慕之，始喜习进士业。琼人举进士，本孚始。"另宋代王象之的《舆地纪胜》记载："近岁有数人得进士出身者，自孚始也。"宋代潘自牧编撰的《记纂渊海》记载："陈孚，从宋公贯之学，郡人得进士出身自孚始。"还有清道光年间《广东通志》记载："陈孚，琼山人，从太守宋公贯之学得官以归，自是琼人始喜习进士业，近岁有数人得进士出身自孚始也。"《记纂渊海》和《广东通志》都明确指出："郡人得进士出身自孚始。"只有唐胄的《正德琼台志》说"琼人举进士，本孚始"。姑且不论唐胄出身海南的名门世家，进士中式后与王佐合作编撰海南地方史志《正德琼台志》，本是亲戚的两人合作刚开始就因意见不合翻脸分手，唐胄只好以一己之力用 20 年时间编撰完成《正德琼台志》。以唐胄的学识眼光和治史的严谨求实态度，他会用一个语甚不清的字词"举"来敷衍世人吗？

并且，从四条相关史料的时间上看，《记纂渊海》是宋代的，《正德琼台志》是明代的，而道光《广东通志》是清代的，将前后史料弃之不用，将两个版本的"郡人得进士出身自孚始"弃之不用，仅抓住明代唐胄《正德琼台志》的说法"举进士"大做文章，这样的考证究竟能有多少说服力？

查一下《辞海》，"举"做动词有"擎起、行动、举办、动问、推荐、赴考（或考中）、攻克、没收、祭祀"等解释，与考试相关的主要有两个解释。1. 推荐、选拔。《史记·殷本纪》："是时，说（傅说）为胥靡，筑于傅险，见于武丁……举以为相，殷国大治。"2. 旧时以科考取士之称，亦指赴考或考中。韩愈《讳辩》："愈与李贺书，劝贺举进士，贺举进士有名。"[1] 我们从《正德琼台志》关于陈孚的整段话入手梳理一下：先随琼州郡守宋贯之学习，被推荐参加

---

① 辞海编辑委员会. 辞海［M］. 上海：上海辞书出版社，1979：90.

科举考试，得官归来。从因果关系角度看，陈孚得官是因为参加科举考试，这个应该没问题。接下来的问题就是参加了什么科目的科举考试了。如果是正规的科举考试，得经过解试（州试）、省试（礼部试）、殿试三级考试，史料里找不到陈孚参加这些考试的记录，那就只能是由宰相重臣举荐的"制科"考试了。唐胄所谓"举进士"，就是要强调陈孚是由重臣琼州郡守宋贯之"举荐"（推荐）的考试身份。再联系到《记纂渊海》和道光《广东通志》里所说的"得进士出身"，不难推导出陈孚是由重臣琼州郡守宋贯之"举荐"（推荐）参加了"制科"考试后得到"进士出身"。

由是，陈孚的科考经历在院试、乡试、会试、殿试和进士榜里没有找到的原因也就容易解释了，他是直接参加了由宰相重臣举荐的"制科"考试后得到"进士出身"的。符确的进士身份的确可以从"进士科"中查到，但从时间角度看，陈孚的进士身份比符确的进士身份要早，尽管一个人的进士是"进士科"的，另外一个的进士是"制科"的，但"制科"的进士归根结底也是进士。

尽管"特奏名进士"一直以来都受到"进士科"进士的歧视和嘲讽（当年曾国藩的两个幕僚私下对对子"进士，同进士；夫人，如夫人"就惹恼过大权在握的曾大人），但不可否认的是，"特奏名进士"是皇帝赐予"进士出身"的。在封建社会，皇帝代表国家权力，国家能认可"特奏名进士"进士身份，今天的我们没有理由否定"特奏名进士"的进士身份。

丘濬姓名源考

丘濬是海南历史文化名人，也是海南历朝历代在朝廷为官地位最高者，官至光禄大夫、柱国少保兼太子太保、户部尚书、武英殿大学士，死后皇上特赠左柱国太傅谥文庄丘公，妣诰封正一品夫人吴氏。论政治地位与影响力，他是明弘治时重臣，入阁宰辅，与海瑞并称为"海南双璧"。论人品才学，他与海瑞、王佐、张岳崧并称"海南四绝"：丘濬学识渊博，著作等身，世称"著绝"；海瑞为官清廉，耿直忠心，世称"忠绝"；王佐勤奋笃学，以诗文出名，世称"吟绝"；张岳崧笃学不倦，精通书面，世称"书绝"。所以，在各种有关海南的历史文献中，经常会出现丘濬的姓名。

令人奇怪的是，在现今所见的各类出版物中，对其称呼却不统一，有"丘濬""丘浚""邱濬""邱浚"这四种写法，有时同一篇文章之中也有混用的，让人一时摸不着头脑。

其实，丘濬的名字虽有四种写法，但差异主要是两个：第一个差异是姓，第二个差异是名。即丘濬是姓"丘"还是"邱"？名字是"濬"还是"浚"？

"丘"是否同"邱"？

查古文字工具书《说文解字》，"丘"和"邱"除了读音相同，字的本意和解释是不一样的。

清代陈昌治刻本《说文解字》（卷八）丘部：土之高也，非人所为也。从北从一。一，地也，人居在丘南，故从北。中邦之居，在昆仑东南。一曰四方高，中央下为丘。象形。凡丘之属皆从丘。今隶变作丘。古文从土。去鸠切。

清代陈昌治刻本《说文解字》（卷六）邑部：邱：地名。从邑丘声，去鸠切。

所以，在古文字那里，"丘"和"邱"字义解释分属不同部首，不是可以相互替代的。

"丘"字作为姓氏，史籍记载源出有四，分别为出自姜姓、姒姓、妫姓、他族改姓。①

1. 出自姜姓，为姜太公的后裔。西周初年，太师吕尚（姜姓，吕氏，名望）因辅佐武王灭商有功，被封于齐，建齐国，都营丘（今山东淄博市东北，旧临淄），号称齐太公，俗称姜太公。其子孙中后有以地为氏的，称为丘氏。东汉《风俗演义》载："齐太公望封营丘，支孙以地为氏。"史称丘姓正宗。

2. 出自姒姓。夏帝少康时，封其小儿子曲烈于鄫（今河南省柘城县北），至周灵王时，为莒国所灭，其子孙去邑为曾氏，其后分支中就有以丘为氏。此为曾、丘联宗之说。

3. 出自妫姓，以地为氏。春秋时，陈国（开国君主是胡公满）有宛丘，邾国（传为颛顼后裔挟所建，曹姓）有弱丘，居者皆以"丘"为氏。

4. 出自他族改姓。《后汉书·乌桓传》载乌桓有丘氏，如汉代少数民族乌桓族有丘氏。南北朝时，北魏孝文帝迁都洛阳后，《魏书·官氏志》载有鲜卑族复姓丘林氏、丘敦氏改为汉字单姓丘。

"邱"姓作为姓氏出现较"丘"慢了很多，查"邱"（丘）姓族谱，许多"邱"（丘）姓族谱（全国各地）都载有清朱骏声的《说文通训定声》引东汉应劭《汉书·楚元王传注》："邱，姓也。"并由此推论，邱姓是在汉代出现的。但这个例证也有一个问题，清朝由雍正皇帝下旨将"丘"姓改"邱"姓，于清朝问世的朱骏声（嘉庆二十三年举人）的《说文通训定声》引东汉应劭《汉书·楚元王传注》"邱，姓也"作为"邱"姓出现的例证，因雍正朝已将"丘"姓改"邱"姓，本身就存在很大的疑点。而且，这个《汉书·楚元王传注》提到了"邱"作为姓氏出现，却没有交代清楚"邱"姓的出处。

那么，为什么"邱"姓在汉代出现呢？

《中国百家姓》里记载，"邱"氏本为"丘"姓，"丘""邱"同音，故"丘"或"邱"两者通用也属正常。但查阅史料，在不同历史时期，"丘"姓或"邱"姓有不同使用限定，影响限定条件的文化因素主要来自孔丘孔圣人，影响其使用年代限定主要来自三个朝代：汉朝、金朝和清朝。

汉元光元年（前134），董仲舒以贤良对策。他在《天人三策》中提出，思

---

① 参见，《中华丘氏大宗谱海南省海口分谱》，中华丘氏大宗谱海南省海口分谱编委会编，2009年，第56页。

想统治，也应遵循"大一统"的"常经通谊"，而"今师异道，人异论，百家殊方，指意不同，是以上亡以持一统"，因此他建议，"诸不在六艺之科孔子之术者，皆绝其道，勿使并进"。董仲舒从理论上阐明尊崇儒学的思想统治原则，提出"春秋大一统"和"罢黜百家，独尊儒术"，强调以儒家思想为国家的哲学根本，受到汉武帝赏识。

建元五年（前136），汉武帝设置儒学五经博士，同时罢免其他诸子博士，把儒学以外的百家之学排斥出官学，史称"抑黜百家，表彰六经"。元朔五年（前124），汉武帝下诏用董仲舒、公孙弘建议，在长安兴办太学，用儒家经书教育青年子弟，从此儒学成为官办学校的主体内容。汉武帝还改造选官制度，规定博士弟子成绩优异者可任为郎官，吏有通一艺者可选拔担任重要职务，还打破常规起用布衣儒生公孙弘为丞相。这样随着儒学地位的上升，封建政治与儒学密切结合起来，西汉皇帝诏令和廷议中多称引儒家理论，司法过程中以《春秋》义例决狱。汉武帝时遵循儒家思想，举行封禅、改正朔、修郊祀、定历数等重大礼制活动，初步形成儒家政治的历史传统。

由此，为了避尊者的名讳（孔子名丘），前面那几支以"丘"为姓的宗族，在汉朝大多数都改了"邱"姓。此后，天下"丘"姓大多改为"邱"，邱姓始成中国一大姓氏。

公元1115年，北方的女真族领袖完颜阿骨打称帝建国，国号大金。金朝建国后，展开以辽五京为战略目标的灭辽之战。五京一下，辽朝随即灭亡。金灭辽后，与北宋遂成敌国。金太宗完颜晟即位后，挟灭辽之威，很快席卷南下，于公元1127年灭亡北宋。女真在消灭辽朝和北宋后，统一了包括黄河流域在内的广大北方地区，并与南宋长期对峙。

大定二十九年（1189）正月，金世宗完颜雍逝世，完颜璟以皇太孙身份即帝位，庙号章宗。金章宗完颜璟在位20年，对金朝的发展和繁荣做出了很大贡献。他生长于世宗执政的金朝盛世，自幼对祖父的文韬武略耳濡目染，加之对儒家文化的融会贯通，登位后，在继行祖父"仁政"之治的同时，极力效法北魏孝文帝否定本族旧制的改进式的汉化改革，不再因循世宗的复古做法，不断完善各种政治、经济制度，实现了女真族的彻底封建化。

金明昌三年（南宋绍熙三年，1192）"十一月庚午朔，尚书省奏：'翰林侍讲学士党怀英举孔子四十八代孙端甫，年德俱高，该通古学。济南府举魏汝翼有文章德谊，苦学三十余年，已四举终场。蔚州举刘震亨学行俱优，尝充举首。

益都府举王枢博学善书，事亲至孝。'敕魏汝翼特赐进士及第，刘震亨等同进士出身，并附王泽榜。孔端甫俟春暖召之。丙子，诏臣庶名犯古帝王而姓复同者禁之，周公、孔子之名亦令回避"①。为此，其金朝管辖域内臣民奉旨"丘"姓改"邱"姓。

后来在朝代的社会更替中，许多"邱"姓家族又把名字改回"丘"姓，一直到清雍正皇帝时，为了收拢天下读书人，清廷才又重提避讳孔子的名号，清雍正三年（1725），雍正皇帝颁发诏谕："古有讳名之礼，所以昭敬致尊崇也。朕临御以来，恐臣民过于拘谨，屡降谕旨，凡与御名声音相同字样，不必回避。近见各省地名，以音同而改易颇多。朕为天下主，而四海臣民竭尽诚敬如此，况孔子德高千古，道冠百王，以正彝伦，以端风化，为往圣继绝学，为万世开太平，自天子以至于庶人，皆受师资之益，而直省郡邑之名，如商丘等，古今相沿未改……嗣后惟祭天子于圆丘，丘字不用回避外，若府州县地名，有同至圣之讳者，交与内阁撰拟字样，报部堂。至姓氏相同者，按通考太公望之后，食采于营丘，因得姓丘，今拟添加阝旁，做邱姓，……读作期音，庶手允协，足付朕尊崇先师至圣之意也。"② 这是以皇帝的旨意下令全国的"丘"姓改为"邱"姓。

随着清朝统治者退出历史舞台，孙中山时期曾任广东教育总会会长，广东咨询局局长，中华民国成立后被推举为参议院参议员的爱国诗人邱逢甲，在民国初年（1912）的粤闽两地登报呼吁族人恢复祖先肇姓"丘"姓本字，理由有二：其一，姜太公是周朝初年人，丘为其三子穆以封丘为氏，孔子是东周春秋时人，没有前人避后人之讳之理；其二，避讳为封建意识产物，革命告成，无庸仍此旧套。他首先将本人姓名写作丘逢甲，闽粤的"邱"姓族人也纷纷响应改"邱"为"丘"，但仍有不少地方的"邱"姓人继续沿用"邱"字。新中国成立后，1955 年《第一批异体字整理表》将"邱"作为"丘"之异体字予以淘汰。但到了 1988 年《现代汉语通用字表》，又确认"邱"作为姓氏使用时为规范字。结果造成一种混乱的奇特文化现象：他姓的人常常写不对"邱"姓或者"丘"姓。

---

① 参见《金史·本纪卷九》。金明昌（1190—1196）是金章宗的第一个年号。金章宗完颜璟（1168—1208），麻达葛，金世宗完颜雍之孙，金显宗完颜允恭之子，金宣宗完颜珣之弟，金朝第六位皇帝。

② 参见《清史稿·志五十九·礼三（吉礼三）》。

"丘濬"名字用"濬"字，主要出现在古典文献里，但在现代媒体那里，几乎全被写作"浚"（作为国家文物保护单位的丘濬故居，大门的门楣上也是写的"丘浚故居"）。《新华字典》《现代汉语词典》把"浚""濬"视为同一字（也有把"浚"解释为"濬"的简化字，"濬"是"浚"的繁体字），词性是作为动词"挖深""疏通"（水道），如做地名"浚县"时，读音为"训 Xun"①。

在古汉语中，虽然也把"浚""濬"视为同一字，"濬"是"浚"的繁体字，但和现代汉语解释相比较，某些义项相通，但也有不同。

1. "濬"（"浚"）做动词时，表示疏通、挖深的意思。《尚书·尧典》："封十有二山，濬川。"《说文解字》解释：深通川也，深挖河道使水疏通。

2. "濬"（"浚"）做形容词时，表示幽深、深远。左思《吴都赋》："带朝夕之濬池，佩长州之茂苑。"《尔雅·释言》解释：濬，幽深也。

3. "濬"（"浚"）做形容词时，如"濬齐"还可以表示敏慧。濬，通"徇"。《史记·五帝本纪》"幼而徇齐"（唐代司马贞《索隐》："《史记》旧本亦有作'濬齐'。盖古字假借'徇'为'濬'。濬，深也，义亦并通。"）清代黄宗羲《张景岳传》："介宾年四十，即从游于京师。天下承平，奇才异士集于侯门。介宾幼而濬齐，遂遍交其长者。"

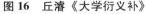

图16　丘濬《大学衍义补》　　　　图17　丘濬故居

也就是说，在现代语境里，"浚"只做动词解，只有"挖深""疏通"水道

---

① 中国社会科学院语言研究所. 新华字典［M］. 北京：商务印书馆，2005：254；中国社会科学院语言研究所词典编辑室. 现代汉语词典［M］. 北京：商务印书馆，1978：624.

方面的含义。但在历史语境里，"濬"（或"浚"）除了做动词，还可以做形容词使用，比如，"幽深、深远"或"敏慧"的含义。那么我们可以回到丘濬的名字：是用"浚"还是"濬"？哪一个更准确，更符合他的名字本义？

很显然，丘濬的名字"濬"做形容词"深远"解，更能对应其胞兄"丘源"的名字，因为"源""濬"两者合称有"源远流长"的文化寓意。或许还有疑问："浚"在历史语境里，不是和"濬"一样也可以做形容词"深远"解吗？从"濬"是"浚"的繁体字角度看，"濬""浚"同义，这话没错。但在现代语境里，"浚"只做动词解，不做形容词解，而做动词解并不符合丘濬父母给他们兄弟俩取名的用心良苦。站在今天的认知角度上，用"浚"容易让今人理解成现代语境的动词本义。为了避免误解，用"濬"可以把我们带回到历史语境的认知角度，并能够把他们兄弟俩的名字串联起来准确进行理解。当然，更重要的理由在于，丘濬本人在他所著的《大学衍义补》卷首语署名也是写作"丘濬"。

从以上词义的文化寓意及不同语境角度看，"丘濬"不宜写成"丘浚""邱浚"或"邱濬"，这是对历史文化的尊重，也是对海南文化先贤的尊重。

唐胄何以为"岭南人士之冠"

有明一朝，是海南文化史上的一个黄金时代。这一时期，海南产生了 64 名进士，举人有 600 名左右，占海南历代举人总数的 3/4 以上，可谓人才济济。《明史》为之立传的海南人，共有 5 名进士和 1 名举人，分别是薛远、邢宥、丘濬、廖纪、唐胄和海瑞。还有几个没入传的，如王弘诲、钟芳、王佐等，也都是一时的风云人物。在这些人中，论官职，丘濬最大，33 岁中进士，官至武英殿大学士、礼部尚书、户部尚书，进入统治最高层，政绩显著；在文学、史学、经济学等方面也有较高的建树，被誉为"中国 15 世纪经济思想卓越代表人物"。论名气，当属海瑞，41 岁才中了举人，后官至南京都察院右佥都御史、南京吏部右侍郎等。海瑞一生不畏权贵，刚正不阿，严惩贪官污吏，为谏诤皇帝，把生死置之度外，上奏本前把棺木都备好了，是有名的不怕死清官，有"海青天"之称。时人把海瑞与丘濬并称为"海南双璧"。还有文昌人邢宥，历任浙江台州、苏州等地知府，后任浙江布政使、都察院左佥都御史，与丘濬、海瑞并称"奇甸三名贤"，其思想影响和文化意义都不容小觑。其他人物如薛远、廖纪，均官至诸部尚书。薛远，琼山人，28 岁登进士，官至吏部尚书、兵部尚书等；廖纪，陵水人，35 岁中进士，官至吏部尚书、工部尚书等。再如，钟芳，崖州（古崖州人，今三亚市崖城镇）人，31 岁中进士，官至兵部左侍郎、户部右侍郎等。一生为官清廉，公正无私，宽政爱民，被当时公认为"岭南巨儒"。虽然《明史》只提及钟芳的名字，没有单独为他立传，但其才学和功名与前面几位海南老乡相比，也不遑多让。

但就明史里立传的海南人而言，无论是康熙年间编纂的徐乾学本《明史》、王鸿绪本《明史稿》，或是乾隆年间作为最终定稿的张廷玉本（实为万斯同等所纂）《明史》，在海南诸官员的评价里，对唐胄的评价都是最高的，均有"耿介孝友，好学多著述，立朝有执持，为岭南人士之冠"这一句话：

　　唐胄，字平侯，琼山人。弘治十五年进士。授户部主事。以忧归。刘瑾斥诸服除久不赴官者，坐夺职。瑾诛，召用，以母老不出。嘉靖初，起故官，请为宋死节臣赵与珞追谥立祠。进员外郎，迁广西提学佥事。令土官及瑶、蛮悉遣子入学。土酋莶信虐，计擒之。木邦、孟养构兵，胄遣使宣谕，木邦遂献地。屡迁广西左布政使。官军讨古田贼，久无功。胄遣使抚之，其魁曰："是前唐使君令吾子入学者。"即解甲。十五年进左侍郎。

　　帝以安南久不贡，将致讨，郭勋复赞之。诏遣锦衣官问状，中外严兵待发。胄上疏谏曰："若谓中国近境，宜乘乱取之，臣考马援南征，深历浪泊，士卒死亡几半，所立铜柱为汉极界，乃近在今思明府耳。先朝虽尝平之，然屡服屡叛，中国士马物故者以数十万计，竭二十余年之财力，仅得数十郡县之虚名而止。况又有征之不克，如宋太宗、神宗，元宪宗、世祖朝故事乎？此可为殷鉴。今四川有采木之役，贵州有凯口之师，而两广积储数十万，率耗于田州岑猛之役。兴师数十万，何以给之？今北寇日强，据我河套。边卒屡叛，毁我藩篱。北顾方殷，更启南征之议，脱有不测，谁任其咎？"章下兵部，请从其议。得旨，待勘官还更议。明年四月，帝决计征讨。侍郎潘珍、两广总督潘旦、巡按御史余光相继谏，皆不纳。后遣毛伯温往，卒抚降之。

　　郭勋为祖英请配享，胄疏争。帝欲祀献皇帝明堂，配上帝，胄力言不可。帝大怒，下诏狱拷掠，削籍归。遇赦复冠带，卒。隆庆初，赠右都御史。胄耿介孝友，好学多著述，立朝有执持，为岭南人士之冠。[①]

　　这就有意思了，唐胄何以成为"岭南人士之冠"？

　　我们不妨从明史的评语入手，先来看岭南人士。何谓"岭南人"？所谓岭南是指五岭之南，五岭由越城岭、都庞岭（一说揭阳岭）、萌渚岭、骑田岭、大庾岭五座山组成，是中国江南最大的横向构造带山脉，是长江和珠江两大流域的分水岭。《晋书·地理志下》将秦代所立的南海、桂林、象郡称为"岭南三郡"，范围包括了今广东、海南、广西的大部分和湖南与广东、江西三省交界处。长期以来，岭南山脉是天然屏障，阻碍了岭南地区与中原的交通与经济联系，使岭南地区的经济、文化一度不及中原地区，被北方人称为"蛮夷之地"。

---

　　① 郭皓政. 岭南人士之冠：唐胄［M］. 海口：南方出版社，2015：185.

从"岭南人"的地理范围上看，这岭南地区涵盖的范围有点大，且时间没有限定在明朝哪个皇帝年代，这要按"岭南人"的地理范围较真去比较整个明朝历史人物的话，感觉扯起来有点大，而且还不是一般的大，觉得还是从岭南被北方人称为"蛮夷之地"角度入手好把握一点。按照现在"没有最好，只有更好"的流行语，海南在岭南诸地区里，因为孤悬海外属于更为偏远的"蛮夷之地"，能在中国历史上留名的人物不多，所以拿明史里面的海南人相互比较，这样会容易很多。

拿什么来比？还是先从海南人在《明史》所占的篇幅比例入手看，《明史》中海南人所占篇幅最大的当数海瑞，他的传记近 3000 字，其中批评嘉靖皇帝的《治安疏》就占了 1300 字。但《明史》也说海瑞"意主于利民，而行事不能无偏云"，认为海瑞的政治主张大多是利民的，但其行事较为偏激，对海瑞也不是完全肯定。其次是唐胄，他的传记有将近 1000 字，扣除中间引用的唐胄《谏征安南疏》近 400 字后，前后部分加起来还有将近 500 字，讲到了"郭勋为祖英请配享，胄疏争。帝欲祀献皇帝明堂，配上帝，胄力言不可。帝大怒，下诏狱拷掠，削籍归"，应该说对唐胄主要是赞美之词。第三是丘濬，《明史》中丘濬的传记比唐胄的略少一点，也接近 1000 字，在赞美之余，也不无微词，称其"议论好矫激，闻者骇愕"。后面是邢宥，他的传记全文 200 余字，主要是赞其"廉介"。薛远的最少，在《明史》中，薛远的传记附在其祖父薛祥的传记之后，还不足 100 字。

单从《明史》篇幅上看，似乎回答不了唐胄何以为"岭南人士之冠"的问题。再换个角度，从《明史》对他的最后的评语入手试试："胄耿介孝友，好学多著述，立朝有执持，为岭南人士之冠。"（用今天的话来说，唐胄忠直有孝义之心，好学而著述丰富，在朝能坚持原则，是岭南地区最优秀的人士）

"耿介孝友"，耿介有两个意思。1. 光大圣明。《楚辞·离骚》："彼尧舜之耿介兮，既遵道而得路。"王逸注："耿，光也；介，大也。尧舜所以有光大圣明之称者，以循用天地之道，举贤任能，使得万事之正也。"2. 正直不阿，廉洁自持。《楚辞·九辩》："独耿介而不随兮，愿慕先圣之遗教。"王逸注："执节守度，不枉倾也。"汉董仲舒《士不遇赋》："以辩诈而期通兮，贞士耿介而自束。"孝友：指事父母孝顺，对兄弟友爱。《诗·小雅·六月》："侯谁在矣，张仲孝友。"《毛诗传·注》："善父母为孝，善兄弟为友。"《后汉书·韩棱传》："棱四岁而孤，养母弟以孝友称。及壮，推先父余财数百万与从昆弟，乡里益高之。"所以"耿介孝友"主要讲的是人的品格或个性，这与"岭南人士之冠"有点关联，但没什么证明价值。

"好学多著述"，唐胄一生著述颇多，有《江闽湖岭都台志》《琼台志》《广西通志》《西洲存稿》以及他精选白玉蟾诗文，名《海琼摘稿》，还有后人辑其诗文《传芳集》等。但在明代的海南人里面，丘濬的著述也是相当多的，在朝廷典籍方面，他参与或主编了《寰宇通志》《英宗实录》《大明一统志》《宋元纲目》等典籍。在私人著作方面，丘濬留下了《大学衍义补》《世史正纲》《朱子学的》《琼台会稿诗话》等共232卷册，堪称"一代文宗"。其中影响较深远的最全面最集中展示丘濬经济思想的著作，当推《大学衍义补》（共160卷）一书。丘公花了10年时间，克服种种困难，在他67岁时写完这部书，献给皇帝。特别是书中提出劳动创造价值，商品的价值量取决于生产商品所消耗的劳动时间的观点，比欧洲最先提出劳动创造价值的威廉·配第（William Petty）早了170多年。仅一部《大学衍义补》，在当时的文学、史学、经济学等领域都有极高的建树。丘濬因此被誉为"中国15世纪经济思想卓越代表人物"。

还有唐胄的亲戚王佐，相对于不甚出彩的仕途，王佐的诗文却是蔚为大观。其主要著作有《鸡肋集》《琼台外纪》《庚申录》等，其中，《琼台外纪》是王佐在辞官回乡之后所著，已届七旬高龄的王佐不顾年老体迈，跋涉琼州各地，遍访风土人物，广搜民俗掌故，修成内容丰详的《琼台外纪》一书。后来，唐胄所编《正德琼台志》时，大量借鉴了《琼台外纪》的内容，可见这部著作对唐胄的影响。而《鸡肋集》则荟萃了王佐一生的诗文精华，共收录了诗歌300余首，杂文80多篇。后人将王佐与丘濬、海瑞、张岳崧并称为"海南四绝"。"海南四绝"里面，丘濬以学识渊博、著作等身、世称"著绝"出名。唐胄不在"海南四绝"之列，这在一定程度上说明，唐胄在著述方面与丘濬无法相比。在诗文方面，唐胄与王佐也有一定距离。

"立朝有执持"，唐胄出身海南名门，从小智力过人，博览群书，31岁中进士，被授官为户部山西司主事。不久父亲去世，他回乡守孝，之后以各种理由不愿出仕（太监刘瑾当权，他不愿同流合污），在家乡20年间，办学西洲书院，修《琼台志》，编选《白玉蟾诗文集》等。嘉靖元年（1522），唐胄应召赴京，复任为户部河南司主事，不久升本司员外郎。次年任广西提学金事；五年（1526）升任云南金腾副使。再擢云南右参政、右布政使。十一年（1532）任广西左布政使，翌年升任都察院右副都御史，仅半年改任山东巡抚。时黄河泛滥成灾，千里跋涉寻觅黄河故道，疏通三郡水，引灌荒田，变患为利，并发耕牛、种子，鼓励垦荒，发展农业，政绩显著。十四年（1535）任南京户部右侍郎，次年春调任北京户部右侍郎，秋转为左侍郎。

唐胄是嘉靖登基后起用的官员，而且就任后屡得擢升，圣恩不薄。在各地为官期间，政绩卓著。在京期间，屡屡上疏纵论天下大事，显示出卓越不凡的器识。可是，在十七年（1538）嘉靖下旨"定明堂大飨礼"时，唐胄却不像四川巡抚都御史宋沧和湖南巡抚都御史吴山那样阿谀奉承，畏威偎位，而是冒死上疏，反对嘉靖定"献皇帝庙号睿宗"，被嘉靖打进大牢。是年冬获赦，准备重新起用，终因不堪精神和肉体上的折磨，一病不起。隆庆元年（1567）追赠都察院右都御史，赐谕葬。

嘉靖为什么不听大臣们劝谏，一再坚持将生父"献皇帝"入祀明堂配帝位呢？原来，世宗朱厚熜是明朝第十一世帝，年号嘉靖，后世称嘉靖帝。朱厚熜是第八世帝明宪宗朱见深的第四子，宪宗将帝位传给第三子孝宗朱祐樘，是为第九世帝。孝宗将帝位传给武宗朱厚照，是为第十世帝。武宗无子，传位于嘉靖。即嘉靖是接了侄子的班，他的父亲本不是皇帝，明史为尊者讳，说嘉靖这样做是"天性至情，君亲大义，追尊立庙，礼亦宜之"。唐胄所受的儒家正统教育，让他觉得嘉靖坚持将生父"入祀明堂"不符合朝廷礼仪，故而敢冒风险上疏，反对嘉靖定"献皇帝庙号睿宗"。敢于抗争，这是他"立朝有执持"的最大亮点。

这也在一定程度上影响到他的同乡人海瑞，世宗朱厚熜执政后期，奸相严嵩掌权，政治腐败，东南倭寇和北方鞑靼贵族乘虚侵扰。在这种情况下，明世宗仍然沉溺于花天酒地之间，竟有20多年不视朝，大臣夏言、曾铣、张经、杨继盛等人纷纷上书，但都为严嵩所害。嘉靖四十五年（1566）二月，时任户部主事的海瑞又冒死上了一道披肝沥胆的《治安疏》。这个事件被后人称为"海瑞骂皇帝"。海瑞给嘉靖皇帝上书，直言："嘉靖者，言家家皆净而无财用也。"（所谓嘉靖，就是家家净的意思，有您做皇帝，老百姓都成了穷光蛋了）"天下人不直陛下久矣。"（天底下的人早就看您不顺眼了）经过这场风波，海瑞俨然成了大明王朝乃至整个中国历史上的道德楷模，史书上写"直声震天下，上自九天，下及薄海内外，无不知有海主事"。而他这个骂皇帝的《治安疏》因为主旨为"直言天下第一事"，故又被称为"直言天下第一疏"。

像这样的上书，史无前例，弄不好就会带来杀身之祸，甚至满门抄斩，何况是像海瑞这般直接得可以说是无礼的"开骂"。所以，海瑞认为自己必死无疑，在上书前，遣散家人，买好棺材，安坐家中等人来抓自己。这是比死谏还悲壮的一出戏。如果说，唐胄是在"劝"嘉靖不要做违背祖制的事，海瑞则是指着不依祖规的皇帝鼻子"痛骂"其违背祖制。从这个角度看，海瑞比唐胄"立朝更有执持"。

有学者认为，《明史》在得出唐胄"为岭南人士之冠"的判断之前，有三句话作为前提，即"耿介孝友，好学多著述，立朝有执持"。这三句话是一个不可分割的整体。其中，"耿介孝友"是立德，"好学多著述"是立言，"立朝有执持"是立功。儒家有"立德、立言、立功"的"三不朽"之说。如果单就某一方面而言，唐胄也许在明朝的海南人里不是最突出的。但如果将上述三个方面结合在一起来看，则很少有人能够超过唐胄，他是一个各方面实力比较均衡的"全能冠军"①。这样的说法好像有点道理，但如用此标准来为"岭南人士之冠"定义，恐怕一时难以服众。

如果从对海南历史研究和国家海洋主权意识起到推动作用的角度去考虑，唐胄的《正德琼台志》虽说并不是海南第一部地方志，却是海南保存最完整、体例最完备的一部地方志书。在唐胄的《正德琼台志》之前，至少还有4份有明确时间的关于海南地方的"旧志"，它们依次是永乐十六年（1418）刊行的佚名《琼州府志》（又称《永乐志》）、宣德六年（1431）第三版的蔡微《琼海方舆志》（又称《方舆志》）、成化十四年（1478）刊行的刘预《琼州府志》（又称《成化志》或《刘志》），以及不早于弘治十七年（1504）成书的王佐《琼台外记》（又称《外纪》）手稿。从1418年的《永乐志》到1521年唐胄的《正德琼台志》，时间相隔只有100年，海南的文化人，前赴后继地凭借一己之力，试图为后人留下一份文字记载的有关海南的历史。

其中，王佐的《琼台外纪》由于时间相近，加上两人的亲戚关系，对唐胄编写的《正德琼台志》影响最大。唐胄十分尊重王佐在地方史志编纂上的开创之功，他在《正德琼台志》一书的序言中提到，唐代以前，海南地方因为僻远荒陋，基本上没有方志传世，至宋代有《琼管志》《万国图经》，但又在元代失传了。直至王佐，"载笔数十年，录郡事警官，志前后擅易之陋，乃命所集为《外纪》，以自成一家之书"。这里所谓"志前后擅易之陋"说的是，此前海南

---

① 郭皓政. 岭南人士之冠：唐胄［M］. 海口：南方出版社，2015：186.

地方志中关于海南地方史实的随意编造、改动的不良情况。因此，王佐把他的这部著作取名为"琼台外纪"（他虽编有《琼台外纪》，但后已佚）。其后，唐胄在王佐的《琼台外纪》基础上，部分借鉴了其他三部琼台史志，写出了《正德琼台志》一书，是海南现存最早和资料价值及编纂水平最高的一部地方志，也是海南历史上第一部完整的传世地方史志。

其实，一开始王佐编写了《琼台外纪》一书，作为海南史志的开山之作（之前的三部分别是永乐十六年（1418）刊行的佚名《琼州府志》，宣德六年（1431）第三版的蔡微《琼海方舆志》，成化十四年（1478）刊行的刘预《琼州府志》，这三部地方志主要限定在海南岛的某个区域，或是社会某些区域，并不是整个海南岛的地方志），这部书引起了海南地方郡守的重视，但被认为书中仅详于人物、土产，从地方史志看，体例不够完备，因此在王佐晚年致仕归琼后，琼州知府王子成出于对王佐的崇敬，特地于正德六年（1511）邀请其主修琼州府志。其时，王佐已经84岁高龄了，由于精力有限，就邀请辞官在家、与自己有表亲关系的晚辈才子唐胄协助自己来编撰这部地方志书。但是在编写海南建制沿革等问题上，如对于史料中所出现的海南自汉武帝立郡后，汉元帝弃珠崖一直到梁朝大同年间，凡580多年，中间是否曾出现过政治真空的问题，两人就有不同的看法，王佐认为是，唐胄认为否，因"执旧疑史，与众不合，阁笔延月，仅授《序》答守以归"。这就是说，王佐与唐胄观点不合，以至拂袖而去，搁笔长达一个多月，后来只写了一篇《东岳行祠会修志序》的序文交差了事，不久便因病去世了。这篇序，后来在唐胄独自完成的《正德琼台志》中还是予以保留，不仅如此，还大量引用了王佐《琼台外纪》中的史料，并标明出处，表示对王佐学术研究价值的敬重。同时，唐胄还将自己在某些历史问题上与王佐的不同看法也原原本本地记录在书中，以此就正于后人。这种尊重历史的求实精神值得后人学习。唐胄还在《序言》中谦逊地说："盖体文庄而将顺其欲为之意，尊桐乡而忠辅于已成之书，以求得臣于二公。"（文庄指丘濬，桐乡指王佐。）这表明自己编撰的地方史志全在于承继先贤的余晖，这种尊重前贤的文化传承精神也是值得我们学习的。

唐胄的《正德琼台志》，有哪些是值得肯定和后人学习的地方？

1. 《正德琼台志》的编写特点，最突出即私人著史。中国的地方史志编写历来有官修私修之分，《正德琼台志》属于后者。本来在前期王佐也参加了琼台史编撰工作，但两人很快出现意见不一，王佐选择了退出。这样，琼台史的整部书的立意、写作只能由唐胄独力完成，这点从 1964 年上海古籍出版社影印浙江天一阁正德残本版可以看到全文系一个人的笔迹，从文中的称呼以及唐胄的生平记载，有理由认为就是唐胄的私人笔记。虽然在书前序里唐胄提到有两位学生的帮助，但学生所起的主要是资料的收集整理作用。唐胄一生最大的贡献当属完成《正德琼台志》，大家都知道在唐胄之前海南地方志很少，之前政府官修的地方志绝大部分没能流传下来。唐胄在《正德琼台志·序》里对此做了详细的描述："郡志自国初至是亦编矣……唐人称郡僻无书，至宋《琼莞志》《万州图经》，元人又不能蓄。"① 因此所能借用的材料文献少，编写海南地方志的难度很大，但唐胄并没因此放弃，而是花了 20 年左右时间在家乡潜心编著。私修相较于官修的难度，不仅在私人的治史眼光、评价标准要让人信服，材料的收集、内容的编写，在经济、时间、精力上都耗费极大，必须有长时间全神贯注的投入才有可能完成。

2. 史料价值。《正德琼台志》比较全面地记载海南社会历史、自然资源、经济发展、地理环境、民俗习惯等情况，是研究海南历史文化的必备文献。卷一为郡州邑疆域图，即明朝的琼州府、府城、府治及辖县共 16 图；卷二为郡邑沿革表；卷三为沿革考；卷四郡名、分野、府、形胜、气候、风候、潮候；卷五、卷六是海南诸县的山川、井泉；卷七是水利；后面各卷分风俗、土产、户口、田赋、乡都、墟市、桥梁、公署、仓场、驿递、兵防、平乱、海道、黎情、职官、名宦、人物、艺文等，总共 41 卷，约 31 万字，是海南岛现存最早内容最详尽的地方志书。

书中专门用《户口》卷十的一卷篇幅记载海南的户口从汉代到明朝正德 7 年间海南岛的户口变化。且历代数据均详细标明所引文献，如《汉书·贾捐之传》《隋书·地理志》《唐书·地理志》《宋书·地理志》等。作者还针对元朝的户口数量相关文献资料不同记载做了自己的分析判断，指出诸旧志数据自相矛盾，应根据《元史》考订。历朝的户口数量变化反映出不同时期海南的社会发展、大陆移民、黎族的治理等情况。尤其是作者生活的明代，数据最为详尽。分洪武二十四年（1391）、永乐十年（1412）、成化八年（1472）、弘治五年（1492）、正德七年（1512）五个阶段。其中洪武、永乐间户口总数比后三阶段多的问题，作者在标注出所引文献资料后，提出当时已经无法查证。此外该时

---

① 　唐胄. 正德琼台志：序 [M]. 海口：海南出版社，2006：3.

期的户口还具体记载了各县的数据，正德年间的甚至详细地记载了户口又分民户、军户、杂役户、官户、校尉力士户、医户、僧道户、水马战所户、弓铺兵祗禁户、灶户、疍户、窑冶户、各色匠户、寄庄户，这对我们了解明代海南社会状况有着重要史料价值。从洪武、永乐年间的内容我们还可以看到，当时对户口的统计是严格区分汉民和黎民，这对我们研究海南黎族的地理分布、汉化情况、中央对黎政策均有参考价值。在文末唐胄亲撰的评论中，还详细地分析了各朝户口增减的原因，如唐宋两代由隋代的近两万户减为一万户左右，其认为："一则疏而不亲，三百年之治，初罪置外，守令命吏《志》不一书，琼州陷没百数十年，一则武力不竞。"

　　还有《琼台志》中的物产，除了详列品种名称外，对每种物产还有详略不一的说明。如卷八《土产上·果之属》记载："荔枝出琼山西南界宅、念都者多且佳，有红紫青黄数种。""龙眼俗呼圆眼，出琼山东界并文昌者佳。""椰子树如槟榔，状如樱榈，叶如凤尾，高十数丈，有黄、红、青三种。黄性凉、青热，出文昌者佳……"这样的热带亚热带的植物果品的记载，对水果的产地不同导致品质优劣进行比较，有助于研究地理条件以及气候的变化对水果品质的影响，在许多地方方志中是找不到的。还有卷八《土产上》里对海南谷物的记载，共有 10 种，每个品种之下又分若干小类，以稻为例，"稻（粳糯二种），粳为饭米，品著者有九：曰百箭，曰香粳，曰乌芒，曰珍珠，曰鼠牙，曰东海，曰早禾，曰山禾（择久荒山种之。有数种，香者味佳……），曰占稻（……即宋真宗遣使取种占城，分布江淮诸处者）。糯为酒米，品著者有九……"不仅详细描述了稻的种类，还分别描述其名称、来源等。

　　3. 《正德琼台志》的历史价值，更重要的还在于对中国南海主权的相关历史文献记载。这一点在今天南海主权争端愈演愈烈的时代背景下尤为耀眼，该书以地方史志的方式，明确记载南中国海自古以来是我国不可分割的领土，并且书中大量引用了明之前的中国古代文献资料，其史料价值更显珍贵。如卷四《疆域》里所说："先王体国经野，必正疆界，所以使有土者各专所守。"卷四琼州府条载："《琼管古志》云：'外匝大海，接乌里苏密吉浪之洲。南则占城，西则真腊、交趾，东则千里长沙、万里石塘。北至雷州徐闻。'"卷二十一《海道》："南则占城，西则真腊、交趾，东则长沙万里石塘。"这些叙述涉及明朝琼州府管辖区域。卷九《药之属》磁石条："磁石，出崖。《异物志》云，涨海崎头，水浅而多磁石。徼外大舟锢以铁叶，直之多拔。"这是我国古代先民在海里开采磁铁石矿产的记载。书中另有许多关于我国古代先民在南海生产活动的记载，如卷二十一《海道》："东北远接广东闽浙，近至廉高化开洋，四日到广州，九夜达福建，十五日至浙江。"还有卷二十一《海道》："儋海之西于廉境相对，二日达交趾万宁县……崖之南，二日接占城外番……占城，近琼州，顺风舟行，一日可抵其国。"这些都是海南与内陆沿海地区以及周边国家的海道行程。卷二十一《海道》："敕囊自勘定以来，人皆臣服。然当此之际，必居安虑危，方称保民之道。"在与南海周边国家和平相处时，也要居安思危，时刻保持高度警惕，才能确保人民和平幸福地生活。

可以说，在明朝那个封建年代里，能有如此明确的"南海主权"意识，唐胄确实不同于一般。

如果我们能把明代"郑和下西洋"一事和唐胄《正德琼台志》的南海主权意识联系到一起，对我国明朝的"海洋意识"会有更全面的认识。

郑和下西洋是明代永乐、宣德年间的一场海上远航活动，首次航行始于永乐三年（1405），末次航行结束于宣德八年（1433），共计7次。由于使团正使由郑和担任，且船队航行至婆罗洲以西洋面（明代所谓"西洋"），故名。在7次航行中，三宝太监郑和率领船队从南京出发，在江苏太仓的刘家港集结，至福建福州长乐太平港驻泊伺风开洋，远航西太平洋和印度洋，拜访了30多个国家和地区，其中包括爪哇、苏门答腊、苏禄、彭亨、真腊、古里、暹罗、榜葛剌、阿丹、天方、左法尔、忽鲁谟斯、木骨都束等地，最远到达东非、红海。这一系列航行比哥伦布发现美洲大陆早87年，比达·伽马早92年，比麦哲伦早114年。说明当时明朝在航海技术，船队规模、航程之远、持续时间、地理方位测定等领域的科学文化水平均领先于同一时期的西方，创造了世界航海史的奇迹。

在天文航海技术方面，中国很早就可以通过观测日月星辰测定方位和船舶航行的位置。郑和船队已经把航海天文定位与导航罗盘的应用结合起来，提高了测定船位和航向的精确度，时称"牵星术"。明代用"牵星术"观测定位的方法，通过测定天的高度，来判断船舶位置、方向、确定航线，这项技术代表了那个时代天文导航的世界先进水平。郑和下西洋的地文航海技术，是以海洋科学知识和航海图为依据，运用了航海罗盘、计程仪、测深仪等航海仪器，按照海图、针路簿记载来保证船舶的航行路线。航行时确定航行的线路，叫作"针路"。罗盘的误差，不超过2.5°。英国学者李约瑟在《中国科技史》一书中指出：对郑和船队使用的中国航海图的精确性问题，米尔斯（Mills）和布莱格登（Blagdon）曾做了仔细的研究，他们二人都很熟悉整个马来半岛的海岸线，而他们对中国航海图的精确性给出了很高的评价。

实事求是地说，史学界对郑和下西洋成败得失是有不同意见的，在反对者的意见里，蔡东藩的观点具有一定代表性："虽宣威异域，普及南洋，为中国历史所未有，然以天朝大使，属诸阉人，亵渎国体，毋亦太甚。且广赍金帛，作为招徕之具，以视西洋各国之殖民政策，何其大相径庭耶？"① 但不可否认的是，对郑和下西洋成败得失的学术争论，一定意义上为现代海权思想的构建、海事危机和海权意识的觉醒，提供了早于美国军事理论家马汉"海权理论"之外的中国式"海权思维"，甚至可以称为海权理论的中国"郑和模式"。

从今天的认知角度看《正德琼台志》的史料价值、学术价值等，正如《海南地方志丛论》主编洪寿祥在该书总序中说的："要维护我国对南海诸岛的主权，从海南地方史志资料中可以举出无可辩驳的证据。"该书的前言还提到："在上一个世纪六十年代，上海古籍书店印行之广东七种明代志书中，《琼台志》是备受推重的一种。……这是由于本书的体例完善，文献性强，资料价值高。在方志编纂学、方志文献学、方志史上都有重要价值的缘故。"以上这些评价，说明《正德琼台志》不仅在当时具有开创性的地方史志意义，在今天依然具有重要的学术参考价值，以至我们终于能够说：有了《正德琼台志》，明史赞唐胄为"岭南人士之冠"就当之无愧。

---

① 蔡东藩.明史演义［M］.吉林：吉林出版社，2011：105.

探寻谢宝

　　关于海南历史人物谢宝，有价值的史料很少，在目前能找到与谢宝有关的历史资料里，只知道他生于康熙二十一年（1682），卒于乾隆七年（1742），是海南岛海口市（原琼山县）龙岐村人，但在龙岐村现已找不到谢宝的祖屋和后裔，询问村人也说不出个所以然，在地方志《琼州府志》上查到有他的记载："谢宝，字紫树，琼山人，康熙戊子（1708）举于乡，雍正甲辰（1724）赐进士出身，天资高旷，不拘小节，任肇庆府学教授，与道台议论不合，弃官归，精形家言，有人伦鉴，设教琼文之间，后学多所成就，如文昌进士张日旼，琼山孝廉冯泷，皆预为赏识，藻鉴不爽。"谢宝弃官归里后，在海南岛多个书院执教，他慧眼识才，生员多有学成。颇受地方士绅敬重，在掌教清代琼州最高学府琼台书院时，对得意门生张日旼、冯泷格外垂爱，后张日旼进士及第，冯泷中举。

　　而谢宝掌教琼台书院前后的人生痕迹，比如，在哪开蒙、业师是谁、离开琼台书院后干吗去了……如泥牛入海一般难寻踪迹，倒是民间传说相当生动，先是具有生动情节和情感色彩的《搜书院》琼剧版和粤剧版文学故事：谢宝在琼台书院当掌教时，当时的琼台镇台署同琼台书院比邻，镇台的婢女翠莲陪小姐春日放风筝，风筝线断飞丢被书院学子张日旼捡到交还。但因张日旼在交还的风筝上面题诗一首，翠莲被夫人误解凌辱毒打，便连夜改扮男装，逃到琼台书院，镇台获知此事恼怒不已，调兵包围书院，责令掌教谢宝交人。谢宝以书院乃学府重地为由，严词拒绝官兵进内搜查。见镇台仍不肯罢休，便和镇台一道去道台府理论。谢宝趁备轿往道台府之时急中生智，巧妙地将翠莲藏于轿内，于途中趁机把她放走。此举不仅救下了翠莲，也成全了张日旼和翠莲的爱情。谢宝勇斗镇台，呵护门生，巧救丫鬟，后人将这个"书剑较量"的故事，编成戏剧《搜书院》，并拍成同名电影，在海内外广为传播。

接着就是令人遐思的谢宝出身。民间传说其父是肩挑小贩，随处叫卖为生，到中年还未成婚，后离开府城到文昌县（今文昌市）宝芳墟谋生，得村民帮助在路边搭一草棚，既是栖息之所，也当零卖小店。一年农历七月十五，周边尼姑集体赴文昌县东郊菩萨庙拜神进香，在赴庙堂之约的途中路过这一草棚，其中一尼姑突感肚子疼而借棚暂歇，哪知那天大雨倾盆不停，为躲雨只好"避难"一夜。是夜尼姑与谢宝父亲二人春心萌动，巧遇成了天赐奇缘。第二天，雨过天晴，尼姑含羞返庵。回去后发现珠胎暗结并诞下一子。独自抚婴半载，尼姑便抱亲生骨肉还俗投认生父。生父爱之如心肝，取名为谢宝。……

再后面就是谢宝因学子张日旼得罪琼府镇台，便离开府城琼台书院到会同的山林隐居不再现身……

林林总总的各种民间传说，给谢宝的形象蒙上了神秘色彩。一句话，史料里的谢宝形象很单薄，民间传说里的谢宝血肉很丰满。

要拨开谢宝身上的层层迷雾，我们需要回答这几个关键问题：

1. 谢宝离开琼台书院后去哪了？

2. 谢宝有没有后人？

3. 谢宝死后魂归何处？

先回答第一个问题：谢宝离开琼台书院后去哪了？由于粤剧《搜书院》的艺术影响力，剧中的谢宝为保护得意门生张日旼与琼府镇台周旋抗争，为谢宝离开琼台书院去会同隐居一说提供了丰富的想象空间。但据琼海市文化界人士陈鹤亭老人（已故）的晚年回忆，谢宝离开琼台书院后于雍正六年（1728）被聘到会同县的端山书院（今琼海市塔洋乡）当掌教。这个说法是我们在2021年5月中旬为探寻谢宝生平，通过大学同学、琼海退休干部蔡小平帮忙联系琼海人称"琼海历史文化活字典"的88岁老人王锡钧，我们特意从海口赴琼海嘉积对王锡钧老人进行访谈时被告知的。访谈时的老人神清气爽、思维缜密、口齿清楚，据老人回忆，20世纪90年代的一天，另一位琼海文化名人陈鹤亭写信给他，约他一起去寻访谢宝的琼海旧址和墓地，在信中陈鹤亭还告诉他，谢宝于雍正六年到会同县的端山书院当掌教，为琼海的文化教育做过贡献。

《海南地方史志·琼海县志》记载：端山书院，原称"应台书院"，于明万历三十七年（1603）由会同知县叶中声创建，原址设在县城东关门外，崇祯十年（1637）知县夏铸鼎重修，改称"同文书院"。后多次移址更名，清雍正十一年（1733）年间知县钟琏捐资在城内重建。在正斋东西建瓦房各五眼，中间建八角亭讲堂，并美其名曰"端山启秀"。乾隆二十二年（1757）知县万师敬建书院后正房一间三眼，二十八年（1763）知县田浚率通县绅士捐资二百余金，重修大厅一座，前建八角讲堂一间，外建西廊书房东西四间，大门一座，厨房家具备至。三十八年（1773）琼州府萧应植书题匾曰"端山书院"，后年久失修，倾颓多处。嘉庆十四年（1809）邑侯江秋认为："书院旧迹久已倾颓，多士诵习无地，其何以为文风振乎？"故此他自己捐献出清俸薪金并且邀县中各绅士捐资助力，会通邑士庶民捐钱一千四百余串，重新扩建、修缮了端山书院，"不数月而功成室四进"。光绪三十年（1904）改为"琼东第一高等小学"。1923年府城第一高等小学改为"琼东县初级中学"。1934年更名为"琼东县简易师范学校"。日军侵略海南时，学校迁移于长坡良玖村上课。1941年为日伪维持会所逼，迁到嘉积大春坡，即现琼海师范前身。

也就是说，端山书院自明万历年间开办以来，历史上曾多次移址更名并停学复学，与端山书院有关的具体的人、事已随历史的时光飘散在风雨之中。谢宝是否在雍正六年到的端山书院？史料里记载的清雍正十一年（1733）年间知县钟琏捐资在城内重建的信息如果属实，从雍正六年到雍正十一年，"端山书院"是否在正常办学？谢宝在此掌教几年？目前还缺少有关史料提供准确证据。

但从生活常识看，谢宝出身并非大户人家，中进士后没多久就从广东肇庆府学教授任上辞官归里，在琼台书院当掌教又因弟子顶撞镇台大人，离开琼台书院，到端山书院任教应是他最佳的生活选择。并且，谢宝后来选择在琼海定居，应该是他来端山书院任教后，依据当地的风土人情做出的人生选择。不过，仅凭他到端山书院掌教这一点看，离开府城琼台书院到会同端山书院任教，可以是为避琼州镇台锋芒，但离开琼台书院去会同"隐居"一说就无法成立，毕竟"任教"与"隐居"并不是一回事。

至于谢宝是在此掌教期间定居琼海，或是周转各地任教，辞教之后选择定居琼海，从雍正六年谢宝到端山书院到乾隆七年（1742）去世，这段时间谢宝是一直待在琼海，还是也去过其他的地方，这些情况恐怕得等到谢宝后人出现或相关历史资料出现才能下最终结论。

再来看第二个问题：谢宝有没有后人？要回答这个问题，必须先确定谢宝在琼海的居住地。史料里记载谢宝当年在琼海的隐居地是在琼海大路的昌赖村，琼海的王锡钧老人曾在20世纪90年代接到友人陈鹤亭信后一起访寻过谢宝故居，但此村名今已不在。在有心人指点下，他们找到现琼海市大路乡马寨村一地名叫昌赖园的地方——谢宝故居，当年谢宝在此地建造的住宅已荡然无存，只有拨开地面的杂草依稀还能看到旧居地面的一些石墩，但宅子的模样仍留存在附近高龄村民的记忆中。据村民回忆，谢宝故居是一座青砖青瓦颇为壮观的民宅，屋子庭院的右边是一丛郁郁葱葱的竹林，前面还有一片铁干繁柯的荔枝园，但这些现已不复存在。他们在与谢宝在琼海旧居附近的村民交谈时，了解到这样一些信息：谢宝的晚年一家人就居住在这里，一直到抗战时期，谢宝还有后人在此地居住，只是因为谢家的后人被日军抓丁抓走后再也没有回来，他的媳妇迫于生活只好改嫁。从此，谢家再也没人打理，年久失修以至屋子坍塌。

王锡钧老人回来后，将这次访寻活动写成文章《寻访谢宝故址及墓葬记》公开发表，先发在《琼海通讯》，后发在《今日海南》（中共海南省委机关刊物，1999 年 10 期）。

王锡钧老人文章《寻访谢宝故址及墓葬记》里写道：

　　正当我们漫无目标地在山坡上踯躅时，蓦地听到好尖细的一个女人声："请问，先生们找什么呀？"我循声看去，见一位手中牵着一只水牛的年青（轻）妇女，站在山坡的一个拐角处，正愣怔怔地瞧着我们。我说："找谢宝墓。""呵，就是戏里演的那个谢宝。他可是个大识字人呢。那边有个谢家墓，不知埋的是他，还是他家的什么人。"听那女人这么一说，我们兴奋起来，要她立即带我们看去。

　　十几分钟后，在那女人的引导下，我们在灌木丛中看见了一座墓坟。那坟墓，只在地上隆起矮矮的一堆土，高不过一米。坟墓上长满灌木和荒草。墓碑也很矮小，被一棵树木枝叶遮掩着。陈老见其状，连连摇头说："这不是谢老夫子的墓，绝对不是。"我接过那妇女手中的刀，把墓碑前的树木砍掉，然后蹲在碑前仔细辨认着碑石上的字。只见碑石中间是一行仿宋体大字："显祖考国学士谢二公之坟。"左上侧刻有一行小楷字："生光绪庚子年七月初八。"却未刻卒于何年何月何日。左下角镂刻的是两行并排的小楷字："故男德管、祀孙大恩立。"我正端详着，突然，那当向导的农民大声地喊了起来，"就是谢宝家的墓。你们看，碑石上有大恩的名字哩！"接着，他告诉我们，大恩是谢宝的后代。说不清是谢宝的第几代了。村中老一辈人都知大恩就住谢宝故宅，大恩跟村中老辈人都有来往。说大恩娶了个好漂亮的老婆。不幸在日本侵琼时，大恩被日本鬼子抓去杀害了。大恩死时，老婆怀有身孕，后来嫁了别人，仍生下孩子，听说是双胞胎。说不定，谢宝还有后代在世呢。

也就是说，在 80 多年前，谢氏家族仍有人在琼海大路地区活动。但谢宝后人大恩被日军抓走后再没回来，谢家媳妇被迫改嫁时已怀有身孕，后来生下了一对双胞胎，谢大恩媳妇改嫁带走的两个谢家骨肉，有可能已随母亲改嫁而改姓继父姓氏，按时间推算现如在世也是接近 90 岁的老人了，他们的子孙后代现居住在海南岛何处？因年代久远，谢家附近的村民们一时也讲不出个所以然，但这是一条有价值的信息，需有心人顺着这条线索继续追寻，同时也希望知情者为此提供有价值的人物线索。

还要看看第三个问题：谢宝死后魂归何处？

赴谢宝的琼海旧居考察之前，就有知情人提供线索，说是在原琼海东红农场十四队（琼海市大路镇林宫村附近）附近有一谢氏坟墓，村民都说是谢宝坟墓。

2021 年 5 月中旬的一天上午，我们从海口驱车依据定位来琼海大路寻找谢宝墓地，但在东红十一队的路牌前迷失了方位，望着路两边密密麻麻的橡胶林，我们只能无奈离开，先到琼海嘉积访谈王锡钧老人。在对王锡钧老人访谈时，大学同学蔡小平电话联系了琼海大路镇的宣传委员小黎，得知他们下午在大路镇政府开会，她答复先联系谢宝墓地附近的昌文村支书吴书记，等开完会后带我们到谢宝墓地看看。

下午 4 点半左右，小黎打电话过来告知会议结束了，我们立即告别王锡钧老人，驱车前往大路镇与小黎和昌文村吴书记汇

图 18　谢宝坟墓

合，来到我们上午曾来过的东红十一队的路牌前约 20 米处，停车路边后顺着崎岖不平的橡胶林地往橡胶林深处走去。大约在离路边 100 米的橡胶林深处，一处荒芜的墓地出现在我们的眼前，旁边的昌文村吴书记告诉我们，之前这墓地及周边杂草丛生非常荒凉，他是前几天接到大路镇电话，说有大学教授要过来

探寻谢宝墓地，便抽空过来清除了墓地和周边的杂草。我们到来时，时间离清明节刚过去没多久，但墓地与周边一片荒凉，没有人来祭祀过的痕迹。墓地中间的墓碑位置空着，前面的香炉等也半被泥土掩埋，我们绕着墓地走了一圈，没有发现任何能提供墓主人身份的东西，只好问身边的昌文村吴书记怎么知道这是谢宝的墓地。昌文村吴书记说他住的昌文村离这里只有几百米，这个墓以前是有墓碑的，还有石笔等，"破四旧立四新"时被挖去修筑水库了。但这也与谢家无后人居住在此地，墓地荒芜没人管有关，如谢家有人在肯定阻拦不让挖祖坟墓碑。

村民们还提供了一条这个墓地是谢宝墓的有力旁证：在 20 世纪 80 年代初的时候，琼海县民政局曾几次派人组织民工来修缮过此墓，但后来不知何故又没人管了，从此就这么荒芜了。昌文村吴书记还说村里的老人见过这个墓碑，也知道这是谢宝墓，但墓碑上面除了谢宝具体还写了什么，因时间太久加上村民文化程度不高，讲不清楚了。

那么，王锡钧的《寻访谢宝故址及墓葬记》里的谢家墓与昌文村吴书记带我们找到谢宝墓是不是同一个墓呢？因王锡钧老人年事已高，无法请他过来旧地重游求证，我们眼前的墓是没有墓碑的，而王老笔下的墓是有墓碑的，所以是有差异的。但昌文村吴书记说的这些，也和王锡钧老人文章里的相关记叙相吻合。王老在文章里写道："有个头发胡须皆白，肩披一条汗渍斑斑毛巾的老者向我们走来。他说，谢宝墓在离这好远的林宫岭上。听说，墓碑、石笔在大跃进年代建水库时，被水库指挥部的一名领导叫人拔掉，扛去筑了水库涵洞。"

也就是说，当年王老和陈鹤亭老人看到的应该不是谢宝墓地，但应该是谢家后人的墓地，谢家后人的墓碑上写的"国学士"究竟是清代的什么官职？查清代文武官官职从正一品到从九品，都没有这一官职称谓，类似称呼内阁有三殿三阁六"大学士"①，都是正一品，翰林院有"学士""侍讲学士"和"侍读学士"等类似官职职位。只能按字面意思去解读，"国学"原指国家官办的学校，也就是国子监和地方官办书院，是我国古代国家管理教育的行政机关和国家设立的官办学府。如从这个角度考虑，"国学士"要么就是国子监、书院官员，要么就是国子监、书院学生。但国子监的官员一般都有正式官衔官称，不

---

① 清制：三殿三阁都是正一品，其地位顺序从高到低为：中和殿、保和殿、文华殿、武英殿、文渊阁、东阁。乾隆十三年（1748）裁撤中和殿后变成：保和殿、文华殿、武英殿、文渊阁、东阁、体仁阁。

能胡乱更改。有可能是国子监学生、地方书院学生？（据《清史稿》，国子监一般设有贡生六种——岁贡、恩贡、拔贡、优贡、副贡、例贡，监生四种——恩监、荫监、优监、例监。"监生"与"贡生"统称"国子监"）但国子监学生一般称呼为"国学生""太学生"或"国子生"，没有称呼"国学士"的。所以，这个"国学士"更有可能是地方书院工作人员。

无论是国子监官员还是国子监、书院学生，都与谢宝身份不符。况且谢宝生于康熙二十一年（1682），是雍正甲辰（1724）考中的进士出身，乾隆七年（1742）去世，这与墓碑上"生光绪庚子年七月初八"时间不符，查光绪庚子年是光绪二十六年（1900），显见王老笔下的墓不是谢宝之墓。墓碑左边的人名"德管、大恩"，经与村民询问核对，大恩就是村民记忆里被日军抓丁抓走的谢氏后人，德管应该就是他父亲，这个倒是和村民的历史记忆对接上了，所以王老笔下的墓地主人虽不是谢宝，但肯定应是谢氏家族中的一员。而这也为谢宝后人在琼海居住的氏族延续提供了有力证据，墓碑上墓主人的儿孙都只有一人，从另一个角度说明谢宝家族人丁不旺。墓地荒凉原因也基本可以断定了，大恩被日军抓走后媳妇改嫁，谢家从此断脉了。

如果见证谢宝墓碑被挖的村民记忆成立，就难怪陆续有人来此寻找谢宝墓地全都铩羽而归，因谢宝墓已成了昌文村附近的无名之坟，如无知情当地人指引，外人无法找到深藏在橡胶林深处的荒芜墓地。在琼海地图里查了一下，在昌文村附近的水库主要有七星水库、水东水库和红湖水库等，一时难以判断是哪个水库修建挖走了谢宝的墓碑。可以推断出谢宝的墓碑此刻正在琼海某个水库涵洞中默默地为海南的农田灌溉无私奉献，为此特立此文存证，以启示后来的有心人，待他日年久失修的水利灌溉系统改造时，有可能在哪个水库涵洞中发现谢宝的墓碑，让墓碑上记载的谢宝有关生平及后人等信息重见天日。

注：此次海南历史人物谢宝琼海考察，得到琼海市退休干部蔡小平、王锡钧以及谢宝琼海旧居地大路镇宣传委员小黎和昌文村支书吴书记及村民的大力协助，在此一并致谢！

琼台书院"奎星楼"与"进士匾"辨真

　　琼台书院主楼为奎星楼，也经常被人称为魁星楼。在大陆的很多地方，原先叫奎星阁、奎星楼的地方后来大都被改称为魁星阁、魁星楼。在中国历史文化那里，奎星和魁星两者原本不是一回事，奎星本是中国古代星宿二十八星宿名称之一，这二十八星宿，是我国古代天文学家为观测日、月、五星运行而划分的二十八个星区。由角、亢、氐、房、心、尾、箕这七个星宿组成一个龙的形象，春分时节在东部的天空，故称东方青龙七宿。由奎、娄、胃、昴、毕、觜、参这七星宿形成一个虎的形象，春分时节在西部的天空，故称西方白虎七宿。由井、鬼、柳、星、张、翼、轸这七个星宿又形成一个鸟的形象，春分时节在南部的天空，故称南方朱雀七宿。由斗、牛、女、虚、危、室、壁这七个星宿形成一组龟蛇互缠的形象，春分时节在北部的天空，故称北方玄武七宿。由以上七星宿组成的四个动物的形象，合称为四象、四维、四兽。古代人民用这四象和二十八星宿中每象每星宿的出没和到达中天的时刻来判定季节。

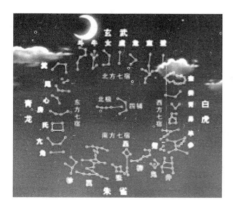

图19　二十八星宿图

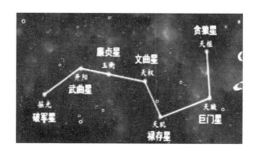

图20　北斗七星图

　　奎星为西方白虎七星之首，又叫"天豕""封豕"，是西方白虎七宿中的第一宿。奎星共有十六颗，包括星女座九颗星和双鱼座七颗星，古人认为是主管文运的神，遂对其加以崇拜。东汉纬书《孝经援神契》中有"奎主文章"一说，东汉宋均对此注曰："奎星屈曲相钩，似文字之画。"后人据此附会为主文运之神，建奎星阁（楼）并塑神像以崇祀之，将至视为主文章兴衰之神祇。

　　魁星是中国古代星宿北斗七星名称之一，魁星是北斗七星斗勺部分四颗星的合称，北斗七星斗勺部分由天权星、天玑星、天璇星、天枢星四颗星组成，其中的天权星也叫文曲星，是魁星中的一颗星。因"魁"又有"鬼"抢"斗"之意，故魁星又被形象化——一副张牙舞爪的神灵形象。历史传说魁星手中那支笔专门用来点取科举士子的名字，一旦被点中，举子的文运、官运就会与之俱来，所以科举时代的读书人将其视若神明，科举考试文化则将魁星奉为主科举中式之神祇，并把每年的七月七日定为魁星诞。

　　总的来说，奎星和魁星分别是"二十八星宿"与"北斗七星"两套中国古星相学问的两个星名，一个在天空的西边，一个在天空的北边，本应区分开来，后世之所以时常将两者混为一同，是因为两星同为文运星而受天下学子供奉礼拜，并且科举文化自隋唐之后日盛，而魁星因是文曲星所以广受学子追捧。

　　宋代以后，"魁星文化"信仰从此取代"奎星文化"逐渐成为科举文化主流现象，各地纷纷把"奎星阁"改名为"魁星阁"，"魁星"就此成为封建社会读书人于文昌帝君之外崇信最广的神祇。明末清初大学者顾炎武在其《日知录》卷三十二就此表达了他的感慨和无奈："今人所奉魁星，不知始自何年，以奎为文之府，故立庙祀之。乃不能像奎，而改奎为魁。又不能像魁，而取之字形，为鬼举足而起其斗。不知奎为西方白虎七宿之一，魁为北斗之第一星，所主不同，而二字之音亦异，今以文而祀，乃不予奎而予魁，宜乎？"并痛斥："今之应试而获中者，皆不识字之辈乎？"魁星由此取代奎星成了中国神话中所说的主宰文章兴衰的神，散布在中国大地各地的奎星楼也大多被改名为魁星楼。

　　所以，琼台书院的"奎星楼"经常在来自四面八方的游客笔下成为"魁星楼"也就成了一种文化习惯。

　　琼台书院奎星楼也称"红楼"（因其大门、窗与楼柱漆为红色而得名），是一座砖木结构的两层小楼。清道光朝曾任琼台书院掌教的海南定安人进士莫绍德，于清道光元年撰写了一副楹联，现刻存在琼台书院一楼门前石柱。上联：法三台以开基为国储林广罗英俊。下联：经百年而再造向离乘运大启文明。魁星楼二楼的大梁正中，挂着一幅清朝皇帝乾隆手书的"进士"牌匾，相传为清代琼台书院学子张日旼①当年考中进士所得。

图21 琼台书院奎星楼照片　　　　　　　图22 清魁星图

张日旼即粤剧《搜书院》故事的主人公，当时的琼台镇台署同琼台书院比邻，镇台的婢女翠莲陪小姐春日放风筝，风筝线断飞丢了被书院学子张日旼捡到交还（另有一说为婢女翠莲一日在寺庵中丢失所戴金钗，被张日旼捡到交还），一面之识后互有好感。但因张日旼在捡到交还的风筝上面题诗一首，翠莲被夫人误解凌辱毒打，便连夜改扮男装，逃到琼台书院，向张日旼倾诉衷情。镇台获知此事恼怒不已，调兵包围书院，责令掌教谢宝交人。谢宝素爱高足，也同情翠莲的不幸遭遇，当即以书院乃学府重地为由，严词拒绝官兵进内搜查。见镇台仍不肯罢休，便和镇台一道去道台府理论。谢宝趁备轿往道台府之时急中生智，巧妙地将翠莲藏于轿内，于途中趁机把她放走。此举不仅救下了翠莲，也成全了张日旼和翠莲的爱情。谢宝勇斗镇台，呵护门生，巧救丫鬟，成为佳话流传。后人将这个"书剑较量"的故事，编成粤剧《搜书院》，并拍成同名电影，在海内外广为传播。

但琼台书院建成以来，屡屡有学子荣登科考榜目，张日旼并非琼台书院科考第一人，亦非琼台学子政绩最为显赫者，为何他的"进士"匾得以挂在琼台书院奎星楼？此牌匾又是何时挂在魁星楼二楼？关于这块牌匾的来历一时众说纷纭。

---

① 还有一说为张日旻，旻字上下结构，本意秋天，名词；旼字左右结构，本意和蔼，形容词。词性不同涵义不同，两字不宜混用。经与张日旼后人查族谱核实，族谱记载与进士牌匾一致，都是张日旼，可见"旻"当属错字。

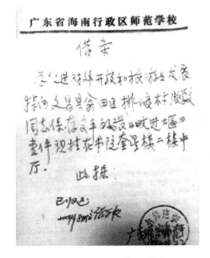

图 23　张日旼族谱　　　　　图 24　"进士匾"借条

注：琼台师范张日旼"进士匾"借条及祖籍居住地由海南省文昌市教育局黄友宝、文昌市科协张业和提供线索，在张业和族叔张学权（张日旼后人，海口退休干部，索回"进士匾"的当事人之一）处获得。

　　奎星楼的张日旼"进士"牌匾，琼台书院现存文字资料没有收录有关消息，历代地方文献也未有记载，笔者为此困惑多年，也多方访问未果，在 21 世纪初一次受邀赴文昌参加宋氏家族研究会时，偶然听赴会一文昌同行提起，琼台书院的"进士"匾是琼台师范派人从文昌的张日旼家族借去，后又被张日旼后人要回，从此将此事记在心上。

　　回来后一次与海南教育学院退休老教师闲聊时无意中提起此事，从时已近 80 高龄的韩柏光老人那里得知其来龙去脉。那是在 1984 年暑假，从 1969 年因"文革"停办后于 1974 年恢复招生的琼台师范学校，为促进对外文化交流和旅游业发展，想整理一些与琼台学校历史有关的文物资料，以方便向上级部门和日益增多的国内外来宾介绍学校情况，但经过"四清"，"文革"历次政治运动扫荡后的琼台书院已没有什么像样的历史文物，韩柏光老师祖籍文昌，因与张日旼同乡，他便向当时的琼台师范学校校长邓炳奇建议，派人到海南文昌张日旼后人那里寻找，看有无一定历史价值的私人文物。

图25 张日旼家乡"进士匾"

图26 琼台书院"进士匾"

邓炳奇校长同意了他的请求，于1984年8月，派韩柏光老师和另一文昌籍教师潘琼英一起来到张日旼家乡——海南省文昌市翁田乡排崀村，他们从张日旼的后人那里得知，新中国成立以后的历次政治运动，将与历史有关的东西一概斥之为"封、资、修"加以毁灭，家中已没有什么祖先留下的东西。韩柏光和潘琼英老师大失所望，正准备告别时，张日旼后人张学交和张学仕突然想起，家中正梁以前挂有一块牌匾，1966年破"四旧"（指的是破除旧思想、旧文化、旧风俗、旧习惯）时，因是祖宗留下的东西舍不得烧掉，但也不宜还挂在那里，便从屋子的正梁摘下来后拿去作为厨房草木灰坑口的挡板，这些年来一直就放在厨房的草木灰坑那里。韩柏光老师找到肥料坑那里，拿起厨房的稻草擦去木板上多年淤积的草木灰，"进士"两个大字与其他小字清晰可辨。经过双方友好协商，张日旼后人同意将此牌匾无偿借给琼台师范学校。从那时起，该"进士"牌匾就被挂在琼台书院的奎星楼二楼正梁上面。

随着改革开放的不断深入，人们的思想观念发生了很大变化，国家和民间的文物保护意识也不断得到加强，张日旼后人对自己的老祖宗留下的这块"进士匾"也有了新的想法。2004年8月的一天，张日旼家族公推出张学权、张学仕两人为家族代表。拿着当年琼台师范的借条找到琼台师范办公室，要求归还当年被琼台师范借走的张日旼"进士"牌匾，经过双方友好协商，琼台师范将张日旼"进士"牌匾按原件尺寸复制一份后，将张日旼"进士"牌匾原件归还张日旼家族。所以，琼台书院奎星楼二楼现所挂张日旼"进士"牌匾为复制品，"进士"匾的原件现存放在张日旼家乡文昌市翁田乡排崀村祖屋。

回归故里的张日旼"进士"牌匾，被张日旼后人悬挂在上屋正门的屋檐下，进士牌匾高约 70 厘米，宽约 250 厘米，底色为暗枣红色，正中楷书斗大的"进士"两字，右边起首题识为"大总裁总理事务少保保和殿大学士兼总理兵部 事世袭一等精奇尼哈番加十一级鄂 大总裁文华殿大学士兼吏部尚书加五级朱 大总裁日讲官起居注吏部左侍郎兼翰林院学士事加三级邵 大总裁日讲官起居注工部右侍郎加二级纪录二次张 同考试官日讲官起居注翰林院侍讲加二级纪录二嵩"，左边落款为"丙辰科中式一百八十三名张日旼立 乾隆元年桂月 日吉旦"。

琼台书院复制的"进士"牌匾为"大总裁总理事务少保保和殿大学士兼总理兵部 事世袭一等精奇尼哈番加十一级鄂 大总裁文华殿大学士兼吏部尚书加五级未 大总裁日讲官起居注吏部左侍郎兼翰林院学士事加三级邵 大总裁日讲官起居注工部右侍郎加二级纪录二次张 同考试官日讲官起居注翰林院侍讲加二级纪录二嵩"。

图 27　原匾与复制匾局部图片

张日旼家乡原匾与琼台书院复制匾局部图放大后，可以清晰看出，

原匾的"朱"字一撇痕迹还在，而复制匾就是"未"字，没有"朱"字起笔那一撇

"大总裁"是个"临时性官职"，是清朝初期皇帝在会试考试中任命的主考官，一般从内阁大臣中翰林、进士出身的勋贵名臣中选派。对比一下原匾和复制匾，原"进士"牌匾题识的"大总裁"官衔最后一个字"鄂""朱""邵""张"等应是张日旼中式的那一年科考官姓氏，即原匾的四位主考官姓氏分别是"鄂""朱""邵""张"，而复制匾的第二个"朱"字被写为"未"，且"未"字不在百家姓之列，牌匾主人张日旼考取的是丙辰科进士，是在 1736 年，查乾隆丙辰科的四位"大总裁"分别是正考官保和殿大学士鄂尔泰、文华殿大学士朱轼，副考官吏部左侍郎邵基、工部右侍郎张廷璐。

　　所以，复制匾第二个正考官"大总裁文华殿大学士兼吏部尚书加五级未"最后一个字"未"应是"朱"字，应是复制进士匾时粗心加上不熟悉历史漏写一画。右上额文字中加×级、加×级纪录×次，是清代官吏的一种考核制度。每一级相当于纪录四次。通常在京的考核称京察，地方的考核称大计，并辅以年终密考制，是清王朝吏治整饬的重要手段。文职官员每三年考核一次，由吏部考功清吏司承办，武官每五年考核一次，由兵部职方清吏司承办。考核的加级议叙、优等优升以及（六法）处分是皇帝驾驭官僚，维持官僚系统平衡的重要手段。左边的题款"丙辰科中式"有科举考试录取之意，一百八十三名表示他的考试名次，按照第一甲赐进士及第、第二甲赐进士出身、第三甲赐同进士出身的科举规制，张日旼名次位列三甲，也在进士之列。

　　由是，琼台书院复制的"进士"牌匾上的错别字"未"应予以改正，以免贻笑大方。

　　此匾历经 280 多年风雨变幻尚能相对完整，应当不是普通木料。但村民缺少必要的文物保护知识，也缺少必要的保护条件，加上风吹日晒雨淋等自然原因，"进士"牌匾油漆很多地方已经斑驳脱落，上面的"进士"两个大字尚能辨识，其他的小字体如右边的"大总裁总理事……"和左边的"丙辰科中式……"已依稀难辨。估计再过不了多久，张日旼"进士"牌匾将因自然条件的影响而日渐腐烂，联系到张日旼后人反映的因张日旼墓地年久失修，多年来向有关政府部门反映却得不到积极响应，牵带出了这样一个必须面对的现实问题：如何在海南自贸区经济建设的同时保护好海南的历史文化。

吴典与《四库全书》

生活于清朝中叶的海南历史人物吴典①，与他之前的另一海南历史人物谢宝一样，同为科考中式的进士，其一生著述甚少，这与他们的文人身份不太相称。并且从政以后有价值的史料记载很少，但其人物形象在海南的民间传说中却血肉丰满。两人的人生道路也有很多不太相同的地方，最主要的是谢宝科举中式后外放到地方，任广东肇庆府学教授，旋即与当地道台意见不合，辞官归里到书院任教。而吴典科举中式先选翰林院庶吉士，后授翰林院编修②，长期留在京城为官，却一直待在翰林院编修这个位置上不变直至返回故里（一些临时性的工作身份忽略不计）。

吴典人生中最辉煌的一笔，应该是参与纂修《四库全书》。来自偏远蛮夷海岛的吴典能参与《四库全书》的纂修工作，其文化意义对海南人来说，与海南定安人张岳崧科考高中探花一样，令海南人倍感自豪，也为海南文化界及后人所津津乐道。但也是因为参与纂修《四库全书》，留下了一些难以解说的疑点。其疑点主要是以下三方面：

1. 吴典参与纂修《四库全书》时的身份；

2. 《四库全书》编完后有无升迁；

3. 民间流传的皇帝御制诗、恩赐名真伪。

---

① 吴典，海南琼山人，原名吴琠，后改为吴典。改名原因不详，但清初山西沁县人吴琠，顺治十六年考中进士，康熙朝时官至保和殿大学士，为一代名相，琼台人吴典进京后改名，可能与此有关。

② 清翰林院编制：学士一人，正五品；侍读学士、侍讲学士，并从五品；侍读、侍讲，并正六品；史官修撰，从六品；编修，正七品；检讨，从七品；《五经》博士，正八品，并世袭；典籍，从八品；侍书，正九品；待诏，从九品；孔目，未入流；庶吉士。庶吉士是考中进士进行馆选后的留馆人员，官职从七品，三年期满考核如合格就会授予官职。

　　吴典为海南文化界所津津乐道的，是他参与纂修《四库全书》的工作，以至他在参与纂修《四库全书》时的身份，在海南学者笔下各有不同版本的说法：（1）四库全书副总裁；（2）武英殿分校官；（3）编纂官兼分校官……①

　　要讲清吴典在《四库全书》中的身份，我们得从《四库全书》纂修起因说起。乾隆时期，清帝国国力强盛，除了平定外侵内乱的武功之外，乾隆还想在文化方面展现他的"千古一帝"风采，乾隆曾经下令"征集天下群书"，其实他是感觉"内府藏书不富"，想满足自己的私心，当时并没有考虑到编纂《四库全书》，也没有在广泛征集图书后开馆校书的意思。可是乾隆三十七年（1772），时任安徽学政的朱筠上奏了《谨陈管见开馆校书折子》，提出搜访、校录书籍的四条建议：其一，"旧本抄本，尤当急搜也"；其二，"中秘书籍，当标举现有者以补其余也"；其三，"著录校雠，当并重也"；其四，"金石之刻、图谱之学，在所必录也"。乾隆在这份文件上用朱笔批示："原议大臣议奏。"大臣们是如何讨论的，讨论的细节如何，我们不得而知，但是从乾隆三十八年（1773）二月初六日大学士刘统勋等奏议复朱筠所陈采访遗书意见折，可以看到大臣们对朱筠的意见持肯定态度。乾隆在刘统勋的奏折上批示："依议。"显然，他是完全采纳了朱筠及权臣们的建议。

　　朱筠最先倡议纂修《四库全书》，还大体上规定了纂修的方法和步骤，是名副其实的开馆校书《四库全书》的策划者，朱筠的这份奏折直接促使了四库馆的开设及《四库全书》的纂修。三月二十八日，乾隆又有一道很重要的谕令："前经降旨，令各该督抚等访求遗书，汇登册府。近允廷臣所议，以翰林院旧藏《永乐大典》详加别择校勘，其世不经见之书多至三四百种，将择其醇备者付梓流传，余亦录存汇集，与各省所采及武英殿所有官刻诸书，统按经、史、子、集编定目录，命为《四库全书》。俾古今图籍荟萃昭艺林盛轨。"②《清史稿·朱筠传》也记载了一段乾隆的批示："军机大臣议复朱筠条奏《永乐大典》一节，已派军机大臣为总裁。又朱筠所奏将《永乐大典》择取缮写，各自为书，及每书校其得失，撮举大旨，叙于本书卷首之处，即令承办各员，将各原书详细检阅，并书中要旨总叙崖略，呈候裁定。又将来书成，著名《四库全书》。"乾隆的这几个批示，明确了朱筠是《四库全书》编撰的倡导者，也明确了将校勘纂

---

　　①　梁统兴．琼台胜迹记［M］．海南：南海出版公司，2000：174.
　　②　参见《东华续录》乾隆七十七，并《四库全书总目》卷首。

修后的书名定为《四库全书》乃乾隆本人，他也明确指出，这套图书的编定要以经、史、子、集四部分类，故名《四库全书》。

朱筠不仅倡议纂修了《四库全书》，深受他学术影响的众多门生弟子也参加了《四库全书》的纂修，如总纂官陆锡熊，提调官刘谨之、刘种之，协调官程晋芳、任大椿、梁上国，都是他的弟子；其他如纂修官戴震、劭晋涵，分校官王念孙，在入馆前都曾在他的幕府。但是，他这个倡议者、举贤者，最终没能当上《四库全书》的总纂官，主要原因就是得罪了于敏中。

于敏中就是我们今人举例常说的"别人家的孩子"，出身于官宦之家，15岁中举人，23岁参加科考，一举拿下状元。真可谓少年得志，后来的仕途也一帆风顺，官至文华殿大学士①。于敏中一开始是支持、赞同纂修《四库全书》的，因此被任命为正总裁之一，主其事。他觉得在四库馆和西园住处之间来回往返，颇为不便，就想让朱筠到他家里办理这些事情，但朱筠依据翰林院的规矩制度，认为总裁纂修应该在四库馆会面，而不愿去他家礼拜和办公。因此，朱筠一直没有拜见官位比他高很多的文华殿大学士兼户部尚书于敏中。有些好心人出于爱护朱筠，强拉着朱筠到西园相见。见了面朱筠也没有客气，只是作了一长揖而没有屈膝下跪，坐在那里侃侃而谈且不甘居下风，让于敏中极为不悦。其实，一开始于敏中还是很器重朱筠的，朱筠与于敏中的过节，一方面缘于朱筠不喜阿谀奉承、不趋炎附势的个性，另一方面是作为正总裁的汉人排名最高者"东阁大学士兼礼部、兵部事务"的刘统勋不久去世了，正总裁中的满人多是皇亲贵胄，对汉历史文化遗产不甚了解，自然不愿过多介入，《四库全书》全由于敏中把持进退。于敏中显然不是"真宰相"，他的肚里撑不了船，朱筠得罪了他，就更没有机会参与《四库全书》的总纂了。后来，于敏中还时不时上言，说朱筠木讷，反应迟钝，办事迟缓不得力。好在乾隆并不偏听偏信，没有因此降罪于朱筠。

在这之前，明朝永乐皇帝曾组织人员编修了一部《永乐大典》。乾隆皇帝想要编纂一部比明代《永乐大典》更加完备的《四库全书》，以展现他"千古一帝"的文化风采。

---

① 清顺治十五年（1658），分设中和殿、保和殿、文华殿、武英殿和文渊阁、东阁，各殿阁大学士都是正一品，地位相当于宰相。乾隆十三年（1748），改设三殿——保和殿、文华殿、武英殿，三阁——东阁、文渊阁、体仁阁。因排在前面的保和殿大学士多由满人担任，经常空缺，文华殿大学士相当于首辅大臣。

为此，乾隆皇帝下诏成立四库馆，设有总裁，总裁之下设总纂、提调、总校、缮书、监造各处。为了实现这一目标，乾隆在京官和各地官员中抽调了360名官员，组成一个庞大的《四库全书》编撰机构，其成员如下：

设正总裁一职总揽馆事，由他的第六皇子永瑢牵头，系皇室宗亲、郡王和大学士等兼任，满汉共16人：永瑢（满族，质亲王，高宗第六子）、永璇（满族，多罗仪郡王，高宗第八子）、永瑆（满族，成哲亲王，高宗第十一子）、舒赫德（满族，正白旗，陕甘总督，武英殿大学士，翰林院掌院学士）、阿桂（满族，正白旗，领班军机大臣，武英殿大学士，加太子太保）、英廉（汉军镶黄旗，直隶总督，特授汉东阁大学士，为汉人首位大学士）、福隆安（满族，镶黄旗，总管内务府大臣，步军统领，加太子太保）、和珅（满族，正红旗，领班军机大臣，内阁首席大学士）、刘统勋（山东诸城人，首席军机大臣，上书房总师傅，东阁大学士）、刘纶（江苏武进人，工、户部尚书，文渊阁大学士，加太子太傅）、于敏中（江苏金坛人，清朝状元，领军机大臣，文华殿大学士）、程景伊（江苏武进人，户、吏部尚书，文渊阁大学士）、嵇璜（江苏无锡人，国史馆总裁，上书房总师傅，加太子太保，文渊阁大学士）、蔡新（福建漳浦人，工、户部尚书，加太子太师，文华殿大学士）、裘曰修（江西新建人，工、户部尚书，加太子少傅）、王际华（浙江钱塘人，礼、户部尚书，加太子少傅）。

设副总裁襄助之，由六部尚书或侍郎兼任，共10人：梁国治（浙江会稽人，户部尚书，后升军机大臣，东阁大学士）、曹秀先（江西新建人，礼部尚书）、刘墉（山东诸城人，礼、吏部侍郎，后升吏部尚书，体仁阁大学士）、王杰（陕西韩城人，清朝状元，礼、吏部侍郎，后升礼部尚书，东阁大学士）、彭元瑞（江西南昌人，工部尚书，协办大学士）、钱汝诚（浙江嘉兴人，户、刑部侍郎）、金简（满族，正黄旗，总管内务府大臣，兼武英殿修书处事）、董诰（浙江富阳人，户、吏部侍郎，后升军机大臣兼户部尚书）、曹文埴（安徽歙县人，兵、工、户部侍郎，后升户部尚书，加太子太保）、沈初（浙江平湖人，兵、礼部侍郎，后升兵、户、吏部尚书）。

总裁之下，设总阅官（人名略，下同），总理阅定各书之事，共15人；设总纂官，总理编书之事，共3人；设总校官，总理校订之事，共1人；在各总官之外，设翰林院提调官，共22人，武英殿提调官，共7人，管理提取翰林院、武英殿两处藏书之事；设总目协勘官，管理协定全书总目之事；在总纂官下设纂修官，分任编书之事。纂修官又分四种：校勘《永乐大典》纂修兼分校官，共 39 人；校办各省送到遗书纂修官，共 6 人；黄签考证纂修官，共 2 人；天文算学纂修兼分校官，共 3 人。在总校官下设缮书处总校官，共 4 人；设缮书处分校官，分任校对之事，共 179 人；还有篆隶分校官，共 2 人；绘图分校官，共 1 人；还设督催官，共 3 人，专掌督促编书抄书之事；还设翰林院收掌，共 20 人，武英殿收掌，共 14 人，缮书处收掌，共 3 人，分任三处书籍出入之事；还设监造官，共 3 人，专任刊刻印刷装订整理之事。以上这些是有正式身份的《四库全书》官员，共 360 人。后来还从在京的举人及贡监各生，择字画工致者充为誊录人员共 3800 多人，加上一些打杂人员，总参加人数近 4300 人，大大超过当年纂修《永乐大典》的规模①。

由此可见，《四库全书》的纂修人员，是一个庞大的纂修编书机构。总裁一职由皇室亲、郡王及内阁大学士兼任，16 人中满人占了一半，汉人里面排名最高者刘统勋，排名第四。副总裁由六部尚书或侍郎兼任，总裁之下则汉人占了绝大多数。也就是说，出任总裁、副总裁的汉人都是一、二品（大学士正一品，各部尚书从一品，侍郎二品）以上大员，刘统勋的儿子刘墉（时任礼部侍郎）就出任副总裁。

吴典在参与纂修《四库全书》前的身份是翰林院编修，属正七品官员，吴典的级别太低，不可能出任副总裁。他也不在武英殿任职，武英殿官员在《四库全书》中只有武英殿提调官和武英殿收掌官，没有武英殿分校官这一职位。吴典在《四库全书》的正式身份为"校勘《永乐大典》纂修兼分校官"② 39 个人之一，也就是在《四库全书》的参与人员里，吴典参与了明代《永乐大典》的校勘、纂修工作。此外，吴典还参与了《国史》编纂工作。

《四库全书》是中国历史上规模最大的一套图书集成。清乾隆年间历经 10 年编纂而成，共收书 3503 种，79337 卷，36304 册，近 230 万页，约 8 亿字。整套书收录了从先秦到清乾隆前所有的重要古籍，涵盖了古代中国的几乎所有学术领域。分经、史、子、集四部，故名"四库"。其中，"经部"分为"易、书、诗、礼、春秋、孝经、五经总义、四书、乐、小学"10 类；"史部"分为"正史、编年、纪事本末、别史、杂史、诏令奏议、传记、史钞、载记、时令、地理、职官、政书、目录、史评"15 类；"子部"分为"儒家、兵家、法家、

---

① 郭伯恭. 四库全书纂修考［M］. 长沙：岳麓书社，2010：58-63.
② 郭伯恭. 四库全书纂修考［M］. 长沙：岳麓书社，2010：60.

农家、医家、天文算法、术数、艺术、谱录、杂家、类书、小说家、释家、道家"14类;"集部"分为"楚辞、别集、总集、诗文评、词曲"5类,总共44类。

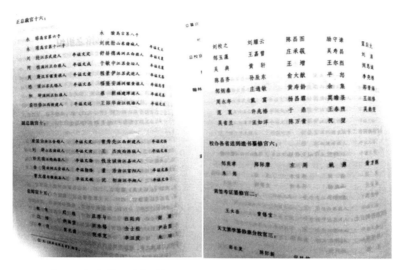

图 28 《四库全书纂修考》第 60 页关于"吴典在《四库全书》中的身份"

为了保存这批经典文献,由皇帝"御批监制",从全国征集3800多文人学士,集中在京城,历时10年,用工整的正楷抄书7部,连同底本,共8部。建阁深藏,世人难得一见。虽然由数千人抄写,但字体风格端庄规范,笔笔不苟,如出一人。所以,无论从内容上还是从形式上看,都具有十分难得的研究、收藏和欣赏价值。

乾隆四十七年(1782)初稿完成,乾隆五十七年(1792)全部完成。① 乾隆帝命人手抄了7部《四库全书》,下令分别藏于全国各地。先抄好的7部分贮于北京紫禁城文渊阁、奉天故宫(今沈阳)文溯阁、京郊圆明园文源阁、河北承德避暑山庄文津阁珍藏,这就是所谓的"北四阁"。后抄好的3部分贮于扬州大观堂文汇阁、镇江文宗阁和杭州西湖行宫孤山圣因寺文澜阁珍藏,这就是所谓的"南三阁"。每部《四库全书》装订为36300册,6752函。七阁之书都钤有玺印,如文渊阁藏本册首钤"文渊阁宝"朱文方印,卷尾钤"乾隆御览之

---

① 中国第一历史档案馆. 四库全书纂修考 [M]. 上海:上海古籍出版社,1997:60.

宝"朱文方印。①

《四库全书》是中国古代最大的文化工程，对中国古典文化进行了一次最系统、最全面的总结，呈现出了中国古典文化的知识体系。《四库全书》可以称为中华传统文化最丰富最完备的集成之作，中国文、史、哲、理、工、农、医，几乎所有的学科都能够从中找到历史文化的源头和血脉。

1782年2月，《四库全书》初稿完成，与其他参与《四库全书》编纂者所有官职人员一样，吴典被"赐宴文渊阁"，按不同级别得赏《文渊阁赐宴御制诗》②、笔10管、墨10笏、龙尾砚1方、玉如意1柄、文绮10副、龙缎2匹。据有关记载，吴典在1782年回海南为父亲祝寿时，曾在吴府内分别新建"宝墨楼""赐砚楼""四宝书室"等一批建筑物，收藏着他从北京带回来的皇帝的御赐之物。由此可见，曾经想在政治、文化上有一番作为的吴典还是非常看重这些荣誉的。

然而，令后人深感疑惑的是，因编纂《四库全书》而获升迁的人不在少数（也有人因出错丢官甚至性命），吴典为什么在《四库全书》基本完成后，只是吏部给予"议叙一等""记名升用"（用今天的话来说，就是组织部对他本年度的工作考核结果为优秀，列入上级官职备选对象名单）等这样一些无实际功用的虚名？并且，从他1782年携赏赐荣归故里，到1786年因父丧丁忧再次返乡，几年的时间里他的官位升迁一直都没有动静，"记名升用"似乎就成了公文纸上的一句空话，这不能不令他寒心。

钱穆先生在《中国历代政治得失》一书中，曾对历代翰林院的储才功能颇为赞许，认为进士进入翰林院期间，一面读书修学，一面获得许多政治知识，静待政府的大用。翰林院成为一个储才养望之所，明代的许多大学问家、大政治家都是翰林出身，他们并不是只懂八股文章，其他方面也多有优长，而且多负有清望，是朝廷着意培植的人才。

尤令看重著作留名的中国学人深感惋惜的是，为什么吴典居京十几年，直

① 中国第一历史档案馆. 纂修四库全书档案［M］. 上海：上海古籍出版社，1997：212.

② 文渊阁位于北京市故宫东华门内文华殿后，阁的东侧建有一座碑亭，盝顶黄琉璃瓦，造型独特。亭内立石碑一通，正面镌刻有乾隆皇帝撰写的《文渊阁记》，背面刻有文渊阁赐宴御制诗："每岁讲筵学，研精引席珍。文渊宜后峙，主敬怡中陈。四库庋藏待，层楼结构新。肇功始作夏，断手逮今春。经史子集富，图书礼乐彬。宁惟资汲古，端以厉修身。巍焕观诚美，经营愧亦频。纶扉相对处，颇觉叶名循。"此诗收入《清高宗御制诗》四集，可见文渊阁御制诗不是乾隆皇帝单独赐予某个人的。

至40多岁父亲辞世返乡丁忧时官职仍是个七品翰林院编修?① 如果不是受到儒家文化的训导，读书人应为天下立德、立功、立名，这位生性顽劣的富家子弟就不必忍受思乡之苦，在人际关系复杂的朝廷中长期担任一个低级文官。这位打小"天资超迈，嗜爱读书，手披不辍，一目十行，过目成诵，才华出众，学问渊博"的神童吴典，为什么无著述留世？

表1　清代琼州府进士辑录

序号	姓名	年份	籍属	科甲名次	职官
1	莫魁文	康熙六十年	定安县	三甲第88名	知县(正七品)
2	谢宝	雍正二年	琼山县	三甲第143名	府教授(正七品)
3	梁汉鼎	雍正二年	定安县	三甲第162名	知县(正七品)
4	莫陶	雍正五年	定安县	三甲第14名	知县(正七品)
5	陈振桂	雍正八年	会同县	三甲第138名	府教授(正七品)
6	张日旼	乾隆元年	文昌县	三甲第95名	知州(从五品)
7	林其苀	乾隆十年	文昌县	三甲第214名	知县(正七品)
8	符汉理	乾隆二十二年	会同县	三甲第89名	未赴任卒
9	吴儹奭	乾隆二十五年	澄迈县	二甲第43名	知县(正七品)
10	黄河清	乾隆二十六年	儋州	三甲第34名	未仕
11	杨景山	乾隆二十八年	万州	三甲第41名	知县(正七品)
12	吴典	乾隆三十四年	琼山县	二甲第47名	翰林院编修(正七品)
13	王斗文	乾隆三十六年	琼山县	三甲第6名	未赴任卒
14	王之藩	乾隆四十五年	琼山县	三甲第25名	府教授(正七品)
15	李琦	乾隆四十九年	琼山县	三甲第86名	知县(正七品)
16	陈琮	乾隆五十二年	琼山县	三甲第86名	知县(正七品)
17	莫绍恩	嘉庆六年	定安县	三甲第84名	内阁中书(从七品)
18	张岳崧	嘉庆十四年	定安县	一甲第3名	湖北布政使(从二品)

图29　《清代琼州府进士群体考论》关于"吴典官职"的考证

海南学者周济夫先生在《琼台小札》的《说说吴典》篇中，谈到吴典的后裔吴开国先生曾推断说，吴典没有诗文存世，乃有鉴于清代文字狱的严酷，因此"聪明藏拙"，不欲以文字著述贻祸子孙。周先生认为："这当然不失为一种解释，但以今视之未免过于谨慎，清代海南先贤有著述者也不乏其人，并未见招致文字狱之灾的例子。"周先生接着写道："当然，士大夫中固有究心学术者，亦有热心事功者，各由于志趣和趋向不同，不足怪也。"由此看来，吴典之不留著述，不难理解，但理解不等于赞同。不留著述可视为"聪眀藏拙"以避祸，却未免过于谨慎。清代海南名贤王国宪等多有著述存世，并未招致牢狱之灾。文字狱亦非清代独有，历朝历代许多文人并不因此而放弃著述，甚至遭灾罹祸也坚持。宋代大文豪苏东坡陷入著名的文字狱"乌台诗案"，被打入大牢，出狱后一再遭受贬谪。他不因冤屈而畏缩，却因累遭打击而成熟，思想和艺术才华

---

① 王学深．清代琼州府进士群体考论［J］．南海学刊，2022，8（3）：109-119.

获得升华，达到更高境界。

还有吴典的前辈海南明代乡贤，著作被收入《四库全书》共有 5 人 12 种：收入"经目"的有丘濬的《家礼仪节》（8 卷）、钟芳的《春秋集要》（12 卷）、汪浩然的《琴瑟谱》（3 卷）和《八音摘要》（2 卷）；收入"史目"的有丘濬的《世史正纲》（32 卷）；收入"子目"的有丘濬的《大学衍义补》（160 卷）和《朱子学的》（2 卷）、海瑞的《元祐党人碑考》（1 卷）；收入"集目"的有丘濬的《重编琼台会稿》（24 卷）、钟芳的《钟筠溪家藏集》（30 卷）、海瑞的《备忘集》（10 卷）、王弘海的《天池草》（26 卷）①。作为《四库全书》编撰者之一的吴典，不可能不知道这些海南乡贤著作被收入《四库全书》。

即使是吴典的同时代人，如倡议纂修了《四库全书》的朱筠，原先也是和吴典一起待在翰林院，后来才被外放为安徽省提督学政，但因不喜阿谀奉承得罪首辅大臣于敏中，还不顾结党营私之嫌拉来一众门生幕府参与编纂《四库全书》，并且还著有《十三经文字同异》《笥河文集》《笥河诗集》等流传于世，首辅大臣于敏中时不时还在皇帝面前非议朱筠，都被乾隆置之不理，直到乾隆三十八年（1773）秋，因一生员欠考捐贡事牵连到朱筠，经部议将朱筠定罪。而乾隆帝以其学问优异降三级调用，特授翰林院编修，充《四库全书》纂修官，兼充《日下旧闻考》总纂之一。乾隆四十四年（1779）秋，朱筠再度外放出任福建省提督学政，次年秋还京，乾隆四十六年（1781）夏病故，因其一生贡献尤多，得以在《清史稿》里立传，足见他在乾隆心中的分量。

更何况，从始至终参与了《四库全书》编撰的吴典，应该非常清楚清朝对个人著述的管控标准，以他的学识才干，在著述时不难避开那些文化风险。对比一下海南明代乡贤和朱筠，吴典不愿著述的"聪明藏拙"，恐怕在其他方面也是这种人生态度，虽然避免了文字可能带来的牢狱之苦，但也无法让他的聪明才学得到充分展现。一个科举时代的读书人，考中了进士金榜题名，又得以参加编纂《四库全书》，却因谨慎为官郁闷一生，其人生得失只能自己体会，后人不宜过多评说。

至于坊间所传的吴典因编纂《四库全书》得皇帝赏赐和御制诗等，所传的御制诗云："玉以金为友，祥开善作基。家庭承祖泽，忠孝贵长持。"大凡稍懂诗词格律的学子都能读出该诗之粗陋，乾隆一生写过上万首诗歌，没有一首能

---

① 周伟民，唐玲玲.海南通史：明代卷［M］.北京：人民出版社，2017：297-304.

流传下来，诗作欠缺文采这是事实，但其帝师都是一代名儒，诗词格律还是懂的，何况乾隆文渊阁赐宴御制诗是律诗不是绝句，出于某种原因非要把吴家派系谱用"御制诗"和皇帝拉上关系，恐怕只能是贻笑大方吧。为官一生谨慎的吴典不可能编造这样的故事，应该是后人的误读。

1786—1789 年，吴典由于为父居丧丁忧回乡，并出任琼台书院掌教。1789年 4 月 27 日，虚岁 50 岁的吴典因病在琼台书院任上驾鹤归去。命运，最终还是让他在他所眷恋的故土之上演奏完人生的最终一曲。

下篇

03

琼台红色故事

红色娘子军

自 1949 年新中国成立以来流行的革命现实主义文学作品，大多都会有个生活或人物原型，20 世纪 60 年代红遍大江南北的影片《红色娘子军》，就是这样一部代表性作品。该片以第二次国内革命战争时期海南岛琼崖纵队下属的红色娘子军斗争事例为素材，围绕一个红军女战士吴琼花从奴隶成长为共产主义战士的生活经历，用写实主义的手法突出表现了旧社会妇女在共产党的教育帮助下，团结起来反抗国民党反动派的典型生活故事。影片中的红色娘子军、女战士吴琼花、党代表洪常青、地主恶霸南霸天等，都因其鲜明个性而成为那个特定时代的代表性文化符号。

一、红色娘子军诞生缘由

1930 年前后，国民党内部矛盾愈演愈烈，中共琼崖特委负责人冯白驹敏锐地把握战机，于当年 5 月在全琼发动"红五月"攻势，海南各地苏维埃政权得到普遍恢复，革命根据地空前发展。至 8 月，中国工农红军第二独立师成立，全琼武装斗争进入全盛时期。在红军扩大时，不仅革命男青年坚决参加红军，革命女青年参军意愿也同样强烈。当时乐会地区（今琼海区域）广大青年妇女纷纷向苏维埃政府申请参加红军。1931 年 3 月，琼崖特委批准先在乐会县创建"乐会县赤色女子军连"作为试点。

3 月 26 日，在全琼工农兵第三次代表大会的闭幕式上，乐会县"赤色女子军连"宣告成立。当时赤色女子军连仅有一个排人数，不属正规红军连队编制，是乐会县委和苏维埃政府直接领导的地方武装组织。此后，赤色女子军配合红三团打了几场胜仗，军威大振，产生了强大的凝聚力，报名参加赤色女子军的女青年越来越多，连琼东、万宁等邻县的女青年也踊跃报名参军。

这种情况下，琼崖特委决定成立"女子军特务连"，并正式划归中国工农红军第二独立师红三团建制。当时的中共琼崖纵队领导人冯白驹在《关于我参加革命过程的历史情况》一文中回忆道:"在琼崖第二次土地革命高潮时期,琼崖妇女强烈要求参加红军,拿枪上前线杀敌,为了表彰和发扬琼崖妇女的革命斗争精神,琼崖特委决定成立女子军特务连。"看到红军征召布告,冯增敏当天下午就兴冲冲去报名。当时,她的左脚被竹篾扎伤,脚板溃烂,冯增敏怕被拒绝,索性挺直身子在屋里大步走了起来,脚板钻心地痛,她还边走边说:"脚烂了算啥,离心远着哩,我能走路!"21 岁的庞学莲得知招女子军的消息时,她的丈夫已经参加了红军,家里只剩自己和婆婆。国民党对红军家属监视很严,为防备袭击,她经常白天吃不上饭,夜间要到山里睡觉。她在后来的回忆文章中写道:"与其这样躲躲闪闪过日子,倒不如和我丈夫一样参加红军去!"征得婆婆的同意,她便去报了名。最终,仅记录在册的报名者就有 700 多人,包括冯增敏、庞学莲、潘先英在内的 100 多名女青年经审核通过后被批准参加红军。

1931 年 5 月 1 日,女子军特务连成立大会在今琼海市阳江镇内园村召开,宣布成立女子军特务连,全连有 3 个排,每排 3 个班,每个班有 10 名战士,全连 103 人,除 2 名庶务、挑夫和 1 名小号手是男性外,其余都是女性。特务连连长为庞琼花,指导员王时香,冯增敏、庞学莲、黄墩英分别担任一、二、三排的排长。[①] 这也是中国共产党领导下属正规红军连队编制的第一支女子军连队,也是琼崖自古以来第一支妇女武装队伍。

1932 年春末,琼崖特委决定扩编女子军特务连,将原女子军特务连第一排、第三排从乐四区调往琼东四区益平乡即师部驻地执勤,同时调整建制,以此为基础组建"中国工农红军第二独立师第一团女子军特务连第一连"。夏初,留驻乐四区的原女子军特务连第二排扩编为"中国工农红军第二独立师第三团女子军特务连第二连"。红一团女子军第一连和红三团女子军第二连的扩建,是女子军进入全盛时期的标志。

女子军特务连成立后不久即投入了抵抗国民党军进攻的战斗,在血与火中拼杀,为琼崖革命立下了不朽功勋。

1931 年,乐会县国民党"剿共"总指挥陈贵苑统率几百名民团武装盘踞在今琼海中原地区,鱼肉百姓并时常骚扰苏区。当年 6 月,红三团决定引诱陈贵苑武装进入苏区腹地予以歼灭,由女子军特务连负责正面阻击敌人,诱敌深入。

---

① 琼崖武装斗争史办公室. 琼崖纵队史 [M]. 广州:广东人民出版社,1986:54.

1931 年 6 月 26 日，红三团和赤卫队进行战术佯动，浩浩荡荡地朝万宁方向开拔，当晚趁夜返回埋伏在沙帽岭。27 日，陈贵苑趁红军主力远去万宁的时机率队伍偷袭苏区。在与陈贵苑武装战斗过程中，女子军特务连且战且退，引诱敌军进入主力部队的埋伏圈。在红军四面围攻之下，陈贵苑被红军俘虏，因作恶多端被苏区政府公审判处死刑。

1932 年 7 月，国民党军陈汉光部在国民党赣粤闽湘边区"剿匪"总司令陈济棠的支持下，以重兵"围剿"中共琼崖特委、红军师部和琼崖苏维埃政府驻地琼东四区（今琼海市长坡镇烟塘地区），大批苏区干部战士殉难。

因敌我力量悬殊，琼崖特委率领部队向母瑞山革命根据地转移。当部队撤到马鞍岭时与大批敌人遭遇，为掩护领导机关和主力部队的安全转移，红一营和女子军一连留下阻击敌人。战士们利用地形顽强反击，苦战三天三夜，一次又一次打退敌人的进攻。完成阻击任务后，女子军一连第二班又掩护其他同志撤退。10 名女子军战士与数倍于己的敌军周旋，到最后弹药断绝，女子军战士们向敌军发起冲锋，全部壮烈牺牲。

但到 1932 年，随着国民党军加大"围剿"力度，"红色娘子军"连同中共领导下的整个琼崖支队，都面临生存环境急速恶化的问题。也是在这个时候，发源于中央苏区的"肃反""反 AB 团"活动，也波及中共琼崖支队。从 1932 年春末起，女子军特务连除了撰写宣传标语等，还执行了一项看守"犯人"的特殊任务，这些"犯人"除了革命对象如地主、富农和当地官员外，大多是从红三团内部被"肃反"出来的所谓"AB 团""社会民主党"和"托派"成员。

"肃反"活动造成了中共琼崖纵队人员重大伤亡，被错杀的不下 600 人。"女子军特务连"原连长庞琼花也成了"肃反"对象，她被隔离审问并投入监狱，所幸她没有被枪毙，成为为数不多的"肃反"幸存者之一。

由于第二次反"围剿"失败，中共琼崖纵队红军主力遭国民党军重创，女子军特务连大部分战士英勇牺牲，连长、指导员被捕入狱，女子军特务连也宣布中止活动，化整为零分散隐蔽。这是红色娘子军大规模战斗的终结。此后，国民党军继续调集大量兵力围剿，形势对琼崖红军越发不利。到 1933 年春，琼崖红军基本已被打散，而初建时有 103 人的女子军特务连，在牺牲 19 人又陆续失散部分人员后，女子军特务连被迫宣告解体。从此，中国工农红军琼崖纵队不再有女子军特务连这个部队编制。

所以，国内革命战争时期的琼崖纵队红色娘子军最早是"乐会县赤色女子军连"，不属正规红军连队编制，是乐会县委和苏维埃政府直接领导的地方武装组织。随着革命根据地不断扩大，才在"乐会县赤色女子军连"基础上成立"女子军特务连"，并正式划归中国工农红军第二独立师红三团建制。而后由于革命形势的需要，又将"女子军特务连"拆编扩充成"中国工农红军第二独立师第一团女子军特务连第一连"和"中国工农红军第二独立师第三团女子军特务连第二连"。也就是说，在这支革命队伍将近两年的革命历史里，从来没有被命名为"红色娘子军"①。

二、怎么发现的"红色娘子军"？

那么，"红色娘子军"的称谓是什么时候出现的呢？

曾经有这么一个广泛流行的说法：20世纪60年代的原广州军区（今广东省军区）部队作家梁信②，在听说了海南岛的琼崖纵队"女子军特务连"革命斗争故事后，着手收集资料编写电影剧本，梁信在创作出电影剧本《琼岛英雄花》之后，辗转多家电影制片厂都未能获得投拍机会。梁信心灰意冷决定放弃，时任原广州军区（今广东省军区）文化部副部长的戴碧湘坚持将剧本打印多份，分别改寄到另外一些电影制片厂。上海天马电影制片厂编辑沈寂看到剧本之后将其推荐给导演谢晋。谢晋当时虽然只有30多岁，但是已经凭借影片《女篮五号》在国内产生一定影响。他正为下一部影片拍摄什么而发愁，《琼岛英雄花》的剧本让他非常兴奋，当即决定拍摄。但大家讨论后觉得《琼岛英雄花》名字不响亮，"女子军特务连"这个名称又容易产生误解，经过反复斟酌后将之改名为"红色娘子军"，在大家的共同努力下，正式定名为《红色娘子军》的故事片很快拍摄制作完成，并于1961年在全国公映。由于影片《红色娘子军》公开上映后引起全国轰动，"红色娘子军"便成了这支女子红军队伍的专有称谓，其原有名称"乐会县赤色女子军连""女子军特务连"被世人遗留在历史记忆的长河里。1962年5月23日，新华社发表的一篇通讯《广州部队给优秀剧本作者授奖》中称，（原）广州军区（今广东省军区）战士话剧团编剧梁信曾于1958

---

① 红色娘子军研究（第一辑）[EB/OL]．海南史志网，2014-10-09．

② 梁信（1926—2017），原名郭良信，出生于吉林省扶余县（今扶余市），中国内地编剧、作家，毕业于中南部队艺术学院。1961年，担任战争电影《红色娘子军》的编剧。1982年，担任电影《风雨下钟山》的编剧。1983年获广东省鲁迅文艺奖。2016年，梁信获第33届大众电影百花奖终身成就奖。

年到海南岛了解娘子军的英雄事迹，后创作了电影文学剧本《红色娘子军》。

还有一种说法①：1956年，中国人民解放军原总政治部和原广州军区（今广东省军区）政治部发出开展建军30周年征文活动的通知。刘文韶②当时在海南军区（海南省军区）政治部做宣传工作，军区就让刘文韶负责这次征文。刘文韶注意到以前宣传中共琼崖纵队的文章较少，如果在这方面多挖掘一下，应该会有一些新的发现。于是刘文韶就在军区司令部、政治部找相关方面的资料。有一天，刘文韶猛然间发现了一本讲琼崖纵队战史的油印小册子。在这本小册子上有这样一句："在中国工农红军琼崖独立师师部属下有一个女兵连，全连有120人。"这句话给了刘文韶很大的震撼，因为在中国工农红军的历史上，女指挥员和女英雄是很多的，可是作为成建制的完整的女兵战斗连队，过去还很少听说过。刘文韶觉得这是一个重大题材，当时非常兴奋。不过为了慎重起见，刘文韶先向中共琼崖纵队领导人之一、时任海南军区（海南省军区）副司令的马白山询问是否有这样一个女兵连。马白山说当年在乐会县一带确实有这样一个连队。刘文韶又问了海南区党委书记肖焕辉，他也表示确有此事。

经过这一番确认后，刘文韶带着海南行政区党委的介绍信来到了乐会县委机关，向相关负责人打听有关女兵连的事儿，但他们表示没有听说过这样一个连队。不过他们说县里的妇联主任冯增敏是个老红军，或许她能提供一些线索。刘文韶于是就找到了县妇联主任冯增敏，当年的娘子军女排长冯增敏把女兵连的整个革命战斗生活历程详细地跟刘文韶讲了，还告诉刘文韶当时还存世有一批女战士。在冯增敏的介绍下，刘文韶在乐会县又采访了10来个女兵连的战士，还有当时革命根据地的一些老乡。

在乐会县前后采访的一个多月中，刘文韶得到了许多第一手的资料。后来他来到广州后又采访了一些中共琼崖纵队的相关领导同志，并专门拜访了当年中共琼崖纵队的负责人冯白驹。冯白驹当时是广东省副省长，他向刘文韶提供了很多关于女兵连的珍贵史料。在翔实材料的基础上，刘文韶按照解放军原总

---

① 刘文韶. 为红色娘子军流芳百世立了大功［EB/OL］. 海南史志网-专题研究，2014-10-19.

② 刘文韶（1934—2020），1950年参加解放海南岛渡海作战，1956年在海南军区（海南省军区）政治部做宣传工作。先后在原广州军区（今广东省军区）、北京、深圳等地工作，于深圳市委副秘书长位置上离休。1957年，刘文韶创作的报告文学《红色娘子军》发表在军队最高文艺杂志《解放军文艺》上，并在全国引起轰动，从此，"红色娘子军"的称谓在全国传开。

政治部和原广州军区（今广东省军区）征文的要求，写成了一篇3万多字的报告文学。至于这篇报告文学的标题，刘文韶陷入了深思。

刘文韶看到那本宣传海南中共琼崖纵队的小册子上写的是"女兵连"，而海南中共琼崖纵队领导人冯白驹讲是"女子特务连"，他觉得这些称呼都不能反映红军女兵连的特性和本质。

刘文韶想应该从更大的主题和背景来考虑，把它作为我们解放军的一个建制连队的代表来定位。刘文韶考虑到中国历史上从花木兰到杨家将，一直以来就有娘子军的说法，所以刘文韶觉得应该叫娘子军，这显得非常响亮、威武。

为了区别于以前的娘子军，也为了更好地说明这支部队是在中国共产党领导下的，刘文韶就在娘子军前加了"红色"两个字。最后刘文韶把报告文学的标题定为《红色娘子军》。

刘文韶当时把这个标题跟当时的海南军区（海南省军区）副司令、原中共琼崖纵队领导人马白山等有关领导讲了，他们都表示赞成。于是这篇报告文学就作为海南军区（海南省军区）的征文送到了原广州军区（今广东省军区），再由原广州军区（今广东省军区）送到了解放军总政治部审阅通过。

1957年8月号的《解放军文艺》上刊登了刘文韶采写的报告文学《红色娘子军》，在报告文学的正文前面，刘文韶用按语的方式，介绍了红色娘子军的发展历程，以及对女战士冯增敏的采访情况，最后强调"下面是她对娘子军连的回忆"。由于时值建军30周年，这篇报告文学发表后立即引起了广泛的关注。

随后，上海文艺出版社又将《红色娘子军》以单行本的形式出版发行，与《解放军文艺》上刊登的报告文学《红色娘子军》有所不同的是，上海文艺出版社的《红色娘子军》题名改为"冯增敏口述，刘文韶记录"。这个题名增加传递出来一个重要信息：明确了故事的口述者和故事的记录者，因为故事的口述者和记录者在故事的形成和传播过程中各自发挥着不同的作用。

冯增敏和刘文韶对此没有异议，《中国青年》杂志随即进行了全文转载，"星火燎原"丛书也将这篇报告文学收入其中。当时参加过长征的女将军李贞专门为这本书写了书评："《红色娘子军》是一本革命回忆录，是一本富有教育意义的好书。它叙述在第二次国内革命战争时期，在中国共产党琼崖党组织领导之下，一个全部由女同志组成的连队的战斗故事。这本书的口述者是冯增敏同志，她就是当时这个娘子军连的连长。这本书的最大特点是，没有一点渲染和虚构的地方，每章每节都能使人深思、使人感动。"①

1959 年 1 月，刘文韶在广州写了《红色娘子军》再版后记，后记里说："这本小册子是根据当年的娘子军连长冯增敏同志，指导员王时香、庞学莲同志及当年的妇女干部陈恒如、张玉香和娘子军活动地区的革命老人等口述的材料，加以整理写成的。其中以冯增敏同志口述的最多、最系统、最完整（我曾先后与她谈过 4 次）。为了结构的集中和叙述的方便，为了读起来感到亲切，便以连长这个有代表性的人物的经历为中心，将娘子军的活动串联起来，并且采用了自叙的形式。"也就是说，文学作品《红色娘子军》是以冯增敏口述的形式写的。据此可以认为，是冯增敏和刘文韶合作的报告文学《红色娘子军》完成了对琼崖纵队女战士英雄群体"红色娘子军"的命名。

冯增敏、刘文韶的报告文学《红色娘子军》为什么没有成为同名电影的剧本？

其实，冯增敏、刘文韶的报告文学发表以后，上海天马电影制片厂很快就找刘文韶写电影剧本，片名就叫《红色娘子军》。而后来刘文韶知道同为广州军区政治部创作员的梁信也根据这个题材写了一个剧本，本来叫《女奴翻身记》，后来改为《琼岛英雄花》。梁信的电影剧本最初联系的是"八一"电影制片厂。当时原广州军区（今广东省军区）政治部也知道有这两个剧本，广州军区政治部的意见是刘文韶这个叫《红色娘子军》，梁信那个叫《琼岛英雄花》，他们各自都有自己联系的电影制片厂，就由他们自己来协调怎么办。正在刘文韶将要完成剧本改编的时候，听说上海天马电影制片厂已经看过梁信的电影剧本，确定要拍梁信的本子，片名就叫《红色娘子军》。刘文韶想不可能一个电影厂同时拍两个同一片名同一题材的本子，也为了避免引起不必要的矛盾，便没有把他的电影剧本拿出来给上海天马电影制片厂。

1961 年由谢晋导演、梁信编剧的电影《红色娘子军》公开上映，迅疾红遍全国，之后又有同名芭蕾舞剧被作为"八大样板戏"之一在全国热演了近 8 年。现在，红色娘子军可以称得上家喻户晓，但对它的发现者刘文韶来说，这种知名度还不能令他满意。他希望，红色娘子军——中国妇女和中国军队的一代英雄群体英名永存！②

---

① 李贞. 艰苦奋战的女英雄：《红色娘子军》读后感［EB/OL］. 海南史志网，2014-10-09.

② 齐越. 刘文韶：我发现了红色娘子军［J］. 新华月报（天下），2007（9）.

也就是说，"红色娘子军"这个称谓是红色娘子军战士冯增敏和作家刘文韶一起命名的，但真正让"红色娘子军"家喻户晓的，是 1961 年梁信编剧、谢晋导演的电影《红色娘子军》。剧中琼花投军途中因避雨偶遇与"木头人"结婚的莲姐，随后一起参加娘子军的经历，还有海南的蕉风椰雨中"向前进，向前进"的旋律，响彻了大江南北。此片不仅创下了当年 8 亿人口有 6 亿人观看的盛况，还荣获第一届电影百花奖多个奖项，以及新中国成立后首个国际电影节最佳编剧奖。

这样，从刘文韶、冯增敏的报告文学《红色娘子军》，到梁信的电影剧本《红色娘子军》，关于文学作品《红色娘子军》的命名、著作版权，各方意见并不统一。为此，我们特意查阅了文学作品《红色娘子军》的相关历史资料时，发现从时间顺序上，有这样一个文学作品《红色娘子军》的诞生年谱：

1954 年，根据中共琼崖纵队"女子特务连"事迹，由海南几位作家联合执笔的现代琼剧《琼花》开始剧本创作。1958 年，琼剧《红色娘子军》（原名为《琼花》）初稿完成，并于 1959 年在海口戏院首演

图30　"红色娘子军战士"像

成功，获得好评（剧本《红色娘子军》曾于 1959 年获广东省优秀剧目创作奖）①。由于琼剧更具有海南地域特色，在海南有着广大的群众基础，因此巡演之后观众反响热烈。经过打磨修改之后的剧本在《海南日报》连载，并由海南人民出版社推出单行本。

1957 年 8 月，刘文韶根据《琼崖纵队战史》编写的报告文学《红色娘子军》在《解放军文艺》1957 年第 8 期上发表。

1959 年 9 月，海南人民出版社出版发行了琼剧版《红色娘子军》。

1961 年，梁信编剧、谢晋导演的电影作品《红色娘子军》摄制完成并

---

① 1954 年，王平、李秉义（笔名：莽夫）合作创作琼剧《琼花》，并公开演出。1958 年，中共海南区委为向新中国成立十周年献礼，组织吴之、朱逸辉、杨嘉、李秉义、王平五人的创作班子，在《琼花》剧本基础上再创作琼剧《红色娘子军》。

上演。

1962 年，上海文艺出版社根据《解放军文艺》发表的报告文学《红色娘子军》，以单行本的形式在全国发行报告文学《红色娘子军》，题名增加了"冯增敏口述，刘文韶记录"。

1964 年 9 月，中央芭蕾舞团根据梁信电影剧本改编的芭蕾舞剧《红色娘子军》公开首演。

1970 年，芭蕾舞《红色娘子军》被拍成电影，作为"样板戏"在全国放映。

1972 年，京剧《红色娘子军》被拍成电影，作为"样板戏"在全国放映。

2004 年，花城出版社出版郭晓东、晓剑创作的长篇小说《红色娘子军》，并以此为蓝本，于 2005 年拍摄上映 21 集《红色娘子军》电视连续剧，并被列为"建国 55 周年重点电视剧"。①

根据这个《红色娘子军》作品诞生年谱，比梁信电影剧本更早，并有文字记载可查的《红色娘子军》文学作品年谱中，时间最早的是海南作家吴之、朱逸辉等人创作的现代琼剧《红色娘子军》（最初命名为《琼花》，1958 年才改名《红色娘子军》，应是受冯增敏和刘文韶报告文学的影响）。2004 年 2 月 8 日，《海南日报》发表了海南日报署名记者采写的文章《红色风烟今又起——追记〈红色娘子军〉经历的几个创作阶段》。文章说，由梁信编剧、谢晋执导、天马电影制片厂摄制的电影故事片《红色娘子军》是根据吴之、朱逸辉等人创作的同名琼剧改编的。文章引述吴之的话说："1959 年夏天，梁信通过海南行署文教处将红色娘子军的全部历史资料和四次修改的（琼剧）剧本、海南日报上连载的剧本以及海南人民出版社正式出版的剧本也一齐拿去。我同他研究了材料、剧中人物安排和剧情设计、写作提纲等。他在海口写完初稿后，我当即赶看，并提出一些修改意见。我还特别嘱咐他，电影剧本必须写明是'根据同名琼剧改编'，这是琼剧创作组成员的意见，也是对别人劳动的尊重。"文章还引述朱逸辉的话说："有一个细节是必须交代的，那就是电影剧本最初交给珠江制片厂，不被采用，退稿给梁信。吴之就说，他认识谢晋，主张将剧本寄给他看。就这样，电影由天马制片厂摄制，谢晋执导。在分解镜头时，吴之还被请到上海提供情况，为这部电影的最后完成再次付出心血。这样的历史事实是不应该

① 曾庆江．"琼花"为什么这样红？［N］．海南日报，2021-04-30（25）．

忘记的。出人意料的是，电影出品时，并没有按照琼剧创作组的要求写上'根据同名琼剧改编'的字样，引起琼剧界同人的不快，我们为这样一件历史公案得不到很好的说明而感到遗憾。"

《红色风烟今又起》一文发表后，电影故事片《红色娘子军》的编剧梁信、导演谢晋做出了强烈反应。

2004 年 3 月 2 日，梁信致函琼海市委党史研究室，函中说："《海南日报》上的《红色风烟今又起》一文中，吴之说，1959 年夏天他到广州邀我去海南……多次看到琼剧《红色娘子军》，给我红色娘子军'全部历史资料'，还有琼剧剧本……云云，我一无所知。我从事写作已 54 年，从不改编他人之作品，我有我自己的创作道路，只有一次例外，即改编了《南海长城》。"

梁信还说："从吴之所讲的'1959 年夏天'到今日，已过去 45 年，我与吴之同志没有任何交往。""今天我这个年迈人，又一次不得不提笔对'传媒'的不实之词写下了回答。"①

但最值得关注的是为庆祝建军 30 周年由"冯增敏口述，刘文韶记录"的报告文学《红色娘子军》，从正式发表作品的时间角度上看，冯增敏回忆、刘文韶记录的报告文学《红色娘子军》早于梁信的电影剧本《红色娘子军》，由于冯增敏和刘文韶在《红色娘子军》诞生之前有过交流互动，并且上海文艺出版社将《红色娘子军》以单行本的形式出版发行，题名是"冯增敏口述，刘文韶记录"。据此可以做出判断，《红色娘子军》命名应该是两人在回忆这段革命历史时相互启发形成的。

2004 年 3 月 1 日，在海南省海口市召开的电视连续剧《红色娘子军》新闻发布会上，海南省委常委、宣传部长面对中央和地方的媒体明确宣布："刘文韶第一次披露和宣传了红色娘子军的革命历史，红色娘子军的名称，就是刘文韶起的。"②

在这之后，有关《红色娘子军》命名权的讨论，基本上没有再出现异议。但在 2018 年年初，解放军文艺出版社原社长朱冬生先生在接受《亚太日报》记者弓晨采访时，对《红色娘子军》的命名给出了另一个答案。

---

① 梁信、谢晋否认故事片《红色娘子军》根据琼剧改编 [EB/OL]. 海南史志网-专题研究，2014-10-10.
② 刘文韶为红色娘子军流芳百世立了大功 [EB/OL]. 海南史志网-专题研究，2014-10-09.

朱冬生对《红色娘子军》署名权走上被告席表示震惊，并且讲述了他所见证的《红色娘子军》版权归属。1956 年 7 月，为庆祝建军 30 周年，中央军委决定出版一部反映我军 30 年革命斗争历史的回忆录文集，全军有 1000 多人参与了征文编辑工作，其中由老红军冯增敏撰写的《红色娘子军》是 1957 年原广州军区（今广东省军区）编辑征文组选送的征文稿。

冯增敏撰写的《红色娘子军》上送北京后，北京征文编辑部认为这篇回忆录的题材很好，就转交原广州军区（今广东省军区）再进行深入采访加工。原广州军区（今广东省军区）在对冯增敏采访的同时，又专门指定作家对她的文章进行改编加工。

当时，领导征文工作的政治部领导认为一些优秀的素材，不能仅仅作为回忆录出版，还应把它们变成优秀的军事文学作品，在更广阔的范围内发挥更大的作用和影响。为此，总政决定将题材比较好的革命回忆录交由作家、艺术家重新推敲打磨，把它们改编成小说、电影或戏剧脚本，因而才出现了一批像《红色娘子军》《铁道游击队》等题材很好的征文稿纷纷被改编为中长篇小说、电影、戏剧。因此，朱冬生先生认为，《红色娘子军》的命名版权实际上归老红军冯增敏所有。①

令人遗憾的是，围绕文学作品《红色娘子军》的几个主要当事人现都已离开人世，《红色娘子军》署名权已不再是他们的问题，而是后人才会面对的问题。

三、红色娘子军诞生地

关于红色娘子军诞生地的争议，始于 1970 年。

电影特别是芭蕾舞剧《红色娘子军》，使红色娘子军名声大振。当时的海南岛琼海县（今琼海市）阳江公社三乐塘大队领导把握住了这次机遇，大力宣传阳江公社三乐塘大队是红色娘子军的诞生地，并在 1961 年将三乐塘大队改名为红色大队，1964 年又成立了"红色娘子军基干民兵排"。于是，国内媒体纷纷把聚焦的眼光投射过来，《解放军报》《南方日报》等都发表了报道该民兵排的

---

① 《亚太日报》2018 年 1 月 3 日。《亚太日报》由新华社亚太总分社主办，其业务范围全面覆盖中国及亚太地区，是新华社推动传统媒体和新兴媒体融合发展、实施新媒体发展战略率先启动并迅速成长的新媒体聚合平台。亚太日报以中国香港为总部，分支机构辐射南太平洋、南亚、东南亚、东北亚、港澳台地区和中国内地。

文章。排长云大兰还被邀请到广州观看芭蕾舞剧《红色娘子军》。1968年8月，红色大队在"红色娘子军基干民兵排"基础上又成立了"红色娘子军民兵连"，并由当时的琼海县革委会授旗授枪。此后，县上又从红色大队的"红色娘子军民兵连"推荐2名女民兵上大学。县委还派出工作组长驻红色大队，在各方面都给予大力支持。

看到红色大队的社会声誉日高和由此得到的种种实惠，一向以红色娘子军诞生地自居的琼海县文市公社苏区大队按捺不住了。一些退休干部向苏区大队干部提出："大队要向县委反映情况，争取把'红色娘子军'诞生地从红色大队那里夺回来。"有些群众还指责苏区大队干部"不中用，诞生地被人抢走了"。面对众多干部群众的责难，1970年下半年，苏区大队把要求落实"红色娘子军"诞生地问题正式列入了党支部的重要工作议程。

1970年8月，苏区大队党支部向琼海县委提出落实"红色娘子军"诞生地的口头要求，但是没有得到明确答复。1971年，苏区大队又多次召开专门会议研究，决定由大队副书记、民兵营长和治保主任负责调查取证工作。随后，苏区大队组织人员到邻近的4个公社征集史料，写出调查报告《关于娘子军诞生地实况》，当年8月正式向县委呈示。

接到苏区大队的调查报告，琼海县委领导认为，红色娘子军总会有它的诞生地，既然苏区大队有不同意见提出来了，就应调查落实。于是在1971年9月派出调查组到3个公社对16位娘子军老战士进行调查。调查结论是"娘子军在苏区的内园成立"。听取调查组汇报后，县委领导班子认为调查结论的依据不足，责成扩大范围继续调查。

接受第二次调查的有5个公社的20位娘子军老战士，她们有13人回忆在内园成立，有7人回忆在三乐塘成立，意见无法统一，调查组根据大多数人的意见得出的结论是"在内园成立的可能性较大"。琼海县委领导思想上倾向于红色娘子军诞生地定点苏区大队，但同时又强调这个问题要向上级请示。

为了起草向上级的请示报告，1972年4月，琼海县委又组织调查组深入进行第三次调查。这次一共调查了5个县市56名有关人员，结论仍维持"在内园成立的可能性较大"。由于有关调查无法明确娘子军诞生地，调查组的最终意见是："鉴于阳江的红色娘子军闻名中外，有较大的政治影响，为了顾全大局，应把红色和苏区合并为一个大队。"

1972年5月10日，琼海县委决定苏区大队与红色大队合并，划归阳江公社管理。6 月，县委领导到苏区大队动员合并，因遭到苏区大队干部群众的反对，无奈又将问题搁置起来。苏区大队见琼海县委在诞生地问题上迟迟不表态，沉不住气了，于是越级反映。当年 7 月，苏区大队革委会将《迫切要求上级党委派员落实娘子军诞生地问题的呈示》等 4 份材料，分别寄给党中央、国务院和中央军委。9 月间，大队书记到大寨参观，又趁机取道北京上访。对苏区大队的来信来访活动，各有关单位都没有及时做出回应。

1972 年 11 月 26 日到 12 月 7 日，中国京剧团《红色娘子军》剧组要到苏区大队和红色大队体验生活，苏区大队认为这是向中央提出落实娘子军诞生地问题的良机，于是进行精心策划和部署。

中国京剧团《红色娘子军》剧组到达琼海县后，苏区大队在介绍情况时反复强调，苏区是"真正的娘子军诞生地"。剧组要在红色大队召开两个大队娘子军老战士座谈会，苏区不愿意配合，剧组只好分别在两地举行座谈。中国京剧团《红色娘子军》剧组回京时，苏区大队革委会还委托剧组将落实娘子军诞生地的申报材料呈递中央。

当时中央分管文化工作的某领导看到材料后，从维护"革命样板戏"的权威出发，当即做了批示。批示说，革命样板戏源于生活，高于生活。红色娘子军虽然写了海南岛，但它是以我国土地革命战争时期全国广大妇女积极参加革命斗争的历史为背景的，并不是真人真事。硬要把剧中的人物、地点、情节落实到海南岛的某一个人物、某一个公社，是不可能的，也是十分有害的。1973年 1 月，以中央名义发出的 7 号文件，批转了这一批示。批转按语指出："琼海县委和苏区大队革委会的这种行为是一种不正之风。"7 号文件像一声惊雷，使琼海县干部群众受到强烈震动。海南区党委和琼海县委还专门组织工作组下到文市公社，传达与组织学习 7 号文件，琼海县委和苏区大队承认受理和要求落实娘子军诞生地的错误，决定立即停止娘子军诞生地调查定点工作，苏区大队从此也不再提出相关要求。

1982 年，琼海县委党史办开始征编史料《红色娘子军》，红色娘子军诞生地问题已经不可能再避开了。由于对中央（1973）7 号文件记忆犹新，当时的琼海县委认为不方便由县委受理这个问题，因此确定红色娘子军诞生地的工作只能由党史部门来做了。

琼海县委党史办深入细致地做了大量的调查研究工作，征集了 20 多万字的材料，在此基础上，反复论证、研究，并广泛征求各方面意见，提出了表述红色娘子军诞生地的新观点：以红色娘子军诞生的 1931 年的行政区域，乐会县（今琼海市）第四区赤赤乡是红色娘子军的诞生地。

提出这个观点的根据，一是红色娘子军的历史，在时间、地点、人物、事件等方面必须完全符合历史的真实面貌。诞生地应以红色娘子军诞生的 1931 年的行政区域来定点，并以当时苏维埃政权的最基层的组织乡一级作为单位，据此，认定赤赤乡是诞生地。二是红色娘子军诞生是一个过程，包括筹建编队集训、召开成立大会等一系列程序。红色娘子军的筹建地点是红三团所在地土地岭村（在赤赤乡，今红色大队），最早集中编队训练地点是三乐塘村（在赤赤乡，今红色大队），召开成立大会地点是内园村（在赤赤乡，今苏区大队），将诞生地定点赤赤乡，能概括红色娘子军诞生过程的全部重要程序，因此更科学、更全面。三是红色娘子军在赤赤乡成立，是由该乡的政治环境、革命形势等条件决定的，具有必然性；而在该乡哪个具体地点开成立大会，是根据场地条件临时决定的，带有偶然性。确认红色娘子军诞生地为赤赤乡，是以历史的必然性为其依据，反映了历史的本质。四是以当时的历史行政区域来定点，避免以后因行政区域再次变更而又出现新的争议，具有长远意义。

1983 年召开的琼海县委党史办史料《红色娘子军》审稿会，各方经过充分论证和研讨，对红色娘子军诞生地问题达成共识，乐会县第四区赤赤乡是红色娘子军诞生地的含义，就是原赤赤乡的组成部分红色大队和苏区大队都是红色娘子军诞生地，双方应平分秋色，共享殊荣。史料《红色娘子军》审稿会确定了乐会县第四区赤赤乡是娘子军诞生地的这个观点，关于红色娘子军诞生地的争议，至此尘埃落定，给这个争议了多年的问题画上了各方都能接受的句号。①

四、吴琼花

《红色娘子军》影片的主角是吴琼花，这个从幼年就受尽地主恶霸折磨的苦难女子，心里充满怨恨和仇恨，誓死想要报仇。参加革命是别无他法，报仇才是她最初的目的。在一次执行到南霸天府上侦察任务时，路遇南霸天，琼花心头怒火难以抑制，开枪打伤了南霸天，但由于她违反了纪律，受到处分，娘子军的领导对她进行了严肃的批评教育，党代表洪常青对她说了一句话："哪一个无产者不是眼泪泡着心？"这句话对吴琼花触动很大，在特殊的历史进程中，革

---

① 红色娘子军研究（第一辑）[EB/OL]. 海南史志网-专题研究，2014-10-09.

命者应该学会把生活的眼泪化为脑中的智慧，个人要服从革命大局。在党组织和洪常青等共产党员的帮助下，吴琼花也在革命斗争中不断成长、成熟，变得勇敢、聪慧。在洪常青英勇就义后，她担起重任，率领娘子军配合主力部队重新解放了椰林寨。

吴琼花的故事，浓缩了无数革命战士的成长经历：一个对生活充满怨恨的弱小女子，在共产党的领导帮助下，经过与国民党反动派进行革命斗争的不断历练，最终成为具有共产主义理想的革命战士。

《红色娘子军》里面的女主角吴琼花的生活原型是女子军特务连的第一任连长庞琼花，以及女子军特务连一排长冯增敏（也是女子军的第二任连长，庞琼花的继任者），这两个人的生活故事构成了《红色娘子军》的女主角吴琼花的主要生活原型，具体为名字和身份主要是庞琼花，革命斗争故事则主要来源于冯增敏的革命生活故事。

庞琼花，广东乐会（今海南琼海）阳江镇岭下村人，4 岁时便由父母包办与本县题榜村一李姓人家订婚。这样的包办婚姻在当时的海南农村普遍存在，海南方言称为"定命"。1927 年冬，其兄庞隆香参加中共琼崖红军，庞琼花在胞兄影响下也加入了少年先锋队。这年她才 16 岁，李家迫其过门成亲，她宁死不从，坚持参加红军。剧本作者梁信曾向外界披露，吴琼花的名字就是从她的名字衍化而来。据公开资料，庞琼花 1930 年参加红军，次年任乐会县（今琼海市）赤色女子军连连长（随后任红军第二独立师女子军特务连连长，指导员是王时香）。庞琼花工作能力很强，率领全连战士配合红军主力作战，立下了不朽战功。队伍很快就从成立之初的一个排，发展到了 100 人的三个排，这为改编为红军正规编制的女子军特务连奠定了基础。

1932 年春末，发源于中央苏区的"肃反""反 AB 团"也波及琼崖纵队。是年冬，因中共琼崖特委在革命队伍内部开展反"AB"团和社会民主党的运动，庞琼花被错疑为社会民主党而被撤职，后送往母瑞山接受审查和监督劳动，连长职务由冯增敏接任。

1932 年 8 月，国民党海南岛驻军陈汉光部"围剿"琼崖纵队，琼崖特委决定，为掩护琼崖党政军领导机关西上母瑞山，红一团一营和女子军特务连一连奉命留在马鞍岭坚守，阻击追兵。在坚守了三天三夜后，女子军连和红一团一营几乎弹尽粮绝，只好把仅剩的几十发子弹留给女子军一连二班的 10 名女战士，其余人暂时撤退。

当天夜里，冯增敏带着一个班回到马鞍岭接应时，10 名女战士全部牺牲，她们紧握着枪把或拳头横七竖八地躺着，"神枪手"陈月娥的上衣被血染红，班长梁居梅的衣服被撕得稀烂。冯增敏猜测：可能是敌人发现她们是女的，又进行了一场搏斗。

这一战也是女子军连大规模战斗的终结。此后，国民党军继续调集大量兵力"围剿"琼崖纵队，红军撤退到了母瑞山。为躲避敌人搜山，战士们白天活动不敢弄出响声，晚上的寒风再凉也不敢点火取暖，只能拿芭蕉叶当被子。很多战士染上这样或那样的疾病，几乎每天早晨都有人没能醒来。

不能困死在母瑞山，特委决定，红军师部、红一团和女子军特务连一连由王文宇指挥突围，打破母瑞山的困局。10 月底，王文宇率队突围成功。然而，陈汉光的"围剿"兵力迅速尾随而来，在轮番攻击中王文宇不幸中弹负伤，红军在拼死抵抗后伤亡惨重。11 月初，王文宇与中共乐会县委书记冯甲、县苏维埃政府主席庞世泽讨论决定，女子军特务连一连、二连化整为零，疏散隐蔽。女战士们分别在门仔村和排磉村集中，统一将枪支上缴给乐会县苏维埃政府主席庞世泽，然后疏散离队。

化整为零的女子军特务连战士，在敌人眼中依然是不能放过的对象。她们有家不敢回，只能躲在家附近的山上靠亲人送饭，冯增敏甚至还藏在一个荒废的墓坑内避了一天。但她们最终没逃过厄运，1932 年下半年，女子军特务一连第一任连长庞琼花、一连第二任连长冯增敏、一连指导员王时香、二连连长黄墩英、二连指导员庞学莲、二连二排排长王振梅、女子军战士林尤新，几乎同时被敌人逮捕。此外，琼崖苏维埃政府常委蒙汉强、乐会县苏维埃政府委员王学葵、琼崖妇女委员会委员林仲英等也同时落入敌人手中。

女子军连干部被捕后，先被关在阳江警察所的监牢里，后被押解到府城监狱。1934 年，除了因"价值不大"而被释放的王振梅和林仲英 2 人，冯增敏等8 人又被押解到"广州国民特别感化院"。狱中 5 年，面对敌人没完没了的审讯、折磨和迫害，女战士们始终坚持革命的信念，未曾透露半点机密。直至1937 年国共合作抗日，庞琼花等 8 位女战士才于年底获释。但中共琼崖纵队女子特务连早已不复存在，被国民党释放的中共琼崖纵队女子特务连女兵们只好各奔东西。

庞琼花遂回到家乡，因年龄较大她无奈嫁给了乐会县国民政府一名叫王汉文的文书为妾（与庞琼花同乡同宗的庞学莲说："我也不知她怎么想的。当初父母为她选'番客'，她都抗命，现在却嫁给人做二房……"），好在丈夫是个文化人，在庞琼花影响下思想要求进步。日本人侵占海南岛后，在她的家乡修炮楼建立维持会，逼庞琼花丈夫出任维持会会长，庞琼花丈夫因拒绝担任维持会会长被日军残忍杀害。庞琼花被逼躲到离家几十里外的深山，但还是不幸被日军发现遭到杀害，时年仅31岁。

生于乐会县和均乡美党村（今琼海市阳江镇美党村）的冯增敏，她的生活背景和吴琼花的人生经历几乎一样，比如，都是常挨地主鞭打的苦孩子，受过伤蹲过敌牢，尤其是影片《红色娘子军》吴琼花活捉南霸天的故事情节，就来自冯增敏活捉乐会县地主恶霸卢茂修的故事，还有影片中的许多细节，也是发生在这个女子军战士身上的真实故事。如问吴琼花为什么要参加红军时，吴琼花的那个拉衣领动作，更是冯增敏的真实故事。她在报名参加红军，被红三团团长王天骏问到这个问题时，冯增敏把衣领一拉，露出条条伤痕说："不要问为什么，就为这个！"

性格坚毅的冯增敏，出狱后不久就继续上山寻找党组织，并嫁给一位红军士兵，但怀孕后不久，丈夫不幸战死。不久，冯增敏生下遗腹女，含泪将年幼的女儿送人后，便投入革命工作，直到新中国成立后才将女儿认领回来。冯增敏也是新中国成立后唯一一位当上干部的红色娘子军战士，作为战斗英雄，她曾在1958年受到毛泽东接见，并获赠一支全自动步枪和子弹100发。"文革"前她担任琼海县妇联主任，也是她，给刘文韶的报告文学《红色娘子军》写作提供了许多生活素材和极大帮助。

"文革"期间，因1932年被国民党军逮捕在监狱之事，冯增敏惨遭诬陷，被开除公职赶回家乡接受劳动改造。1971年9月的一天，冯增敏突患肠梗阻，痛得满地打滚。她家地处偏僻的琼海县阳江镇江南村，到公社卫生院得过一道河。当时，天下大雨，河水猛涨，无人抬送，又找不到渡船。这位将自己的一生献给革命事业的英勇的娘子军连长已经没有力气爬出茅屋，她痛苦的喊声越来越弱，最后在撕心裂肺的剧痛中慢慢地闭上眼睛……

打倒"四人帮"后，冯增敏的冤案得以平反昭雪，中共琼海县委特此为冯增敏举行了隆重的追悼会。

五、洪常青

《红色娘子军》另一主要人物洪常青，其历史原型是谁？

原海南省琼海市党史办主任陈锦爱对此给出了这样的答案：洪常青这一人物是艺术典型，但其历史原型是有据可查的。

陈锦爱认为，洪常青的革命事迹归纳起来主要有三点：一是"指路"，洪常青引导被压迫、被奴役的劳动妇女走上彻底推翻反动政权的革命道路，吴琼花就是在他的指引下投奔苏区参加革命的；二是"哺育英雄"，洪常青具体负责组建娘子军工作，并带领其在战斗中茁壮成长；三是"英勇就义"，洪常青在指挥娘子军战斗时被捕，坚贞不屈，英勇就义。

"指路"的洪常青，其历史原型是对冯增敏影响颇深的原中共琼崖地方委员会书记王文明。在冯增敏的记忆中，王文明经常对妇女们说的一句话，就是"男女要平等，妇女要从十八层地狱里解放出来，就要和男子一样拿起枪，打倒国民党反动派"。她参加共青团、担任团乐会县委妇女干事以及加入女子军特务连，王文明这个"领路人"不可或缺。冯增敏的前任、女子军特务连的第一任连长庞琼花，以及女子军特务连历史上真正的指导员王时香，都是经王文明引导而走上革命道路的。

"哺育英雄"的洪常青，历史原型是女子军特务连隶属的红三团团长兼党委书记王天骏。王天骏是女子军特务连的组织者和指挥者，他亲自负责批准娘子军战士入伍、编队和配备连排两级干部工作。女子军特务连参加的伏击沙帽岭、火烧文市炮楼等几次影响较大的战斗，均由王天骏直接指挥。

"英勇就义"的洪常青，历史原型则来自工农红军第二独立师师长王文宇。冯增敏清楚记得，在女子军特务连成立时，就是由王文宇代表师部为女子军特务连授连旗。1932年春末，女子军特务连扩建第二连后，第一连则归王文宇直接指挥。随着琼崖土地革命的星星之火渐成燎原之势，盘踞在广东省的国民党军阀"南天王"陈济棠不禁忧心如焚。1932年7月，陈济棠派其警卫旅长陈汉光率所属3个团共3000多人赴琼，向琼崖苏区和红军进行"围剿"。在1932年8月，国民党海南岛驻军警备旅陈汉光部围剿琼崖纵队，琼崖纵队伤亡惨重，女子军特务连被迫化整为零疏散时，王文宇带着几位警卫员离开根据地母瑞山，在乐会四区隐蔽起来。由于环境极其险恶，有两位警卫员竟持机枪投敌，暴露了王文宇的行踪。1932年12月31日中午，王文宇冲出敌人埋伏圈，他身边只存警卫员王信一人。一天夜里，王文宇派王信从乐会长尾埇村回到深造村找食物。王信回到深造村时，经不起老父亲和长兄的劝说，竟连夜向敌人自首。陈汉光得知消息，急忙派官兵赶到长尾埇警戒包围。由于王文宇几天没吃饭，身上又中弹负伤，在山林里昏厥过去，不幸被捕入狱，王文宇在狱中英勇不屈，最终壮烈牺牲。①

敌伪档案《琼崖剿匪记》（陈济棠主编，1933 年出版）也有记载，王文宇被捕之前，他的几个"卫弁"（即警卫员）已带着机枪、驳壳枪投降了陈汉光，他身边仅有一名"卫弁"王信（深造村人）。王文宇和王信在一起隐蔽。后王信回家取食物，在其父的逼迫下叛变，带领敌兵来抓王文宇。王文宇见王信迟迟不归，急忙转移到别处，被"大鸡寮村一农妇发现，奔告桥园乡公所"。陈汉光闻讯令第一团紧急出动围捕了王文宇，"并从他身上搜出三号驳壳枪、黑铜质师长证章和指北针等物"。当天陈汉光即赶到阳江墟"细验"，"经王各卫弁（时彼留在旅部工作）认识千真万确"。这份历史档案证明，首先出卖王文宇的是他的警卫员王信和"大鸡寮村一农妇"，再次向敌人确认其身份的是早于王信叛变的另外几名警卫员。（近年来还有另外一种说法：出卖王文宇的是红色娘子军战士王时香和黄墩英，但此说法遭到多方批驳②）所以，王文明、王天骏、王文宇等红军将领的战斗事迹，糅合成了红色娘子军党代表洪常青的艺术形象。

六、南霸天

很多人是从 20 世纪 60 年代拍摄的电影《红色娘子军》中知道"南霸天"的，影片编剧梁信在塑造"南霸天"这个艺术形象时，其实是有原型支撑的。南霸天的历史原型，是乐会县"剿共"总指挥陈贵苑和国民党民团中队长冯朝天。

陈贵苑，乐会县乐城人，是黄埔军校毕业生，当时担任国民党乐会县（今琼海市）的"剿共"总指挥。1928 年，他曾把冯增敏等革命者关进乐城监狱残忍迫害，《红色娘子军》里面吴琼花坐牢的情节，就来自冯增敏这次入狱的经历。

女子军特务连成立不久，驻在乐会县中原墟的国民党乐会县"剿共"总指挥陈贵苑，对女子军特务连的成立非常恼怒，恨不得除之而后快，经常带领反动民团武装进行骚扰。1931 年，在一次红军埋伏行动中，陈贵苑被红军捕获并

---

① 中共海南省委党史研究室，海南省民政厅. 琼崖英烈传：第一辑［M］. 海口：海南人民出版社，1989：171.

② 夏萍. 红色娘子军中的男号手［N］. 海南日报，2005-04-02（7）. 另外，朱逸辉主编的《海南革命史研究》（第六期）里面也有这种说法。

判处死刑。

图31　电影《红色娘子军》"南霸天庄园"取景地

南霸天的另一个历史原型叫冯朝天，他的父亲冯业坤是当地一霸，自己则在国民党军队里当过军官。1931 年，冯朝天带领一个民团中队据守在文市炮楼，自吹自擂说文市炮楼是"铁桶江山"。趁着夜幕掩映，战士们开始从炮楼南北两侧分别开始挖地道。为了麻痹敌军，同时引诱其消耗子弹，躲在树林里的女子军特务连战士们分成几拨，在不同的方向猛吹冲锋号，大喊冲杀，佯装发起进攻，敌人吓得连连射击。有时，女子军特务连战士们用芭蕉叶、树叶扎成稻草人，戴上帽子，在阵地前摇来晃去，敌人模模糊糊看见有"人"影移动就开枪打过来。红军战士在地道中匍匐着把柴草搬运到炮楼底下，又用当地的土办法，在柴草上撒上辣椒，倒上煤油，用火点燃。火越烧越旺，掺杂着辣椒味的火苗和浓烟随风涌进炮楼里，火势蔓延，"铁桶江山"里的敌人经受不住烟熏辣呛，纷纷缴枪投降，冯朝天不得不束手就擒，这个气焰嚣张的民团队长很快也被女子军特务连俘获枪决。

这部电影中恶霸地主"南霸天"的宅院取景于海南陵水的张鸿猷张家庄园，在电影中被称为"南霸天庄园"。不过生活中的"南霸天"是琼海人，与陵水县的张鸿猷没有关系，拍摄这部电影的时候，摄制组在琼海迟迟没找到适合剧情需要的"南府"。多方寻觅，最后发现陵水县城地主张鸿猷的旧宅比较合适，于是便将其作为南霸天豪宅的一个外景地，在此取景拍摄"南府"镜头。通过电影艺术的表现，张鸿猷的这处旧宅，成功地变成了"南霸天"作威作福、欺压百姓、残害革命志士的"南府",成了"南霸天"滔天罪恶的铁证。张鸿猷旧居为三进二天井四合院建造格局,两侧用廊房沟通,建有横向排列的院落4幢,总建筑面积达11000平方米。旧居内共有砖瓦房屋结构50余间,由上等木材建造,并全部铺设了褐红色的地板砖。

除此之外,旧居内原还有花园、书院、仓库、暗房、假山溪流等设置,高大的院墙,青色的琉璃瓦,精致的雕花木门,堪称琼崖地区当时最豪华的大户人家住宅。现在红墙虽已斑驳,青瓦也多破损,人们却依旧能感受到这片历经百余年岁月的豪宅之气派。据张家后人记忆,豪宅始建于清朝乾隆末年(乾隆在位年间为1736年至1796年),由张鸿猷的祖父从海南琼山迁往陵水后建造。正是因为这份豪华,数十年前导演谢晋在拍摄电影《红色娘子军》时,在故事发生地琼海找不到合适地点时,将主要的取景地设置于陵水的张家庄园。

由于没有正式的官方声音出来解释、说明"借景拍摄"这件事情,更没人考察、细究其中的原委,电影公映后,革命群众通过"南府",想当然地把艺术作品中的南霸天和现实中的张鸿猷联系在一起,于是围绕着张鸿猷及后人展开了"深挖、狠批"等系列革命斗争活动。就这样,陵水县本来与革命斗争无关、死去多年的张鸿猷,莫名其妙地变身为十恶不赦、臭名远扬的"南霸天"。张家的后人也因所谓"南霸天后人"厄运不断,在新中国成立后的历次政治运动中屡受冲击。

张鸿猷,祖父于清朝乾隆末年举家从海南琼山迁居陵水县,张鸿猷于光绪二十七年(1901)丁酉科考中拔贡,曾被委派为广东镇平县(现广东省蕉岭县)县学教谕。但他觉得自己家乡陵水县黎汉民众生活贫穷,文教落后,人才缺乏,便以"母老病重"为辞不赴任,立志留在家乡兴学育才。他从设馆授徒到执教公学,其门下出了下沙村举人叶联梓等高徒,在陵水士林中享誉非凡。光绪末年,他奉命将创建于乾隆年间的顺湖书院,改建成陵水县顺湖高等小学堂,从学堂建成一直到民国初年都担任校长。不久升任陵水县劝学所所长,负责全县的学校教育。他创办的顺湖高等小学堂别具一格,不像以前的塾馆和书院那样,只教四书、五经与八股文,而是加进了新科目。他以厚薪聘请一位到日本学过新学的文昌县的教习来任教。这所学堂是当时陵水县的最高学府,各乡村的初等小学教师多数由它输送。张鸿猷不仅个人办学教书30余年,晚年还要求子孙为振兴陵水教育事业多做实事。其长子张逢珪创办同人学堂,专收少数民族学生,又同教育界同人创办陵水县师范讲习所、陵水县立中学和陵水县女子学校；他的四子张逢瑛曾任过陵水县简易师范学校两任校长；长孙张国梓曾任陵水中学校长。

事实上，在红色娘子军 1931 年组建成立时，张鸿猷已于 1928 年去世了，张鸿猷家除了上万平方米的庄园外，的确还拥有一定数量的土地，每年收租谷在千担以上。张鸿猷有四房太太，13 个孩子，再加几个帮忙照顾小孩的雇工和保姆，属当地显赫之家。但张鸿猷既无家族武装也无碉堡更无枪支，其一生主要从事教育事业，在当地没听说有阶级压迫血债。

从张鸿猷算起，张家几代从事教师职业的有 30 多人，据《陵水文史》记载，张家因从教人数众多被称作"教师世家"。现在的张家老宅子参观人流长年不断，庄园现有保留完好的旧居院落四幢，总建筑面积 2950 平方米，1989 年被陵水县定为重点文物保护单位。

传奇"姨母"刘秋菊

　　《红色娘子军》里的娘子军虽然都有生活中的原型，但毕竟还是用艺术手法创作出来的文学形象，女性个体的革命影响力和社会知名度不大。"红色娘子军"存在的时间也很短暂，只有不到两年的时间。"红色娘子军"解散后这个团体的成员基本上就从海南的革命斗争生活中消失了。但在海南艰苦的革命岁月里，有过这样一个真实存在的、被海南民众誉之为传奇"姨母"的智勇双全革命女战士刘秋菊。在琼崖23年红旗不倒的革命斗争历程中，刘秋菊以智勇双全著称，是一个威震敌胆，被广大人民群众传颂的女英雄。她戎马一生，鞠躬尽瘁，死而后已，是海南妇女革命的光辉典范。

　　刘秋菊，1899年出生在海南岛琼山县福云村（现属海口市桂林洋农场）一个贫苦农民家庭。她的家下无寸土、上无片瓦，一家人终年在生死线上煎熬着，受尽了人间的苦楚。刘秋菊更是生不逢辰，刚出世还不满周岁，其母就不幸去世；更不幸的是她4岁刚出头，父亲又在贫困和疾病的打击下与世长辞了，留下刘秋菊和比她大几岁的姐姐相依为命。刘秋菊16岁时为了摆脱生活困境，听从姐姐作主和媒妁之言，嫁给塔市乡岐山村的一个贫苦盐民郑正义为妻。同样是赤贫如洗的郑正义，只有半间破屋，刘秋菊嫁过去后，仍然是处于四壁清风、粮无隔宿的窘境，婚后不久，丈夫病逝了。从此，刘秋菊为了生活，为了填饱肚子，她一个人孤苦伶仃顽强地在生死线上挣扎着。

　　1926年的冬天，琼崖大地起风雷：许多共产党员和革命知识分子，走到了农村，组织和发动群众，进行反封建斗争。塔市乡也来了许多革命同志，他们经常挨家逐户去同群众拉家常，讲革命道理，还办了平民夜校，组织了农民协会和妇女解放协会。这些新鲜事物，给刘秋菊带来了生活上新的乐趣，她听了许多从来没有听过的革命道理，明白社会上为什么有富人和穷人之分，晓得了自己为什么贫苦到这样的境地；懂得男女要平等，劳动者应该是社会的主人的道理。她参加了夜校、农民协会和妇女解放协会。那些曾经不可一世的土豪劣绅被戴着高帽子拉去游村；许多封建规矩，不少吃人的旧礼教被废除了；村中向来愁眉苦脸的农民都扬眉吐气起来，他们敢说敢为，成为生活的主人了。在旧社会，妇女几乎都没有名字，也没有生活地位，刘秋菊生下来时，父母没有给她起过一个名字，上已有了姐姐，所似她只有一个乳名叫"妚二"，出嫁后，因为她是福云村过来的，因而人们管她叫"福云嫂"。社会上从来也没有谁给她起过名，参加农会后，共产党塔市乡支部书记林克泽同志才根据她的姓，为她取个名字叫"刘秋菊"。

1927 年，琼崖"四二二"反革命事变发生，革命处于低潮，刘秋菊却第一个报名参加中国共产党领导的农民赤卫队，于同年 11 月光荣加入中国共产党。她和男同志一样，巡逻，放哨，破坏敌人的公路、桥梁，割电线，送情报，当向导，乔装打扮，冒险排难，掩护战友。由于她机智勇敢，从容沉着，一次次化险为夷，被人们誉为"飞墙走壁"的女英雄。1928 年 5 月，刘秋菊不幸被捕入狱。敌人对她进行严刑毒打，她始终宁死不屈，保持了共产党人的高尚气节。1930 年夏，经党组织多方营救出狱。1934 年，刘秋菊担任文南区委书记。因环境恶劣，刘秋菊经常每夜要转移三四个村庄。琼文一带的男女老少没有一个不认识她。他们给了她一个最亲昵的称号：姨母。每到一个村庄，刘秋菊到群众家，只要轻轻地敲门，说声"我是秋菊姨母"，群众就会立即打开门，热情地接待她和同志们进屋。她同群众有着血肉般的深情。

在海南革命老区，流传着许多刘秋菊智勇杀敌的传奇故事，择其要者叙之。

一、1928 年的春节，塔市乡党支部得知海口市方面来的情报：海口市国民党当局调动军队频繁，有向塔市方面增防的迹象，当时革命正处在低潮，人心浮动，谣传较多；党内、革命队伍内部的思想，也稍有混乱。有些动摇分子离开革命队伍，逃到城市去自找"出路"了，有些人对着敌人气势汹汹的架势，识不透其外强中干的虚弱本质，也感到前途暗淡，内心没有底，苦闷得很。林克泽、刘秋菊等十几位同志正在琼山县塔市乡迈聘村共产党员林太川家开会，根据上述敌我两方面的情况，加以分析研究，找寻对策来展开工作。哪知敌人对塔市一带我党的活动早已加以严密注意，林克泽等一到塔市乡便被敌人的狗腿子发觉了，由于狗腿子的告密，敌人立刻派来了伪民团的小队长带了 20 多个团丁，杀气腾腾地飞奔而来，把小村子包围了，形势十分危急。刘秋菊当机立断，转身对林克泽说："让我留下掩护，你带同志们先撤！"林克泽熟悉她的性格，知道拗不过她，情况又太紧急了，只好答应她，说了声"保重！"，便带同志们从后门撤退。同志们撤出还不到三分钟，敌人已到门口。两个敌人分开两边，把门封锁住，后门也发现了敌影，且有人在指手画脚地在吩咐着任务。刘秋菊这时的思潮正急剧地翻滚着：眼看是不能冲出去了，也没有地方可藏，她手抓紧着驳壳枪，准备同敌人拼个你死我活。恰好，这时林太川妻子正在给自己的双胞胎喂奶。她急中生智，立刻把身上的衣服脱去一件，把枪藏好，急给林太川的妻子一个眼色，便从她怀中抱起一个孩子，装成给孩子喂奶的样子。敌人进屋了，径直向她走过来，当敌人走近她身旁时，她镇定自若，暗暗地在婴儿的大腿上拧了一下，婴儿顿时哇哇大哭。秋菊很关切地轻轻地拍着婴儿说："不要怕，不要怕，先生们是过路的。"敌人看到这种情景，以为刘秋菊是孩子母亲无疑。便问她道："见到一个穿黑衫的'共产婆'没有？"因为狗腿子已向敌人报告他们的人数和穿着了。她随手指着我方人员撤退的相反方向的通道说："刚刚从这边跑过去了。"那人应该是一个敌军小头目，他信以为真，右手向前一指，边呼吆边带着入屋的几个团丁拔腿就追。这群匪兵万万没有想到，刚才对他们指方向的这位孩子"妈妈"，就是他们要追捕的"共产婆"。

二、1928 年春，革命正处在十分困难的时期。经过国民党反动派从 1927 年 4 月到 1928 年初将近一年的摧残，有些同志被杀了，有些同志被捕进监牢，有些失散了，为了避难，远走他方，觅亲找友，以躲过风险，更多的同志是转入地下，继续同敌人作殊死的斗争。为了积聚力量，加强领导，以便打击敌人，推进革命，最迫切的是把党组织恢复起来。上级组织为了此事，多次发了指示：要大力为恢复党的组织而斗争。

这一年的三月，一个细雨绵绵的晌午，这正是贪图享乐的敌人的消遣休息的好机会。刘秋菊有任务在身，便趁着这个时机，走村串寨，联络失散各地的同志，为恢复党组织而奋斗。当她向云龙地区进发的时候，真料不到又逢着一队荷枪实弹的团丁迎面走来。伪军队长特别眼尖，远远就看见了刘秋菊在田坡那边冒雨疾走，心里顿时犯疑："哼！这个年头，一个女子竟敢单身乱窜，肯定不是等闲之辈，说不定就是共产党呢！"他越看越坚定了他的想法，转身立即喝令两个团丁追赶过去。刘秋菊也早就发现了敌人，心里就想着对付的办法，环视了周围地形但表面还是故作镇定，照常依照原来方向走，她一见团丁追来，立即发觉来势不对，便闪身转入林后，凭借着山林的掩护，急忙拐入附近的一个村庄中去。但团丁们仍然紧追不舍，远远就听见了他们的呼唱声。秋菊心里盘算着，敌人已经看见了自己了，非改装打扮一下，不然不能混得过去。秋菊估计，敌人还来不及封锁全村各个路口，于是，她从容不迫地蹀进了乡亲们的房子，除去了上衣（她为了应付紧急情况，经常是身上穿上二三件上衣），理一理蓬松的头发，稍事打扮一下，就戴上一顶陈旧的竹笠，转身向村口走去。但远看过去村口已被敌人封锁了，敌人正在每家每户加以搜查，进行抓捕，心中未免一阵焦急。

忽然她听见一阵阵笑声，她转身看去，只见左侧面不远的屋廊里有几个妇女还正在忙碌地舂米，顿时计上心来，立刻凑上前去，向她们打了个眼色，便一边舂米，一边同姊妹们嘻嘻哈哈地拉家常。当敌兵走过来的时候，她还故意地撞一撞身边的大嫂，假装着争簸箕而争吵起来，旁边几个姊妹还"真情真意"劝和着。真是假戏真做，任敌人也看不出一点破绽。傻头傻脑的团丁们在村里搜来搜去，没有发现可疑人的形迹，只好悻悻地离去。

三、1932 年，国民党陈汉光部进驻琼崖，陈汉光这个反动派野心很大，出于他的反动本性和来海南升官发财的奢望，想在海南大干一场。首先他妄图彻底消灭共产党和人民武装力量，以博得上司以至蒋介石的奖赏，好得官运亨通，达到升官晋爵，挤入统治集团核心的目的。所以他一到任，便大举"清剿"我军革命根据地。他用碉堡推进政策，步步进逼，手段毒辣，采取斩尽杀绝的办法，极力摧残我军革命根据地，我军因此受到严重挫折。革命正处在困难时期，一些动摇分子，逃跑的逃跑，叛变的叛变，尤其是叛变投敌的这些败类，为害最大。原琼山县第六路红军的冯大同，就是其中最凶恶的一个。冯大同叛变后，以他的"积极"行为，获得了博布民团队长的职位，从此野心更大，抱着为反动派"立功"以升官的目的，经常带领团丁侵扰革命老区，鱼肉人民，无恶不作。这条毒蛇不除掉，人民将大受其害，我军决定组织伏击队，除掉这条毒蛇。

中共琼崖纵队领导人冯白驹同志经过再三考虑，让刘秋菊组织、策划对叛徒冯大同的刺杀行动。刘秋菊化装到博布一带去了解情况，经过群众汇报，并结合多方核实得到确凿情报：叛徒冯大同经常在博布到三江公路沿线活动。刘秋菊心里盘算着，博布到三江这一带的公路，行人稀少，林茂路窄，倒是伏击的好地段。但具体情况还不大熟悉，心中还是没有底。为了了解具体地形，掌握准确情况，刘秋菊又亲自到这个地段去实地侦察，情况摸准了，心里也踏实了，她满怀信心地回到根据地部署这次刺杀行动。

一个盛夏的傍晚，刘秋菊安排琼崖纵队"神枪手"林茂松率领短枪班的林天德等同志在夜幕的掩护下出发了，他们全副武装，带着饭团，静悄悄地来到了博布——三江公路的中段，按计划进入公路边一个小山堆里埋伏。这个小山堆林木茂密，靠近公路，可以控制公路稍长的一段，两头空阔，从博布或三江过来的车辆、行人，远远已清晰可辨，大家都说："真是伏击的好地方。"可是，埋伏下来，等啊，等啊，两天时间过去了，还不见这条毒蛇出洞，真的等得大家心焦！有个别同志未免焦躁不安地说："可能情报不准，人家是否出发到别处去了？"林茂松心里坚信刘秋菊亲身从可靠的同志得来的消息："冯大同在博布开会。"他没有出现，只是时间问题，毒蛇是会爬出洞的。果然，埋伏的第三天早上，一阵行军的步履声由远而近，清晰可闻。短枪班的同志抬头眺望，只见一大群民团正从博布朝三江方向走来。大家兴奋得心脏几乎跳了出来，林茂松镇静地下达命令："敌人来了，遵守埋伏纪律，准备战斗！"敌人一进入火力网，林茂松一声命令："打！"手枪声和手榴弹声爆炸声顿时响成一片。不少敌人应声倒地，其余的溃不成军，魂飞魄散，拔腿逃窜，只恨爹娘生少了两只腿，跑得不快。我短枪班的同志都死盯住冯大同，只见他枪声响起后，就指挥他的民团兵丁抵抗，自己则拼命向博布飞逃，林茂松见状拔腿直追，终于追出一里多远，一枪把冯大同撂倒，宣告了革命叛徒的可耻下场。

刘秋菊是一个生活朴素、工作十分踏实的人，在艰苦的革命岁月中，她经常穿着一套黑色土布便衣，拖着一对木屐，头戴陈旧竹笠。但打起仗来，冲锋陷阵，英勇非凡。回到后方，她又开荒种地，养鸡放鸭，样样能干，看起来像个农妇，唯一不同的是她经常佩戴着一支勃朗宁手枪。刘秋菊和群众的关系很好。她虽不会上台发表长篇大论的演说，也不会写漂亮动人的文章，但她有一手深入联系群众的本领。她到一个村落去工作，马上就变成这个村落的人，不是帮这家舂米，就是帮助那家喂猪，要不然就下田干活。田里的活计和家里的事务，她样样精通。她就在干活闲聊中，把情况摸得又细致又准确，群众中许多思想问题，也在干活闲聊中解决了。她对待群众，就像对待亲人一样，非常亲切，认真地帮助他们解决问题，往往为了一帖治风湿或是女性月经不调的药方，她要跑老远的路去找老中医诊病，拿回药方后她还要忙碌老半天帮忙熬药。所以，刘秋菊的名字，对当时的海南革命老区的老百姓来说是家喻户晓的。老区的群众，不论男女老少，没有人不知道秋菊同志的，群众送给她一个最亲切的称号：姨母。

刘秋菊同志由于在琼崖革命斗争活动中做出的卓越贡献，在中共琼崖纵队乃至海南妇女界都具有崇高的威望，1934年国民党派驻广东琼崖战区教育督导员李明给国民党广东行政公署汇报工作的报告里，认定刘秋菊是中共琼崖纵队下辖的第四支队长，并用括号注明刘秋菊是中共琼崖纵队领导人冯白驹老婆。①但实际上刘秋菊在革命斗争活动中是和革命战友结了婚，但她的丈夫不是冯白驹，而是冯白驹的原警卫员、琼崖纵队总部短枪班班长，后被任命为琼崖纵队第二支队第二大队队长的林茂松。早在1936年，经中共琼崖纵队领导批准，林茂松、刘秋菊两人结为革命伴侣，只不过由于革命斗争复杂的特殊需要，当时并没有向社会公开两人的关系。林茂松、刘秋菊两人育有一女：林玉香。林茂松1942年在战斗中牺牲，刘秋菊1949年病逝，新中国成立后林玉香作为革命烈士孤儿被国家抚养，先送学校学习后参加革命工作。

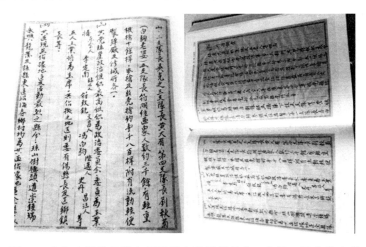

图32　广东琼崖战区教育督导员李明呈报教育工作情况及有关文书

1945年3月，刘秋菊先后担任中共琼崖特委民运部副部长，中共琼崖特委委员、琼崖临时人民政府委员、中共琼崖特委妇委书记。1949年3月，担任琼崖民主妇女联合会筹委会主任。

随着海南解放的日子越来越近，刘秋菊同志的革命担子也越来越重，而她却由于长期艰苦的革命斗争，身体健康受到很大损害。1949年春天，她病倒了

---

① 广东琼崖战区教育督导员李明呈报教育工作情况及有关文书［M］//海南省档案局．中国第二历史档案馆．海南民国档案资料选辑：第一辑：第十三册．海口：海南出版社，2013：7757.

（另有一说：当时有人怀疑是国民党特务在饭菜里下毒），在当时的生活条件下，诊断不出来病因，刘秋菊没能等到全海南解放的这一天。正当英勇的中国人民解放军以万马奔腾之势，向祖国的南疆胜利进军的时刻，1949 年 8 月 24 日下午 4 时，久经考验的老战士、全琼敬仰的琼崖妇女领袖、琼崖人民的"姨母"刘秋菊同志，由于长期从事艰苦斗争，积劳成疾，医治无效，永远闭上了那双明亮智慧、英气四射的眼睛，结束了她光辉的一生，享年 50 岁。①

刘秋菊一向以智勇双全著称，是一个威震敌胆，被广大群众传颂为传奇人物的女英雄，也是海南妇女革命的光荣榜样。

1991 年 5 月，由海南社会各界人士踊跃集资，刘秋菊烈士纪念园在海南落成。刘秋菊烈士纪念园位于海口市府城镇那梅村西北侧、海榆东线高速公路那梅口立交旁。占地面积 3400 平方米，坐西南向东北，长方形庭院式园林。园中竖立汉白玉镂刻的刘秋菊烈士全身雕像，高 3.2 米，刘秋菊塑像基座正面刻有康克清题写的"琼崖女杰刘秋菊"碑名。雕像后面底部题刻"刘秋菊生平"，两侧建有各长 24 米的题词壁廊，分别刻有中央、省领导和原中共琼崖区委领导人肖克、马白山、谢飞、曾志、刘英、邓六金、林修德、侯政的题词和冯白驹、黄康等题写的挽联。

---

①　琼崖女杰刘秋菊［EB/OL］. 海南史志网-党史人物，2014-11-30.

琼崖华侨回乡服务团

在抗日战争时期，有这么一支不拿枪的抗日队伍，为海南的抗日战争做出巨大贡献，这就是琼崖华侨回乡服务团。

海南的海外华侨素有爱国爱乡的优良传统。抗日战争爆发后，各阶层琼籍华侨广泛参加抗日救亡运动，捐款捐物支援祖国抗战，救济受难同胞。随着祖国抗战形势的发展，为了从人力上支援家乡的抗日斗争，海外琼籍华侨抗日救国组织，还发动琼籍华侨爱国青年返国参战。先后组织了香港团、星洲团、越南团和遏罗队，共 240 多人。他们肩负广大琼籍华侨的重托，冲破日本侵略者的海上封锁，从侨居地回到战火纷飞的家乡，同全岛抗日军民并肩战斗，做出了应有的贡献。

一、琼崖华侨回乡服务团在香港成立①

1938 年春，随着全国抗日高潮的到来，新加坡、马来亚②、泰国、越南等国家的琼籍华侨青年文竞平、符思之、朱明、冯敬文、范清、曾英儒、王禄椿等纷纷回到香港。他们集中住在香港九龙上海街 612 号三楼进步社团"海生俱乐部"，寻求抗日救国救乡之路。当时，符思之、朱明等同志提出："我们华侨青年和港澳爱国青年响应共产党的号召，愿意组织起来参加抗日救国工作，不在香港吃闲饭。"并建议范世儒向"琼崖旅港同乡会"和"琼崖旅港商会"反映情况。身为琼南园茶店老板的范世儒先生是这两个琼胞组织的领导人之一，他是一位爱国爱乡的进步商人。范世儒觉得他们的意见是正确的，值得研究讨

---

① 范世儒．琼崖华侨回乡服务团的组建及其抗日活动［M］//钱汉堂、陈献芳主编．琼崖华侨服务团．北京：中国华侨出版社，2013：17-21.

② 1963 年，马来西亚联邦成立，此前称"马来亚"。后文均按历史情况称"马来亚"。

论，因为抗日救国除了汉奸亲日派，绝大多数的中国人包括海外华侨在内都是赞成和拥护的。

为此，范世儒先去找几位旅居香港的琼崖知名爱国人士冯裕芳（民盟香港市委主任）、符镇（爱国商人）、周载伯（海南商会秘书，支持共产党的抗日主张）等，就组织抗日救护队的问题和他们交换意见，他们表示积极支持。另一方面，范世儒又以琼崖旅港商会同乡会理事的身份，去找商会会长周文治和同乡会会长云伊傅商量，并建议召开两会理事会联席会议，讨论组织救护队的问题，他们都同意范世儒的意见。

同年8月间，在香港的海南商会会议厅召开两会理事会联席会议。出席会议的两会理事有周文治、云伊傅、黄坚、周成泰、冯蔚轩、吴家权、林泽雨、符致兴、潘瑞廷、许家照、吕镜溪、黄金门等40多人，以上的理事是交叉的，当商会理事也当同乡会的理事。在讨论组织抗日救护队的过程中，大家没有什么争议，很快做出了以下四项决定：

1. 组织名称叫作"琼崖抗日救护队"；

2. 经费问题由"琼崖旅港商会"和"琼崖旅港同乡会"共同负责；

3. 筹备组织救护队的具体工作，推选范世儒理事负责；

4. 为了扩大抗日救国组织，增强抗战服务力量，决定用"琼崖旅港商会"和"琼崖旅港同乡会"的名义发函新加坡、马来亚、泰国和越南等国家和地区的琼籍侨团，如新加坡琼州会馆联合会、马来亚琼州同乡会、泰国海南商会和同乡会、越南西贡琼籍华侨商会等侨团，要求以上侨团积极发动组织当地琼籍爱国华侨青年回香港参加"琼崖抗日救护队"，为抗日服务。

1938年夏，以"海生俱乐部"（海员进步组织之一）为活动中心的琼籍同胞，响应宋庆龄领导的"保卫中国同盟"关于发动国际友人组织医疗队参加战时救护工作的号召，发起成立"琼崖抗日救护队"（以下简称"救护队"），准备返琼参加抗战。最早报名参加时有范世儒和朱明、冯敬文、林明汉、范少伯等10多人，救护队成员大部分是旅港琼籍学生和青年工人、店员，这些同志后来多数成为香港团的骨干。

根据两会的决定，范世儒抓紧召集符思之、朱明、文竞平、韩托夫、范清等几位同志在"海生俱乐部"开会，经讨论研究，决定立即开始救护队的组建工作。具体步骤是如下。

1. 发动从南洋各地来港的华侨青年报名参加战地救护队。当时报名参加的有符思之、朱明、范清、文竞平、范少伯，范少怀、何秀英、何佩玲、林明汉、陈克攻、曾英儒、王禄椿等 32 人。

2. 作为活动预算，"琼崖旅港商会"和"琼崖旅港同乡会"提供港币 1000 元，为救护队做 32 套制服，购置一些医疗器械和药品，以供救护训练班教学之用，以及补助从南洋回来的同志膳食等费用。

3. 开办救护训练班。地点在"海生俱乐部"，聘请麦显贡医生和张冀医生任教。训练时间每天晚上 7 时至 9 时，有时医生还带学员到野外实习。

4. 组织救护队学习班。学习地点在范世儒的琼南园茶店后面楼上。学习时间为每星期两个晚上。学习内容主要是党的抗日统一战线政策、抗日救国宣传、革命歌曲等。由韩托夫、文竞平、符思之等同志负责讲课和领导学习。①

1938 年夏秋间，先后从内地和新加坡、泰国、越南等地来港的曾英儒、陈生、韩骏、曾照旭、何敦轩等 10 多位同志，都要求参加抗日团体回乡抗日救国。根据这种情况，救护队决定改名为"琼崖华侨回乡服务团"（因为在香港成立，也称"香港团"）。

当时，日寇已把战火燃到了武汉、广州，南洋的华侨富商陈嘉庚利用自己的影响力发动广大侨胞组织"南侨筹赈会"，新加坡和马来亚的琼籍华侨也组织了"琼侨救乡会"。在这种情况下，1938 年 11 月间南洋各地如新加坡、马来亚、越南、泰国、印尼等国家和地区琼籍侨团为了组织各地华侨抗日，派代表来香港开会讨论组织"琼侨联合总会"问题。

来自海外的各地代表有新加坡的符致逢、郭新、王坚白，马来亚的王兆松、王谟仁、郭巨川、冯骥，泰国的黄有鸾、冯尔和、林鸿高、林鸿泽，越南的陶笏庭和香港的周文治、黄坚、周成泰、冯蔚轩、云伊傅等一共 80 多人，开会地点在香港石龙咀金龙酒家二楼。会议共开了 7 天，讨论决定成立"琼侨联合总会"，总会会址设在香港。"琼侨联合总会"下设救济部，宣传部、组织部和财政部。经推选，救济部主任为王兆松，副主任为周文治，财政部、宣传部、组织部分别由郭新、符致逢、黄有鸾负责。

会议除了成立领导机构以外，更多的是讨论如何进一步有效地支援琼崖抗日军民和难民的问题。初时聘请许登文（海南文昌县人）为秘书，后由王伯时

---

① 范世儒. 琼崖华侨回乡服务团的组建及其抗日活动［M］//符和积. 琼侨抗日英杰：符克烈士专辑. 海口：海南出版社，1996：62-62.

（海南文昌县人）继任，负责总会日常具体事务工作。会议还决定：

1. "琼崖华侨回乡服务团"由"琼侨联合总会"领导；

2. 推选范世儒为服务团（即香港团，琼侨总会成立前不久，抗日救护队便改名为服务团）团长，符思之为副团长。

总会成立后，香港团便划归总会领导。代表大会结束后，由王兆松代表"琼侨联合总会"负责同服务团的联系，他是总会的救济部主任。

这样，"琼崖华侨回乡服务团"的任务就不仅限于最初设想的战地救护工作了，服务团还必须担负起发动民众参加抗战的政治任务，因而训练班必须增加政治学习的内容。为此，服务团聘请了韩托夫和文竞平两位同志当政治老师，讲授毛泽东同志的《论持久战》《论新阶段》等著作，为下一步回琼参加抗日战争做好思想准备。

二、偷渡回琼

1938 年 12 月 5 日，琼崖红军游击队正式改编为抗日部队——"广东省第十四区民众自卫团独立队"（简称"独立队"）。琼崖国共合作、团结抗日的局面开始形成，抗日民族统一战线开始建立。在有利形势的推动下，香港团的第一批成员积极做好回乡的准备工作，并决定于 2 月 11 日启程返琼。不料，1939 年 2 月 10 日，日本陆军台湾混成旅团在海、空军的配合下，在天尾港登陆，占领了海口市。当时国民党的琼崖守备司令王毅，不发一枪一弹便率领队伍龟缩到山区里去了。冯白驹领导的琼崖抗日独立队，英勇抗击日寇的侵略，取得广大人民的支持与拥护。日军占领海口后，又占领了沿海 13 个县城、重要市镇和港口，到处成立日伪政权，天天出动兽兵烧杀抢掠、奸淫妇女，琼州海峡也被日寇军舰封锁。设在香港的琼崖华侨联合总会及时决定，香港琼侨回乡服务团分批返琼，参加抗战，救济同胞。

由于局势急剧变化，日军严密封锁琼州海峡，为了确保偷渡返琼成功，香港团决定更改启程日期，并派出专人做周密的具体的部署。3 月初，服务团党支部决定朱明同志前往西营、硇洲，联系解决全团返琼的各项问题，特别是有关偷渡的问题。当时，适逢曾鲁先生潜来该地，他是党外进步人士，地下党的助手。曾鲁先生熟悉从文东北边（文东是地名）一带海面逃亡过来的难民和船只来往的情况。朱明和曾鲁先生接上关系后，偷渡返琼事宜就由曾鲁先生负责了。在回琼之前，周文治代表"琼侨联合总会"在香港干诺道中海陆通酒店举行欢送会。

1939 年 3 月底，第一批团员 33 人，由符思之率领，分为几小批来到渡海最前站的硇洲岛。这时候，从文昌等地逃难到西营、硇洲的人很多，为了掩护自己，团员们就混迹于难民之间。团员们从访问难民中搜集到了大量有关情况，发觉海上敌情变化不定，敌人巡逻并非定时定班，这就给团员们以可乘之隙。经过仔细分析，团员们决定立即准备渡海。4 月 15 日（一说为 16 日）下午 4 时至 5 时，团员们从硇洲公庙后面海岸三三两两地上船，在神不知鬼不觉中扬帆启航。经过整整一夜同海上风浪的搏斗，第二天早晨终于在文昌冯家坡海岸安全登陆。

香港团第一批偷渡成功，顺利到达海南岛，给第二批、第三批（即硇洲队）偷渡成员以很大鼓舞。同年 7 月至 8 月，由符克率领的越南团，由陈琴率领的星洲团，由杨文苑率领的泰国团，还有香港团第二批团员，一共有 240 多人，他们也分别从所在国回琼偷渡成功，先后抵达海南岛。

各团走的是不同的路线和登陆地点。1939 年 6 月 6 日，星洲团全体同志乘英国"海英"号客轮直抵广州湾，然后改乘帆船到硇洲岛。这时东北风季节已过，找小风帆船也搭载不了全体团员，他们分批次于 7 月底 8 月初，才分别由正副团长陈琴、梁文墀率领偷渡，在文昌的翁田至昌洒一带海岸登陆。剩下的几个人，后来便同越南团的同志一起渡海，登陆后在陈琴同志的老家昌洒乡抱才村会合。

泰国团于 1939 年 5 月由杨文苑带队到广州湾。后因杨有事返泰，便交代符建平、符雷鸣带队回琼。因为找船等风，他们在硇洲待了两个多月，大约于 7 月至 8 月间，由越南团协助分三批渡海。首批 7 人，由越南团的黄循臣带领，安全登陆；第二批 7 人，由符雪鸣带领，不幸在海上全部遇难；第三批 3 人，由符建平带领，渡海也获成功。所以，泰国队实际只有 10 人回到琼崖。

1939 年 6 月，越南团从西贡抵港

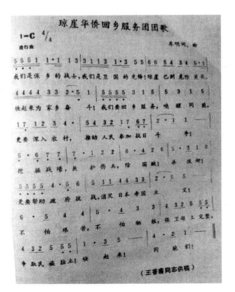

图 33　琼崖华侨回乡服务团团歌

后，团长符克因公暂留香港，便由张奋代理团长。张奋是从新加坡回国的，他之前因赴延安不成，在港受符克委托，带团返琼。他们从香港经广州湾到硇洲岛后，因为等船，在那里住了一个月左右。到了7月（旧历）下旬，他们才分乘3只小帆船（每船10多人）偷渡回琼。登陆地点在文昌北部的七星岭至抱虎岭一带海岸。

南洋琼籍侨团所组织的服务团先后一批一批地返回琼崖。这些服务团的具体人数是：由符克率领的越南团43人，由陈琴率领的星洲团60人，由杨文苑率领的泰国队17人，香港团（包括硇洲队）110多人，一共有团员240多人。

各地琼侨回乡服务团的任务都是一样的，即宣传抗日救国、救济难民、为抗日军民送医送药等。回琼的路线，自香港或其他侨居地搭船回广州湾西营，再从西营中转到硇洲。硇洲设有"琼崖同乡会"，曾鲁为硇洲的"琼崖同乡会"负责人，由他帮助解决服务团租船渡海等问题。

三、服务范围

1939年秋，服务团全部偷渡完毕，共有团员240多人，分为香港、星洲和越南三个团（泰国队返琼后已并入越南团），都是由"总会"派遣和接济，在政治上则受中共琼崖特委领导。为了加强党对服务团的领导，提高工作效率，便于领取和携带华侨捐募的各种救济物资，香港、星洲和越南三个团的同志都主张联合，成立总团，并提议由符克同志任团长。对这一设想，中共琼崖特委负责同志十分重视，认为可行；但服务团县是由"总会"派遣的，在组织手续上必须向"琼侨总会"报告，经批准后方能宣告成立。服务团领导根据特委指示精神，收集有关材料，由符克返港汇报。

符克同志抵港后，整理材料向总会汇报，并遵照特委指示提出建议。总会负责人王兆松先生听取了符克的口头汇报，又看了书面材料，经考虑，认为以分散的力量去完成繁重的任务是困难的，因而同意三个团联合成立总团。至于总团负责人的选择，建议由符克同志担任是有理由的，他受过大学教育，到过延安，不仅政治觉悟和文化水平高，而且有实际工作经验，这是在港难于挑选到的优秀人才，因此总会负责人同意由符克出任总团长。此外，还考虑到帮助政府救灾救难和受援抗日军民任务繁重，而总会与故乡千里之隔，加上日寇封锁琼州海峡，执行任务存在诸多困难，故决定在琼崖内地设立琼侨总会救济部驻琼办事处，办事处主任也决定由符克兼任。这样，符克不但是服务团的总负责人，而且是总会的驻琼代表。

1940年夏，符克接受"总会"新的任务，由港返琼。6月19日在琼山县树德乡文林湖村召开所有服务团成员大会。符克同志传达了总会的决定，正式宣布总团成立。总团长符克，副总团长陈琴、梁文墀。下设总务股、秘书股、宣传股、组训股、医务股。总务股由林鸿魁和邢谷宜负责，秘书股由李若愚和韩立人负责，宣传股由张奋和陈代轮负责，组训股由符思之（特支书记）兼任，医务股由梁文墀兼任，总团下有三四千人组成的歌剧队，也有十人、八人组成的工作队、医疗队，队员们均有宣传、救护的双重任务。

四、与国共合作

1939年4月16日晨，香港团第一批从冯家湾胜利登陆后，立即转移到抱罗乡，当晚住在谢立甫同志的老家期宅村。这时，符思之作为服务团党支部的负责人，必须做的第一件事是寻找中共琼崖特委，汇报情况，请示工作。恰巧，符思之在此遇见中共文昌东北区区委书记符气彰。他们是老相识。通过他，符思之找到了文昌县委和中共琼崖特委。当时，中共琼崖特委常委、组织部长王白伦同志接见符思之。符思之给他看了中共东南特委组织部长吴有恒同志写的党组织关系介绍信后，便详细汇报了服务团的情况。当符思之汇报到琼侨总会交代服务团必须同国民党琼崖当局注册备案时，白伦同志表示同意，他说，以琼崖国共合作为基础的抗日民族统一战线暂时处于"好景"时期，你们是华侨抗日救国团体，是琼崖抗日民族统一战线的组成部分，应利用这一有利条件，向琼崖国民党当局争取独立活动和合法权利。

从中共琼崖特委回来后，符思之便和林明汉、王禄椿等同志前往国民党琼崖守备司令部备案，并代表琼侨总会向国民党琼崖守备司令王毅赠送锦旗、慰问信和药品。此时，国民党第九区专员兼保安司令吴道南尚未到职，一切由王毅负责。符思之他们向王毅汇报了海外琼侨于1938年冬在香港集会和成立"琼崖华侨联合总会"的情况，还有这次回来的任务：一是宣传发动民众抗日救国；二是给抗日军民送医送约；三是沟通琼崖和海外琼侨之间的联系；四是搜集情况，向海外传播岛内抗战情况并揭露日寇暴行。同时，向王毅提出两点要求：一是因服务团同志在敌后工作，经常出入于敌占区，要求司令部发给若干武器，以便自卫；二是要求通令所属各级军政机关给服务团在工作上的方便。王毅对华侨的回乡服务活动表示很感兴趣，对服务团提出的要求采纳了一部分，答应在工作上给予方便，就是不肯发放武器。

办好注册手续后，符思之于5月下旬返港向琼侨总会汇报。这时，正值第二批华侨服务团员训练即将结束，准备偷渡回琼。总会救济部主任王兆松先生一再交代，要符思之带全团同志再到国民党琼崖当局备案。符思之解释说，首批回琼已向王毅司令备案了。王先生说："这是吴专员（即吴道南）特别交代的，你们无论如何都要去。"7月初，香港团第二批偷渡成功之后，两批共有60余人。王毅主持琼崖政局时，服务团已办理过备案手续，吴道南一到琼崖就不算数了。这不仅说明王、吴之间有矛盾，也反映了吴道南醉翁之意不在酒，要服务团再次备案，无非是想把服务团置于他的势力范围之内，加以控制，不让服务团独立活动，不准宣传、发动和组织群众起来抗日；同时，想独吞服务团所带回的药品和其他物资。尽管这样，服务团还是依照总会的吩咐，向刚上任的国民党行政专员吴道南再办理一次备案手续。

1939年秋，阴雨连绵。服务团几位负责人从驻地文昌县重兴乡的河清村出发，经过四昼夜的行军，终于赶到琼崖国民党当局驻地定安翰林山区。他们随即向吴专员赠送药品和慰问信，呈交服务团的公文，并附全团同志的花名册。要求吴专员发函通知各县政府（主要是文昌，琼山、琼东、乐会、万宁）给服务团以指导和工作上的方便。吴道南同服务团团务委员会的全体委员——符思之、朱明、冯敬文、韩骏、陈生等寒暄之后，便要大家休息，听候命令。到了中旬的一天，服务团接到命令：要全团同志集中于村后操场，等候守备司令王毅和第九区专员兼保安司令吴道南来训话。王毅和吴道南来到后，他们说："华侨慷慨解囊献捐救国，政府深感满意。""你们放弃了安逸的生活，冒险偷渡回琼帮助政府抗战，很为光荣。""你们就在我们这里比较安全，不必到敌人后方去冒险，政府有责任保护你们。"训话集会到此结束。

服务团返琼之初，琼崖的形势是：日寇从点到面加紧扩大占领区，妄图以野蛮的烧杀手段动摇瓦解民众抗战意志；在抗战阵营内部，以国共合作为标志的抗日民族统一战线尚处"好景"时期，但琼崖国民党当局仍然采取消极抗战的方针，限制民众抗日活动，它的主力部队则龟缩山区。根据这种形势，服务团的工作方针是：放开手脚宣传发动民众参加抗战，广泛开展医疗服务工作，千方百计冲破国民党的限制政策。服务团的口号是：团结对敌，抗日自由，救国无罪。在正确的方针指导下，大家积极投身于抗日宣传活动和医疗服务工作。

香港团第一批到达公坡乡后，以公坡乡为中心，在文昌北部的翁田、龙马、抱罗、水北等乡活动了一段时间，便转移到文昌南部的重兴乡。星洲团到达昌洒乡后，在那里活动了一段时间，则转移到琼山的甲子乡。香港团和星洲团分头从重兴和甲子到定安山区向吴道南专员公署办理注册手续后，继续扩大活动范围。星洲团主要向万宁、乐会、琼东展开，香港团和越南团主要向文昌、琼山、定安、澄迈（美合）展开。各团在这些地区中也有交叉开展活动的时候。

服务团的宣传工作包括文艺宣传（如话剧、琼剧、歌唱等）、口头宣传和文字宣传，最大量的宣传工作是口头宣传。口头宣传主要包括街头演讲、个别谈话和小型座谈会等。

服务团在进行抗日宣传的同时，积极给农民群众送医送药，为抗日军民做救护治疗工作。当时服务团带回的药品有治疟疾的奎宁丸，治感冒的阿司匹林，也有过氧化氢、盍锰氧，碘膏、万金油、八卦丹等，还有硼酸粉、棉花、纱布以及搪瓷盘和钳等一些简单的医疗器械。能治一般疾病和烂脚，也能做枪伤、刀伤的救护治疗。在深入农村进行宣传的时候，无论男女老幼，凡有求医求药者，服务团的同志都免费送医送药上门，深受群众欢迎。此外，服务团还为独立总队培训了一批医务人员，这些人后来都成为独立总队和琼崖纵队医疗救护工作中的骨干力量。

五、终止原因

1939 年秋，琼崖国共两党关系开始恶化，年底吴道南下令解散琼崖党政处，至 1940 年夏，琼崖国共两党和双方军队之间的摩擦不断升级，分裂的逆流越发严重。服务团也被污蔑为不服从琼崖当局领导、违抗政府政令等，活动受到限制和阻拦。如服务团在乐会县开展工作时，李泽光、韩翰波同志去找县长冯尔辑汇报情况，话未说完，冯尔辑就断然拒绝说："我们这里的日军，你们打不了，用不着你们来宣传。"

不久，国民党顽固派便向服务团们下毒手了。他们到处制造事端，无理逮捕、拷打和杀害服务团无辜团员。如他们在乐会县的阳江乡，一下就杀害了服务团四名团员。在文昌县迈号乡和琼山县中瑞乡从事抗日宣传的范清和符兰平两位同志，也先后遭到国民党顽固派的杀害。还有服务团文西医疗队长陈永炎，为被日寇枪伤的群众郭泽江治疗伤口返回途中也被国民党游击队邓美山部迫害致死。为执行"总会"指示，克服分裂的逆流，以利团结抗战，在国共两党摩擦不断升级，服务团同志惨遭杀害的严峻关头，符克同志挺身而出，于 1940 年

8月带着"总会"的公函和慰问品，偕同韦义光同志（韦义光原是一位进步的国民党区长，琼山县参议员，后来参加共产党，被撤掉区长职务，只当议员）前往定安县翰林墟，向国民党琼崖守备司令王毅、第九区专员吴道南汇报"总会"关于救济难民和支援琼崖抗日救国的方案，共商团结抗战大计，可二人竟被王毅、吴道南一伙秘密杀害，埋尸山间，造成骇人听闻的"符韦惨案"。

符克同志被害之后，副总团长陈琴同志心急如焚，决定前往香港向"总会"汇报，以取得支持。此事经请示特委同意后，特委派交通员陈大贵同志带领陈琴出海。可是，一去消息杳然。10月底又传来噩耗，陈琴、陈大贵两位同志不幸海上遇难。陈琴、陈大贵同志遇难后，服务团又决定选派张奋同志继续出港。张奋同志熟悉香港情况，能找到当地党组织取得援助。张奋肩负重任，在1941年初偷渡成功抵达香港。"总会"负责人对朱明、符克和陈琴等人的牺牲，极表悲痛。指示张奋同志回来之后，要抓紧调整团的组织，补选总团长，加强团的领导，继续执行抗日救国的任务。调整后的总团长由特支支书领符思之兼任，副总团长仍由梁文墀同志担任。

张奋同志还几经辗转周折，找到文竞平同志，通过他同廖承志同志接上了头，汇报了服务团和琼崖抗日根据地的情况和问题。廖承志同志指示中共琼崖特委要支持和帮助服务团解决困难，指出保持琼侨服务团这面旗帜，对琼崖的团结抗战是有利的。还交代文竞平、张奋同志向"总会"写报告时，要如实反映琼崖的情况，对独立总队坚持团结抗战和积极寻机打击敌寇的战绩要写上；国民党反动派反共、反人民、搞分裂、打内战的情况也要写上。书面报告材料，除上报"总会"外，还通过"新知书店"印了出来，使香港各界人士了解到琼崖抗日战争中的真实情况。

1941年，国际形势发生了重大变化。6月22日德国发动了侵略苏联的战争。12月7日，日军偷袭美国太平洋舰队基地珍珠港，占领了马来亚、新加坡、菲律宾、印尼、缅甸等东南亚国家和太平洋上的许多岛国。12月25日香港沦陷。由于太平洋战争爆发，同海外联系中断，侨援断绝，给服务团的工作带来新的困难，这些困难不是短时间里所能解决的。服务团就这个问题专门向中共琼崖特委报告，特委考虑到服务团的地位和作用，认为服务团的名称要保留，不能公开宣布结束或解散。鉴于服务团在工作上生活上存在的实际问题，中共琼崖特委决定：服务团的同志，凡是中共党员均由特委统一分配；非党群众则根据个人的志愿和工作需要，在充分做好思想工作的基础上，重新分配到新的工作岗位。在 1942 年春节前夕，服务团的同志全部集中于文昌县大昌乡统平村，共度春节之后，高高兴兴地奔赴新的战斗岗位。当时，有的同志被分到独立总队，有的同志被分到特委机关，也有的同志被分到各个县去。

此后，服务团的同志在我琼崖党政军各个岗位继续战斗，同琼崖人民一起坚持到抗日战争的胜利乃至解放战争的最后胜利。在长期的、艰苦的革命战争中，服务团的同志绝大多数先后光荣牺牲。他们不愧为爱国华侨之精华！①

六、华侨回乡服务团领导成员

范世儒，文昌县南阳镇人，早年从家乡赴香港经商，抗战时期担任琼崖华侨回乡服务总团香港团团长（驻港），是琼崖华侨回乡服务团主要发起人、组织者。新中国成立后回海口工作，是著名的民主人士，1982—1984 年任海口市人民政府副市长。

1961 年 9 月 17 日，成立致公党海口市支部委员会，范世儒任主委，云生、阮玉兰任副主委。1985 年，致公党广东省委员会根据致公党海口市组织发展情况，同意致公党海口市支部委员会升格为致公党海口市委员会。1985 年 7 月 2 日，召开致公党海口市第三次党员大会，选举产生致公党海口市委员会，范世儒任主委、陈政天任副主委。范世儒曾担任第四、五届广东省政协委员和第一届海南省政协委员，后病故。

符思之，1912 年 11 月生，公坡镇沧海村人。由于他家境贫寒，少年即奔赴南洋创业谋生，1934 年就以店员身份在新加坡、泰国、越南、香港等地参加革命工作，1937 年 5 月加入中国共产党。抗日战争时期，历任香港组织部干事、九龙区委组织部长、琼崖华侨回乡服务团香港团副团长、特支书记，琼侨回乡服务团团长符克被国民党顽固派杀害后，符思之接任琼崖华侨回乡服务总团总团长，后任中共琼崖特委组织部干事、中共文昌县委书记。解放战争时期，历任中共琼崖北区地委民运部长、组织部长、副书记、书记、专员，琼崖纵队独立团政治委员。新中国成立后，符思之为海口市第一任市长，中共海口市委副书记、书记，中共海南行政区委员会工业部部长，中共海南行政区委员会常委，海南行政公署副主任，广东省重工业厅副厅长。离职休养后病故。

陈琴，原名陈继猷，又名陈奋。1911 年出生于文昌县昌洒乡抱才村一个贫

---

① 钱汉堂，陈献芳. 琼崖华侨回乡服务团 [M]. 北京：中国华侨出版社，2013：130.

农家庭。父亲陈书勤，母亲韩氏，只生他一个独子。父亲因贫病交加，无钱就医过早去世，遗下母亲靠务农把他养大。由于家庭经济困难，他只读了几年书，10 多岁时在家务农。后与符连英结婚，生下两个男孩（陈业汇、陈业合）。

1928 年，17 岁的陈琴到新加坡谋生。1929 年，参加了马来亚共产党领导的马来亚赤色工会组织，参加和领导工人运动。1930 年 2 月，他参加了马来亚共产党，后转为中共党员，不久，任星洲洋务加东区党支部书记。

七七事变后，为动员组织华侨支援国内抗战，陈琴先后组织星洲洋务工人抗敌后援会、星洲洋业工人筹赈分会、星洲洋业工人互助社、星华商工友爱社等抗日团体，宣传抗日救国，发动侨胞出钱出力，捐款筹募各种物资支援祖国抗日。

1939 年 2 月，日寇侵占海南岛后，陈琴发动琼侨同胞成立琼侨救乡会、琼侨救济难民联合会等，积极做侨领和侨胞的工作，使进步侨领郭新、符致逢、王漠仁、王兆松等出来领导琼侨开展救国救乡活动。接着，陈琴又和韩光、陈平、梁球、方克等发动一批琼侨爱国青年组织星洲琼侨回乡服务团，陈琴为团长，梁文墀为副团长。1939 年 8 月，陈琴、梁文墀率领服务团并携带一大批物资及药品经广州湾、硇洲后偷渡琼州海峡，直接回琼参加抗日工作。后来当选为琼崖华侨回乡服务总团副总团长。

1940 年 8 月，陈琴奉命前往新加坡向琼侨救乡会和琼侨救济总会汇报工作，不幸在海上遇到日军军舰，被日寇逮捕杀害，年仅 29 岁。

梁文墀，1911—1980，海南乐会县（今琼海市）人。1911 年 2 月 24 日出生于海南乐会县中原镇书田村一个农民家庭。3 岁时，他的父亲出洋打工谋生不幸病逝，遗下母亲和年幼的他及年迈的祖父。

1927 年，16 岁的梁文墀随亲戚到新加坡谋生。经堂叔介绍，他到柔佛新山埠的悦香咖啡店里当端茶递烟的小工。之后，到新加坡艺华印刷公司当排版工人。这个时期，他参加了琼侨青年的琼崖青年励志社。后因当地英属殖民政府不准该社注册，又改为金刚音乐社，他被选为中文秘书。七七事变后，梁文墀参加了新加坡抗敌后援总会店员界分会，在宣传部负责工作，并于 1938 年加入马来亚共产党。同年，接受马来亚党组织的派遣，参加新加坡琼侨救乡总会，在总务股当干事。1939 年 2 月 10 日，海南岛沦陷。新加坡、马来亚的琼籍华侨进一步掀起抗日救亡的热潮。在海外琼侨总会的号召下，新加坡的琼籍华侨、抗日救国组织，组建星洲琼侨回乡服务团。5 月上旬，星洲团正式成立，经过报名考试共录取了 60 名青年。经马来亚党组织委派，由陈琴任星洲团团长，梁文墀任副团长。星洲团成立后在新加坡琼州会馆集中学习了一个月，学习内容主要是抗日民族统一战线、医疗救护知识和军事常识。随后便携带海外华侨捐赠的药品、钱款及其他物资乘坐英国邮轮经广州湾偷渡回琼。

率团回琼后，梁文墀历任琼崖华侨回乡服务团总团副团长、琼崖抗日独立总队政治部民运科长、军医处长，乐万县抗日民主政府副县长，中共乐会县委书记兼县长等职。

新中国成立后，梁文墀历任中共海南区委机关总支书记、海南军政委员会卫生局局长、海南行署卫生处副处长兼海南人民医院院长、海南医学专科学校校长、华南热带作物科学研究院、华南热带作物学院副院长等职。

梁文墀一贯积极工作，不怕劳苦，只要是党的需要，不管属于哪一部门的工作，他都乐意接受，并且想尽办法把工作做好。1948 年，梁文墀的母亲被国民党抓去严刑拷打而死去，他因精神上受到过度的刺激而使肺病发作，大口大口地吐血。但他没有休息，而是日日夜夜跟群众在一起，跟战士在一起，把开辟新区的工作做得很好。粉碎"四人帮"后，梁文墀同志任华南热带作物研究院、华南热带作物学院副院长。他下决心大干一番，弥补失去的时间，他夜以继日地学习和工作，还到国内外去参观考察。业余时间，他常到植物园去观察植物的生长情况。1980 年夏，一天中午，梁文墀的妻子李大嫂来到两院，他带她到植物园参观，在烈日的炙烤下，他感到头昏，大嫂马上扶着他，才不至昏倒下去。她劝他回去休息，到海口去检查治疗，但他笑了笑说："我没什么病，可能是天气太热，有些中暑现象，你别嚷出去！"其实，他身体逐渐虚弱，经常出现失眠现象。李大嫂忧虑地说："老梁呀，你'四清'时下乡搞运动，肺病复发，差点出事，送医院切除了三叶肺，现在又经常失眠，我很难过，你还是到医院治治病吧！"

梁文墀同志婉言安慰妻子说："我快七十岁了，还能为党工作多少时间呢？你回海口吧，别在这儿拉后腿。"李大嫂知道他带病坚持工作，想报告组织，但他总是制止。12 月 17 日，潘照到农场检查工作，特地去两院看望梁文墀，梁文墀正在主持两院的侨联会，研究落实华侨政策问题。那段时间，梁文墀又在主持会议，又要亲自写总结发言提纲，通宵达旦地工作，身体越来越消瘦。潘照问他，你近来身体怎样，他还乐观地说，不会去见马克思的。只是近来经常失眠，胸有些闷痛。潘照以为可能他有心脏病，劝他一起坐车回海口，住院检查治疗。但他坚持要开完会，再回海口检查。19 日上午，他没有休息，继续整理总结发言提纲，突然感到呼吸困难，伴有窒息感和剧烈气喘，不久便昏倒在地。当医生赶来时，已经抢救无效了。

1980 年 12 月 19 日，梁文墀在海南儋县（今儋州市）华南热作两院因病逝世。

符克，1915 年出生于昌洒区东泰山村的一个贫农家庭。1928 年春，符克以优异的成绩考入广州市南海中学，1933 年高中毕业侨居越南，在西贡当小学教师。1935 年，符克回国进入上海国立暨南大学学习。1935 年考取了上海暨南大学就读。1938 年春，符克和一群进步同学踏上奔向延安的征途。到达革命圣地延安后，进入陕北公学学习，光荣地加入中国共产党。同年，中共中央为进一步动员和组织广大海外华侨参加抗日救亡运动，抽调人员组成海外工作团，成立由朱德同志亲自担任主任的海外工作团。这一批海外工作团一共 21 人，其中9 名党员，团长蔡克明，副团长蔡白云，符克的工作是负责海外工作团的宣传工作，到东南亚各国开展华侨工作。符克被选入海外工作团，受党的派遣，前往越南发动华侨支援祖国抗战。符克利用自己在越南的亲友关系，深入各种工会组织，奔走于大街小巷，和华侨促膝谈心，宣传抗日救亡，在华侨中产生了很大影响。经过他的艰苦努力，越南琼侨救国会宣告成立，符克当选为常委。救国会积极在越南华侨和青年学生中开展如火如荼的救国救乡募捐抗日等运动，支援祖国抗战。

1939 年 2 月 10 日，日本侵略军侵占了海南岛。3 月中旬，符克组织越南琼崖华侨回乡服务团，1940 年 6 月偷渡回到海南参加抗日。6 月 19 日，符克任琼崖华侨回乡服务总团长。在符克的领导下，服务总团分成若干工作队，活跃在海南的城镇、椰林和村寨。他们积极进行战地救护、开展宣传抗日等工作，组织各种抗日团体，有力推动了海南人民的抗日救亡斗争。1940 年春，国民党发动第一次反共高潮，服务总团的抗日活动也受到国民党顽固派的阻挠、限制和威胁。对于抗日斗争中的危险，符克早就做好了充分的思想准备。他在给家人的信中说："我在艰险的环境中生活，倘不敢冒险前进，寻求民族出路，祖国是不会有光明的。""我的工作是在危险环境中进行，似随时都有生命之虞，假如遇有不幸，那也是我所负的历史使命的完结。"1940 年 8 月，符克抱着敦请国共两党团结抗战的愿望，带着"总会"的公函和慰问品，同琼山县参议员韦义光（我党地下党员）一道爬山过岭，先到琼山县新兴市对国民党保安第七团进行慰问，再往国民党琼崖当局所在地——定安县翰林市，向守备司令王毅、专员吴道南汇报赴港情况，研究救济方案，递交"总会"公函和商讨国共合作团结抗日问题。王毅对他们说："你们要商谈合作抗日问题，请到保安第七团去，找李春浓团长计议吧，他是实力派。"符克和韦义光信以为真，便回头往新兴市丁照村找李春浓商议。不料王毅、吴道南命令公务员王德带领手枪班 4 人，埋伏于定安县龙塘乡和琼山县博文乡交界处人烟稀少的山间，将其杀害，埋尸山间，符克被害时年仅 26 岁。符克和韦义光被害后，王毅为了欺骗群众，推脱罪责，便造谣说：符克已返回香港了。

符克被害的噩耗传开之后，服务团的同志泣不成声，全岛抗日军民无不感到悲愤。服务团遵照琼崖特委的指示，于 9 月中旬召开了追悼大会。通过追悼烈士，揭露国民党顽固派王毅、吴道南之流杀害华侨代表、破坏团结抗日的罪行！①

琼崖华侨抗日回乡服务团总团成员名册②

香港团：114 人，包括一部分在硇洲加入人员。其中：烈士 23 人，牺牲、自动离队 9 人

姓名	性别	籍贯	团别	职务	附注
范世儒	男	文昌南阳乡	香港团	团长（驻港）	
符思之	男	文昌公坡乡沧海村	香港团	团长	
张 奋	男	琼海乐会中原乡	香港团	副团长	
陈代轮	男	文昌锦山乡	香港团	团刊主编	
陈 生	男	文昌公坡乡东山塘村	香港团	团刊编辑	
陈继成（陈子平）	男	文昌锦山乡磊坡村	香港团	团刊编辑	被捕变节
冯敬文	男	万宁龙滚乡	香港团	医疗队长	
陈学修（陈坚）	男	文昌谭牛乡	香港团	队员	
朱 明	男	文昌东郊乡文联村	香港团	歌剧队长	
何敦轩	男	文昌抱罗乡乌石村	香港团	队员	

① 琼崖华侨联合总会回乡服务团研究史料［EB/OL］.海南史志网-专题研究，2014-05-12.

② 钱汉堂，陈献芳.琼崖华侨回乡服务团［M］.北京：中国华侨出版社，2013：227.

姓名	性别	籍贯	团别	职务	附注
林明汉	男	文昌重兴乡河清村	香港团	医疗队长	
何　光	男	文昌龙马乡石苑村	香港团	队员	自动离队
邢月娥	女	文昌	香港团	队员	自动离队
何秀英	女	文昌便民乡水涯村	香港团	队员	
何佩玲	女	文昌便民乡水霞村	香港团	队员	
陈克攻	男	文昌罗豆	香港团	团刊编辑	
莫履贵	男	万宁沙关村	香港团	队员	
邢　杨	男	文昌东阁乡	香港团	总务	自动离队
林鸿英	男	万宁长礼乡七军村	香港团	队员	牺牲
周清吾	男	文昌湖山乡中汝坡村	香港团	队员	
范少柏	男	文昌南阳乡罗郭村	香港团	队员	烈士
范少怀	男	文昌南阳乡罗郭村	香港团	队员	烈士
符兰平	男	琼山三江乡大汝村	香港团	队员	烈士
曾英儒	男	文昌抱罗乡	香港团	队员	烈士
曾绍旭	男	万宁龙滚乡	香港团	队员	烈士
谢立甫	男	文昌抱罗乡新宅村	香港团	队员	烈士
郑伯友	男	琼山演丰乡	香港团	队员	烈士
李泽光	男	万宁龙滚乡	香港团	队员	烈士
唐大伦	男	文昌南阳乡	香港团	队员	烈士
符　华	男	文昌抱芳乡	香港团	队员	
王禄椿	男	文昌东郊乡	香港团	队员	烈士
王香甫	男	琼海	香港团	队员	
黄爱农	男	琼海	香港团	队员	牺牲
陈朝凤	男	文昌溪尾乡	香港团	队员	牺牲
陈干平	男	文昌溪尾乡	香港团	队员	牺牲
韩　骏	男	文昌昌洒乡昌爱村	香港团	歌剧队长	烈士
陈明梅	男	文昌	香港团	队员	
范　青	男	文昌迈号乡	香港团	队员	烈士
林严山	男	文昌谭乐乡	香港团	队员	牺牲

续表

姓名	性别	籍贯	团别	职务	附注
何和儒	男	文昌南阳乡水霞村	香港团	队员	
方　才	男	文昌公坡乡龙跃村	香港团	工作队长	烈士
杜劲军（白果）	男	琼海乐会乡	香港团	队长	
蔡　碌	男	文昌白延乡	香港团	队员	烈士
朱曼英	女	惠阳淡水乡	香港团	队员	
符　珍	男	文昌龙马乡石苑村	香港团	队长	
许声浪	男	乐会北山乡	香港团	队员	
卢惠民	男	琼山三江乡	香港团	队员	烈士
黄良佐	男	文昌东郊乡	香港团	队员	牺牲
黄　球	男	文昌	香港团	队员	牺牲
潘　岳	男	文昌	香港团	队员	烈士
何义元	男	文昌走鸡村	香港团	队员	烈士
邢谷宜	男	文昌蛟塘村	香港团	队员	
黄循辰	男	文昌昌洒乡	香港团	队员	牺牲
蔡衡平	男	琼海乐会阳江乡	香港团	队员	烈士
陈家祥	男	琼海迈曼村	香港团	队员	烈士
符　英	男	琼山咸来乡	香港团	队员	烈士
邢谷均	男	文昌蛟塘村	香港团	队员	牺牲
蔡仕明	男	文昌抱芳乡	香港团	队员	牺牲
蔡　雄	男	文昌谭牛乡	香港团	队员	叛变
吴若光	男	琼山	香港团	队员	牺牲
邢福泮	男	文昌东阁乡	香港团	队员	牺牲
符鸿雁	男	文昌冯凤乡西山村	香港团	队员	自动离队
周经干	男	文昌冯凤乡宝坡村	香港团	队员	自动离队
张学积（张坚）	男	文昌公安乡	香港团	队员	自动离队
姚奇光	男	文昌翁田乡西山村	香港团	队员	
姚奇超	男	文昌翁田乡内山村	香港团	队员	

姓名	性别	籍贯	团别	职务	附注
姚甸怀	男	文昌翁田乡内山村	香港团	队员	牺牲
高日波	男	文昌翁田乡周世村	香港团	队员	
韩青光	男	文昌翁田乡大岭村	香港团	队员	牺牲
韩广元（韩英）	男	文昌翁田乡大岭村	香港团	队员	
韩进畴	男	文昌翁田乡大岭村	香港团	队员	牺牲
韩茂山	男	文昌翁田乡枪苑村	香港团	队员	自动离队
何良晖	男	未详	香港团	队员	
符岳	男	文昌龙马乡枪色村	香港团	队员	
林鸿通	男	文昌翁田乡罗宅村	香港团	队员	牺牲
张学思	男	文昌翁田乡排山琅村	香港团	队员	
张光	男	文昌翁田乡下田村	香港团	队员	牺牲
云大东	男	文昌龙马乡	香港团	队员	牺牲
符乃光	男	文昌昌洒乡罗民村	香港团	队员	牺牲
焦发贵	男	文昌公坡乡	香港团	队员	自动离队
韩飞	男	文昌水北乡敦夹村	香港团	队员	
韩民	男	文昌水北乡下堆村	香港团	队员	
韩甫	男	文昌水北乡三洋村	香港团	队员	
周训堂	男	文昌冯坡乡	香港团	队员	
韩良	男	文昌水北乡龙脉村	香港团	队员	
韩翰波	男	文昌水北乡山鸡门村	香港团	队员	
韩立人	男	文昌罗豆乡后安村	香港团	秘书	
林大良	男	文昌抱罗乡许昌村	香港团	队员	牺牲
云昌存	男	文昌迈号乡	香港团	队员	烈士
张秀峰	男	文昌白延乡	香港团	队员	
何应荣	男	未详	香港团	队员	
韩明汪	男	文昌翁田乡西排坡村	香港团	队员	
韩海东	男	文昌铺前乡罗仁村	香港团	队员	
曾纪瑞	男	文昌翁田乡玉竹村	香港团	队员	自动离队

姓名	性别	籍贯	团别	职务	附注
符 超	男	文昌	香港团	队员	
何贵莲	女	琼海乐会中原	香港团	队员	
潘妙玲	女	琼海乐会	香港团	队员	牺牲
曾 雨	男	文昌	香港团	队员	牺牲
张 民	男	未详	香港团	队员	
钟淑珍	女	文昌迈众乡	香港团	队员	
吴坚仁	男	未详	香港团	队员	
庄玉英	女	文昌	香港团	队员	
韩振丰	男	文昌昌洒乡	香港团	队员	烈士
符月光	女	文昌南阳乡	香港团	队员	牺牲
杨文苑	男	文昌	香港团	队员	牺牲
林龙献	男	文昌	香港团	队员	牺牲
邢福祥	男	文昌	香港团	队员	牺牲

注：地方参团，回乡以后就地吸收的人员

姓名	性别	籍贯	团别	职务	附注
王觉仙	女	琼海乐会	地方参团	印刷员	
符 玲	女	文昌文教乡全美村	地方参团	印刷员	
符荣英	女	文昌	地方参团	公务员	牺牲
陈爱菊	女	文昌	地方参团	炊事员	
高秀华	女	文昌	地方参团	炊事员	牺牲
苏连花	女	琼海乐会	地方参团	印刷员	

星洲团共 67 人，其中 12 人回乡后投靠国民党反动派

姓名	性别	籍贯	团别	职务	附注
陈琴	男	文昌昌洒乡抱才村	星洲团	团长 （副总团长）	烈士
梁文墀	男	琼海乐会 中原乡	星洲团	副团长 （副总团长）	

续表

姓名	性别	籍贯	团别	职务	附注
李若愚	男	琼海乐会乡荔枝头村	星洲团	秘书	牺牲
郭颐前	男	琼山塔市乡昌城村	星洲团	队员	牺牲
张侠	男	琼海乐会文治村	星洲团	队员	
冯运其	男	琼海乐会朝阳乡	星洲团	队员	
龚克平	男	琼海乐会九曲江乡沙美村	星洲团	队员	牺牲
莫清波	男	琼海乐会朝阳乡	星洲团	队员	牺牲
曾波	男	琼海乐会九曲江乡培共存村	星洲团	队员	牺牲
何朝辉	男	乐南乡乌石村	星洲团	队员	牺牲
林鸿魁	男	琼海乐会山旺村	星洲团	队员	牺牲
王积民	男	琼海乐会迈港村	星洲团	队员	牺牲
全惠江	男	琼海乐会石角乡溪边村	星洲团	队员	牺牲
林书炳	男	琼海乐会乡山田村	星洲团	队员	牺牲
何斌	男	琼海乐会乡加才村	星洲团	队员	牺牲
王应荣	男	琼海乐会乡溪边村	星洲团	队员	牺牲
王经裕	男	琼海乐会乡锦武村	星洲团	队员	牺牲
符和佩	男	文昌东郊乡	星洲团	队员	牺牲
黄中杰	男	文昌会文乡	星洲团	队员	牺牲
邢益辉	男	文昌重兴乡	星洲团	队员	牺牲
林建汉	男	文昌迈号乡	星洲团	队员	烈士
符气临	男	文昌东郊乡	星洲团	队长	烈士
陈秀军	男	琼海乐会乡锦武村	星洲团	队员	牺牲
梁基和	男	琼海乐会乡	星洲团	队员	牺牲
吴贤善	男	琼海乐会九曲江乡书离村	星洲团	队员	牺牲
林立山	男	琼山演丰乡昌城村	星洲团	队员	
许廷良	男	万宁和乐乡和乐村	星洲团	队长	
谢玉芳	男	万宁龙滚乡岭七园村	星洲团	队员	牺牲
林民	男	万宁龙滚乡罗孝村	星洲团	队员	牺牲
杨维坚	男	万宁龙滚乡端熙村	星洲团	队员	
邢自修	男	万宁龙滚乡上坑村	星洲团	队员	牺牲

姓名	性别	籍贯	团别	职务	附注
林鸿仁	男	万宁和乐	星洲团	队员	投敌变节
朱哲民	男	万宁龙滚乡	星洲团	队员	被捕变节
林焕梅	男	万宁后安乡	星洲团	队员	被捕变节
方泉	男	文昌公坡乡龙跃村	星洲团	队员	
陈义勇	男	文昌昌洒乡抱才村	星洲团	队员	牺牲
陈敦孝	男	文昌昌洒乡	星洲团	队员	
何潮	男	文昌昌洒乡	星洲团	队员	牺牲
吕孙福	男	未详	星洲团	队员	牺牲
邢炳辉	男	文昌重兴乡	星洲团	队员	牺牲
江田	男	梅县	星洲团		
谢应权	男	梅县	星洲团		"文革"被迫自杀
邢毓华	女	文昌东阁乡	星洲团		牺牲
张启光	男	未详	星洲团	队员	
方克	男	文昌公坡乡龙跃村	星洲团	队长	
林树朝	男	文昌文教乡	星洲团	队员	烈士
翁公羽	男	文昌新桥乡	星洲团	队员	烈士
杨剑秋	男	琼海福田乡	星洲团	队员	烈士
李贵廷	男	琼海	星洲团	队员	
陈永炎	男	未详	星洲团	队员	烈士
陈自强	男	琼海	星洲团	队员	烈士
黎克平	男	琼海	星洲团	队员	牺牲
卢航	男	琼海	星洲团	队员	
陈继勇	男	文昌昌洒乡	星洲团	队员	牺牲
周经任	男	文昌便民乡凌村	星洲团	队员	牺牲

服务团回乡后投靠国民党反动派人员名单如下

姓名	性别	籍贯	团别	职务	附注
何天义	男	琼山甲子乡	星洲团	队员	
潘先进	男	琼山大致坡乡	星洲团	队员	
黎修富	男	琼海乐会乡元村	星洲团	队员	
谭国焕	男	琼海乐会九曲江乡沙屋村	星洲团	队员	
曾友良	男	琼海乐会朝阳乡维黎村	星洲团	队员	
陈少邱	男	文昌重兴乡	星洲团	队员	
苏维民	男	澄迈	星洲团	队员	
严令	男	文昌冠南乡	星洲团	队员	
王翠敏	男	文昌冠南乡	星洲团	队员	
陈多辉	男	琼山演丰乡	星洲团	队员	
莫若	男	未详	星洲团	队员	
曾友民	男	未详	星洲团	队员	

越南团35人，其中9人是泰国团并入的

姓名	性别	籍贯	团别	职务	附注
符克	男	文昌昌洒乡陈家村	越南团	团长（总团长）	烈士
林明	男	琼山三江	越南团	队长	"文革"被迫自杀
潘正锦	男	文昌头苑乡	越南团	队员	牺牲
林鸿举	男	文昌文教乡	越南团	队员	牺牲
符洛	男	文昌文教乡	越南团	队长	烈士
黄荣	男	琼山岭脚乡	越南团	队员	牺牲
许声廉	男	未详	越南团	队员	未详
朝汉明	男	文昌水北乡敦头村	越南团	队员	牺牲
符照天	男	文昌文教乡	越南团	队员	牺牲
王迁南	男	琼山演丰乡	越南团	队员	牺牲
韩进雄	男	文昌水北乡	越南团	队员	牺牲
韩鸣丰	男	文昌昌洒乡	越南团	队员	牺牲

姓名	性别	籍贯	团别	职务	附注
林苏	男	文昌东郊乡	越南团	队员	牺牲
符气生	男	文昌	越南团	队员	牺牲
张学典	男	文昌南阳乡	越南团	队员	牺牲
王大炳	男	文昌	越南团	队员	牺牲
陈大星	男	文昌	越南团	队员	牺牲
符胜	男	未详	越南团	队员	未详
符坚湖	男	文昌文教乡	越南团	队员	烈士
邢惠民	男	文昌文教乡	越南团	队员	牺牲
韩民元	男	文昌	越南团	队员	未详
潘照	男	文昌	越南团	队长	
符开栋	男	文昌	越南团	队员	牺牲
严坚	男	琼海乐会乡	越南团	队员	未详
伍振昌	男	文昌	越南团	队员	未详
符建平	男	文昌文教乡全美村	泰国团	领队	烈士
韩德元	男	文昌	泰国团	队员	牺牲
邢谷军	男	文昌昌洒乡	泰国团	队员	牺牲
韩朝丰	男	文昌	泰国团	队员	牺牲
黄循臣	男	文昌	泰国团	队员	牺牲
符一新	男	文昌	泰国团	队员	未详
符雷鸣	男	文昌抱罗乡	泰国团	队员	
韩健农	男	文昌公坡乡	泰国团	队员	
林诗壮（立山）	男	琼山	泰国团	队员	

南洋华侨机工回国服务团

抗战时期，除了琼崖华侨回乡服务团回到海南故乡参加抗战斗争外，还有一批华侨机工共 3000 多人（其中琼籍华侨有 800 多人），报名参加了中国著名侨领陈嘉庚发起招募的"南洋华侨机工回国服务团"，简称南侨机工（南侨机工是指抗战时期，从东南亚各国华人子弟组成的"南洋华侨机工回国服务团"）。共有 9 个国家和地区的华侨机工参加这个服务团，以他们的抗战热情和机工技术，为抗战物资的运输做出了卓越贡献。

抗战最终较量的是国力，对于积贫积弱的近现代中国，国力中最宝贵的是人心。海南之所以重要，不唯地理位置，还在于遍布东南亚 60 多万琼籍华侨（占当时海南岛上人口总数的 1/4）身上所蕴藏的巨大人心资源。

抗战时期的中国工业基础薄弱，战争用的武器、辎重均由国外购进，或靠国际援助。而当时滇缅战场作为中国抗战主战场，连通国际救援通道的滇越铁路已被日军切断，中国一时断了外援，抗战颇为艰难。1938 年 8 月，由 20 万滇西父老用血肉抢筑的滇缅公路通车，成为中国连通国际反法西斯阵营的唯一"生命线"。云南昆明的"滇缅公路零千米处纪念碑"是一巨大的青石碾，掩映于绿化带中，不甚显眼。纪念碑正面高 1937 毫米，背面高 1938 毫米，象征公路开工和竣工日期，碑长 1945 毫米，意为抗战胜利年份，直径 815 毫米，代表日本投降日，花岗岩碑文体高 959 毫米，象征公路里程。碑体下方是"昆明市五华区人民政府立"。碑文记载，从 1937 年冬至 1938 年 8 月，云南男丁妇孺 20 余万人，用铁锹、锄头、簸箕等原始工具，在悬崖峭壁上历时 9 个月，死伤逾万，凿出 959.4 千米的滇缅公路中国境内路段。

当时，由美国、英国等国家援送的军火、汽车、汽油等抗日物资堆集在缅甸仰光，急需送往中国抗日战场。当时在中国的运输汽车主要是道奇、雪佛莱、福特、欧姆等进口汽车，国内非常缺乏懂得汽车驾驶和维修技术的人员。于是，国民政府军事委员会西南运输处致函南侨总会主席陈嘉庚，在南洋代为招募具有熟练驾车和维修技术的华侨回国援助。

1939 年 2 月 7 日，一则消息在人们的奔走相告中迅速传遍了整个东南亚地区，这是以陈嘉庚先生为首的南侨筹赈总会向全体南洋华侨发出的一份紧急通告：

图 34　滇缅公路纪念碑

为通告事，本总会顷接祖国电委征募汽车之机修人员及司机人员回国服务（修机者按数十人），凡吾侨具有此技能之一，志愿回国以尽其国民天职者，可向各处华侨筹赈总会或分支各会接洽，并注意下列各条方可。

（一）熟悉驾驶技术、有当地政府准证，粗识文字，体魄健全，无不良嗜好（尤以不嗜酒者），年龄在四十以下二十以上者。

（二）薪金每月国币三十元，均由下船之日算起，如驾驶及修车兼长者，可以酌加，须在工作时，审其技术而定。

（三）国内服务之地，均在云南昆明，或广西龙州等处，概由安南入口，旅费均由各地筹赈会发给。

（四）凡应征者，须有该地妥人或商店介绍，知其确具有爱国志愿者方合。

……

事关祖国复兴大业，迫切需要，望各地侨领侨胞，深切注意办理是要，此布。①

从 1939 年 2 月起，在"南洋华侨筹赈祖国难民总会"和侨领陈嘉庚先生的号召下，1939 年 2 月至 9 月，南侨总会从 9 个国家和地区共招募 3193 名华侨，组成"南洋华侨机工回国服务团"，分 9 批回国。3193 名南侨机工中，原籍海南

---

① 南洋华侨筹赈祖国难民总会通告第六号［M］//陈嘉庚. 南侨回忆录. 长沙：岳麓书社，1998：207.

的有 800 多人，占 1/4 以上。他们当中不少人甚至从未在中国生活过，但只要祖国需要，则义无反顾地唱着《再会吧，南洋》的壮歌，他们为民族生存而战，为拯救国家危亡而回国抗战。南侨机工回国后，经昆明潘家湾训练所的短期集训，便先后编入西南运输处属下的十几个大队以及后来专门组建的"华侨运输先锋大队"，奔赴滇缅公路。南侨机工服务的地方很广，遍及四川、贵州、湖南、广东、广西、越南、缅甸仰光等地，主要集中在滇缅公路上。在太平洋战争爆发前后，为抢通作为"补给中国抗战生命线"的滇缅公路，约 3200 名海外华侨机工潜回祖国，奋战在滇缅公路上。至抗战结束，将近一半的海南籍南侨机工已经牺牲，长眠在滇缅路上。为什么有那么多海南华侨积极报名？因为自己的故乡沦陷，他们不愿做亡国奴，他们誓死也要把敌人赶出去！

当年的南洋华侨机工，福建泉州籍泰国华侨机工蔡汉良于 1985 年在福建华侨大学接受采访时说，南侨机工从海外回到国内参战，在云南滇缅公路驾车参加军事物资运输，人人要闯过四个"生死关"：

第一，"险路关"：滇缅公路蜿蜒在横断山脉纵谷区，海拔 500～3000 多米，沿途悬崖、峭壁、陡坡、急弯、深谷、湍流，令人惊心动魄，满载军火物资的卡车行驶在如此险峻的路上，稍微不慎，便车毁人亡，有的甚至连尸体也找不到，南侨机工的无名英雄们付出了惨重的代价。

第二，"雨季关"：由于滇缅公路突击建成，路基未稳，路面狭窄，坑洼坎坷，一到雨季，泥泞黏滑，行车犹如老牛拖犁，裹足难前，塌方险情更是屡见不鲜。但是，南侨机工早有准备，每人都随车带有厚木板，遇到险路段则随时铺垫，冒险通行。

第三，还要闯过"瘴疟关"：由于滇西至缅北一带，是世界上有名的"烟瘴之地"，毒蚊猖獗，恶疟流行，对每位机工健康安全构成很大威胁。据《新华日报》1941 年 1 月 27 日报道："当此路通车之始，华侨司机就

图 35　举世闻名的滇缅公路延长线"24 拐"

做了开路先锋。他们驾车驰至芒市、遮放一带，每天遭遇流行的恶性疟疾，平均死亡率每日约计七八人。"

第四，"空袭关"：日寇为了封锁滇缅公路，时常派飞机空袭、轰炸，尤其是1940年10月，"滇缅路重开之后，敌机的轰炸愈演愈烈。但华侨司机们并不因此而气馁，他们自动踊跃地参加华侨义勇抢运大队，在敌机机翼下拼命地为祖国抢运抗战物资，前仆后继，以加紧运输来为死难的同胞复仇！整个滇缅公路的运输就依靠这些海外归国抗战英雄的壮烈牺牲来维持！"

3193名南侨机工中还有4名乔装成男性的巾帼英雄，其中的一个代表性人物李月美就是琼籍华侨媳妇。李月美，又名李月眉，原籍广东省台山市，1918年出生在马来西亚槟城一个华侨家庭，父亲是爱国商人。李月美自幼在当地华侨学校读书，中文学习成绩优异。慢慢地，她长成一米七多的高个子，她的社会活动能力较强，兴趣广泛，尤其喜爱文娱体育，能歌善舞，还学会开汽车。抗日战争爆发后，在爱国热情的驱使下，李月美和同学们热血沸腾，组织宣传队进行义演，将募捐到的款项交给筹赈会，支援抗日救亡。

招募机工活动开始后，因为她会驾驶汽车，她兴致勃勃地前往筹赈会报名参加回国服务团，却因不招收女机工被拒绝。李月美心里不服气，便瞒着她的父母，穿上弟弟的衣服，到埠头报名应征。这次，李月美终于以一个男儿身份，参加了机工团回国，踏上抗日救国的艰难征途。

在昆明经过军训后，她被分配到总部设在贵州的"红十字会"当司机。李月美既有男子的粗犷，又有女子的精明，既有男子的豪爽，又有女子的细心，因此，在各种各样的场合里，都没有让同伴怀疑"他"是个女子。李月美在感情深处，更有着一个女性的全部温柔，表现在她所进行的救死扶伤的行动中。战场抢救伤病员，军运线上抢运医药、武器，到处都有她的足迹，到处都有她的嗓音。在红十字会里，谁都认识"他"，赞扬"他"，但谁都没有想到，"他"竟然是女扮男装。她的能力并不输给男性，再加上身高不矮，所以一直以来，与她共事的同事都没发现她是女性，直到出现一次意外。

1940年，李月美执行任务的时候在滇缅公路上翻车，受伤严重，被一位路过的海南琼海籍南侨机工杨维铨及时发现，从压扁了的驾驶室中把她搭救出来，及时送到医院急救。救人救到底，杨维铨甚至留下来精心照料"他"的饮食起居。终于，李月美再也不想隐瞒，她把真相向这位危难相逢、热心仗义的男子汉和盘托出。直到此时，周围的人们才发现这位司机原来是个女儿身，无不动容。此事经媒体披露后，轰动一时，李月美被誉为"当代花木兰"，何香凝还曾题词"巾帼英雄"相赠。

伤愈出院后，她改当护士，成为白衣天使，直至抗战胜利后复员回到马来西亚。战后，李月美嫁给海南籍南侨机工杨维栓并随丈夫移居缅甸，一共育有10个儿女。为把他们培养成才，李月美将8个孩子送回新中国读书，并离开丈夫独自回到广东省英德华侨茶场就近照料，于1968年逝世。

同仇敌忾的决心，驱使800多名海南南侨机工和2000多名战友夜以继日地奔忙，他们在滇缅公路这条抗战的生命补给线上，抢运抗战物资与兵员，组装与维护车辆，为中国人民抗日战争的胜利做出了巨大贡献。到1942年5月滇缅公路被日军切断前，南侨机工共将45万吨以上的军火物资抢运至昆明，日均运输量超过300吨，支撑着中国抗日的各个战场。滇缅公路惠通桥被日军炸断后，车辆无法通行，南侨机工队伍被迫解散。他们回到昆明后，当时的国民党政府就给他们三条路选择：一是条件好的可以加入军队继续抗战，二是发遣散费可以再回南洋，三是发生活补助自谋生路。

从此，"南洋华侨机工回国服务团"被迫解散。

著名侨领陈嘉庚说过："海南地方不大，但参加的人数众多，这说明海南华侨是对祖国最关心的，是最爱国的，是最革命的。"还称赞新加坡琼籍工程师王文松："有一机工在洋十余年，每月收入坡币二百余元，自甘牺牲，并招同伴十余人，带其全副机器前往。"陈嘉庚说的王文松是海南万宁人，在新加坡某英国汽车公司任工程师，他放弃优厚待遇，率领十多位同伴，携带全套修理工具和机器，报名回国，每月仅领三十元国币。中华民族抗日胜利，南侨机工功不可没。

南侨机工后代陈达娅、陈勇共同编著了《再会吧南洋》一书，书中记录了琼籍南侨机工的英勇与牺牲。800多名琼籍南侨机工有400多人直接牺牲在滇缅路上，还有一些后来由于服务团解散，流落他乡，或病死，或饿死，或下落不明，幸存于世的南侨机工寥寥无几。南侨机工罗开瑚曾告诉作者："海南人牺牲最多，当时和我一同回国的海南老乡有30多人，至服务团解散时，仅我一人幸存下来。"

为纪念海南华侨对抗战斗争做出的巨大贡献，2013年1月8日，经时任海南省省长批准，以海南省政府的名义出资修建，在海口市"海南青少年科技活动中心广场"举行两座雕像"南洋华侨机工回国服务团"和"琼崖华侨联合总会回乡服务团"落成仪式。这两座雕像均高 7.7 米，由海南青年雕塑艺术家陈学博创作。当年的琼崖华侨回乡服务团成员何秀英（时年 93 岁）、何佩玲（时年 89 岁），当年的南洋华侨机工服务团成员张修隆（时年 95 岁），以及多位琼崖华侨回乡服务团和南洋华侨机工服务团的后代，还有社会各界代表 100 多人参加了两座纪念雕像的落成仪式。

　　当时的海南省副省长在雕像落成仪式上致辞：海南省人民政府决定修建这两座纪念雕像，就是要让全省人民世世代代铭记琼崖华侨联合总会回乡服务团和南洋华侨机工回国服务团的历史功绩，学习他们伟大的爱国主义精神。

图 36　"琼崖华侨回乡服务团"雕像

图 37　海南南洋华侨机工回国抗日纪念塑像

两座纪念雕像总造价200多万元。建成的纪念雕像碑高7.7米，是用新会红花岗岩打造而成，雕像的主要设计者艺术雕塑艺术家陈学博解释说：之所以把这两座雕像定高7.7米，是因为1937年7月7日，日本发动侵华战争，海外华侨因为爱国之情纷纷参与抗日战争，踊跃回乡服务，为纪念为那场战争牺牲和流血的人们。所以，两座雕像高7.7米，既寓意"七七事变"，也象征着中国人民以及海外华侨伟大的抗日战争革命英雄精神。

海南省艺术雕塑艺术家陈学博还分别对两座雕像"南洋华侨机工回国服务团"和"琼崖华侨联合总会回乡服务团"解释：

"琼崖华侨联合总会回乡服务团的纪念雕像"设计为三个人物，是因为回乡服务团团员主要做三种工作，每个人物形象都代表了一类回乡服务团的工作。其中，屹立于中间的老者男侨胞主要工作是负责组织调度领导团员和宣传抗日方针；在右边背着医药箱的女侨胞是负责在抗日后方救死扶伤的医务工作者；在左边的另一位手握钢枪的男侨胞则代表着奋战在前线抗日的战士们。

"海南南洋华侨机工回国抗日纪念塑像"则采用大山为主体构图，作品下半部为险峻的悬崖、山道，还有山道上艰难前行的车队，上半部分为代表抗战机工的人物造型，两位南侨机工并排而立，目光炯炯有神地注视前方，身穿制服，手握工具，分别是运送物资的司机和陪同在抗日前线的汽车修理工。他们的脚下是崎岖陡峭的滇缅公路，一辆辆汽车沿路而上，公路下面是波涛汹涌的怒江。雕塑上还刻有滇缅公路上具有特定意义的惠通桥、鹰嘴崖，以及南侨机工的徽章和歌曲《告别南洋》的部分歌词。蜿蜒的山路既表现了滇缅公路的险峻，也寓意着抗战历程的艰苦卓绝。机工高居于大山之巅，突出了人的主题形象，使整座雕塑气势磅礴。①

---

① 陈学博. 铭记抗战历史功绩，弘扬华侨爱国情怀［M］//钱汉堂，陈献芳. 琼崖华侨回乡服务团. 北京：中国华侨出版社，2013：257.

后　记

顾名思义，"琼台旧事"说的都是与琼台有关的陈芝麻烂谷子的故人往事。既然是故人往事，肯定有不少人见过路过也说过，但说的人多了，难免就会有一些民间传说被当成了史实，也会有一些道听途说的随手记录加上率性发挥，还有一些人云亦云的了无新意之谈，久而久之，往事就会出现不同版本，让人无所适从。故本着正本清源和去伪存真的求实态度，对琼台旧事加以甄别考证，就成了我写作此书的动力。

本书的撰写，早在我评上教授的2009年就起意，当时觉得从此可以不再受职称评审的科研要求的条条框框的制约了，可以做一些自己感兴趣的海南本土文化研究，也算是对生于斯长于斯的故乡的一种文化回报。并为此在课堂上屡屡向学子们表露，从此只专心于海南的本土文化研究。

没承想计划赶不上变化，同年教育部批准海南师范大学招收2年制的学科教育专业硕士，我被任命为语文学科教育硕士方向的学科带头人，整天忙于按教育部的文件精神制定语文学科教育硕士的教学大纲，制定各门课程标准，延聘校内外导师，建设教育硕士教学实践基地……在学校领导和文学院诸位同人的大力支持帮助下，语文教育硕士的学科建设渐渐有了完整的教学计划和管理条例。本以为可以喘口气了，2010年文学院又开始启动文学博士学科点的申报工作，先是根据文学院中国现当代文学的师资、科研力量相对较强的现状，准备申报中国现当代文学博士点二级学科，但后来因为省和学校各方的重视，文学院博士点申报工作又从中国现当代文学博士点二级学科改为中国语言文学博士一级学科，这下文学院的各个学科全都卷了进来，有了起意的海南文化研究因为需要一定时间的田野调查、资料梳理，短期内难以见到学术成果，只好先放到一边，全力以赴为海南师范大学文学院博士点的建设与人们一起努力。好在天道酬勤，海南师范大学自1949年秋建校以来，名称从海南师范专科学校，到海南师范学院，再到海南师范大学，学校也从教学型高校转变为教学科研型高校，海南师范大学在 2013 年终于通过国务院学位办诸部门、专家的严格审核，有了马克思主义理论、中国汉语言文学、化学、生态学 4 个一级博士学科点。

2015 年，全国专业硕士教学指导委员会又开始了学科教育硕士专业学位授权点专项评估的评估验收工作，这是自己的分内工作，丝毫不敢懈怠，自然又是全力以赴……等到忙完了一圈下来，自己也临近退休了，友人见面都说退休了就好好含璋弄玉，颐养天年，自己想想也对，但又心有不甘，因为尚未完成对生于斯长于斯的故乡的文化回报心愿。

一天，和友人约好去教工俱乐部打乒乓球，路上被原文学院院长阮忠教授叫住了，他从轿车后备厢拿出几本学术专著《美文不厌读千回——韩柳欧苏的散文世界》《宋代四大词人群落及词风演化》《此心安处是吾乡——韩柳欧苏的人生格局》等签名送我，这些都是老院长退休之后笔耕不辍的学术结晶，这让我惭愧之余终有所悟：老有所依可以有各自不同的选择。活得精彩自然很好，活得充实也是不虚度晚年。

我想，要活得精彩有一定难度，但要活得充实还是可以做到的。

于是，在愉快地接受了省有关部门聘请的学术期刊审稿任务后，我抽空整理了以前收集的海南历史文化资料，在形成了一定的学术研究思路后，相约大学同学郭志东、蔡小平等友人一起到海南各地历史文化名人的活动区域实地考察，实物拍照，比对验证，尤其是通过对同一历史文化的不同学术观点的细节比对，才逐渐形成自己不同于他人结论，但又有足够的历史文化资料支撑的学术观点。

此书的写作，从谋划到动笔直至定稿，时光已过去不止十年。在这里，我要特别感谢同事张兴吉兄，我的很多海南历史文化研究学术观点，是和他相约茶话，在无拘无束的交谈中让学术观点通过交流碰撞得以充实完善的。当然，我还要特别感谢我原来的文学院王学振院长等诸位同事，在我到龄退休之后，依然对我的拙作予以肯定和资助，这份友情让我在海南的家乡父老面前有了学者的自信和尊严。

2022 年初夏完稿于海师校园闲听涛轩